KB056871

갈등과 공존의 인도·태평양

각국의 인태전략

황재호 편

명인문화사

갈등과 공존의 인도·태평양:
각국의 인태전략

제1쇄 펴낸 날 2022년 9월 26일

편저자 황재호
지은이 서정건, 송화섭, 신범식, 이상국, 이수형, 이재현, 조원득, 조한범, 최윤정, 황재호
펴낸이 박선영
주 간 김계동
디자인 전수연

펴낸곳 명인문화사
등 록 제2005-77호(2005.11.10)
주 소 서울시 송파구 백제고분로 36가길 15 미주빌딩 202호
이메일 myunginbooks@hanmail.net
전 화 02)416-3059
팩 스 02)417-3095

ISBN 979-11-6193-059-6
가 격 35,000원

간략목차

세부목차

도해목차

표

도표

서문

현재 국제사회는 다양한 안보 도전에 직면해 있다. 2017년 도날드 트럼프 정부의 출범은 미국의 리더십이 항상 합리적이거나 안정적이지 않다는 사실을 모두에게 일깨워주었다. 2021년 조 바이든 대통령의 '미국이 돌아왔다' 선언은 안도의 한숨을 내쉬게 하면서도 국제사회에 아직 확신을 주지는 못하고 있다. 코로나 팬데믹의 보이지 않는 안보 위협을 이제 벗어날 즈음 국제사회는 다시 우크라이나전쟁의 전통적인 지정학적 충돌 및 고물가와 식량안보를 포함한 경제안보 위협의 이중고에 다시 내몰리고 있다.

여기에 미중 경쟁이 더욱 격화되고 있다. 지난 6월 스페인에서 열린 나토 정상회의는 미국의 목표가 어디에 있는지 분명히 보여주었다. 미국의 글로벌전략은 크게 대서양과 태평양축으로 나뉘는데, 태평양축은 아시아·태평양(아태)전략의 인도·태평양(인태)전략 확장으로, 대서양축은 나토(NATO)의 동진정책으로 나타났다. 미국은 두 개의 축을 하나로 연결하려 하며, 이런 큰 그림 속에 나토 정상회의가 열렸다.

국제사회의 많은 국가들이 인태전략에 대해 이제 적극적이든 소극적이든 참여 혹 반대의 입장을 정리해가고 있다. 한국도 지난 5월 21일 한미 정상회담에서 사실상 입장을 정리하였다. 윤석열 대통령은 조 바이든 대통령과 자유롭고 개방된 인도·태평양을 위한 협력을 강화하기로 했다. 이는 아시아·태평양과 인도·태평양 사이 고민하던 대한민국이 이제 신정부 출범과 함께 인도·태평양을 선택했음을 의미한다.

윤석열정부는 인태전략을 구체화하는 작업을 본격화하고 있다.

한국의 국력, 국위가 높아지면서 한국외교의 일거수일투족에 대한 관심 또한 높아지고 있다. 한국도 한미정상회담에서 한국판 인태전략을 발표하겠다고 천명한 만큼 언제 어떤 내용일지 모두의 관심이 커지고 있다. 지난 문재인정부의 신남방정책이 주로 동남아 지역에 초점을 맞추었다면, 윤석열정부는 인태전략 이름 그대로 인도양까지 외교를 확대하려 한다. 동시에 정부의 인도·태평양경제프레임워크(IPEF) 참여 결정은 경제안보를 중시하겠다는 신호이다. 쿼드(QUAD)까지는 아니더라도 비전통안보 중심의 쿼드 플러스로서의 참여는 명확해 보인다. 관건은 특정 국가가 민감해하는 질서의 (재)구축과 정책적 행보를 얼마나 주도적으로, 공개적으로, 심층적으로 참여하느냐 여부이다.

이런 배경에서 본 책자는 각국의 인태전략의 입장 추이를 고찰하고 인태전략의 한국외교에 대한 정책적 시사점을 모색하는, 어쩌면 한국 내 첫 종합 연구일 듯하다. 이번 연구에 함께 참여해주신 연구자 아홉 분께 이 지면을 빌어 깊은 감사의 말씀을 드린다. 인태전략의 핵심 쿼드 4개국의 정책과 입장과 관련해서는 서정건 경희대 교수가 미국, 송화섭 국방연구원 책임연구위원이 일본, 이재현 아산정책연구원 선임연구위원이 호주, 조원득 국립외교원 아세안·인도연구센터 교수가 인도 파트를 맡았다. 미국과 동맹국들의 인태전략 추진에 강하게 반발하는 중국, 러시아, 북한의 입장과 반응에 대해서는 이상국 국방연구원 연구위원, 신범식 서울대 교수, 조한범 통일연구원 선임연구위원이, 그리고 중간지대에 놓여 있는 아세안과 한국의 딜레마와 대응에 대해서는 최윤정 세종연구소 연구위원과 이수형 국가안보전략연구원 책임연구위원이 각각 맡았다.

본 책자의 완성도를 높이는 차원에서 국제세미나를 수차례 개최했는데, 참여한 다수의 외국 연구자들도 유용한 발제와 토론을 해주었다. 특히 니시노 준야 게이오대 현대한반도연구소 소장께 감사의 말씀을 드린다. 또 빡빡한 일정에도 출판을 흔쾌히 해주신 박선영 명인문화사 대표께도 감사의 말씀을 전한다. 마지막으로 본 책자를 만드는데 최선의 수고를 다해준 신의찬, 고승화, 민루이 연구원과 발간의 기쁨을 함께 나누고 싶다. 이번 책자의 건설적 제언들이 한국외교의 미래 전진에 유의미한 방향 설정과 충실한 집행에 기여 했으면 하는 바램이다. 다시 한번 감사의 말씀을 드린다.

2022년 8월 31일
황재호 한국외대 교수
글로벌전략협력연구원 원장

제1부

응전(應戰)의 인태국가들

1장

미국의 인태전략:

미중갈등과 미국정치

서정건(경희대 정치외교학과)

본 장은 미국이 추진하는 인태전략의 실체와 향후 전망에 대해 살펴본다. 근원적인 질문부터 던지자면 미국의 인태전략은 미국 대전략(grand strategy)으로 실재하는가? 바이든 행정부의 인태전략에 대한 관심이 부쩍 높아진 현재 대전략 논쟁을 다시 제기하는 이유는 간단하다. 인태전략이 미국의 궁극적인 아시아 전략으로 확실히 정립된 것인지 평가하기 위해서는 미국정치와 대전략 차원의 종합적인 이해가 필요하기 때문이다. 현재 미국이 추진 중인 인태전략은 트럼프 시대에 그 구체적 모습을 드러냈다. 트럼프 행정부는 애초에 일본이 주창한 '자유롭고 개방된' 인도·태평양(Free and Open Indo-Pacific) 개념을 받아들였고 2017년 12월에 발표된 미국의 국가안보전략보고서(NSS), 2018년 1월의 국가국방전략보고서(NDS), 그리고 2019년 6월에 공개된 인도·태평양 전략보고서(IPSR) 등 일련의 선언문과 보고서 등을 통해 아시아 전략을 공개하였다. 또한, 무역 적자에 대해 일방적으로 중국을 몰아세우며 2016년 당선되었고 중국을 임기 내내 비판했던 트럼프의 리더십은 중국을 견제하기 위한 인태전략의 미국 국내 정치적 맥락을 이해하는 데도 필수적이다.

한편 바이든 백악관은 2022년 2월 "미국의 인도·태평양 전략(Indo-Pacific Strategy of the United States)"이라는 제목의 보고서를 발간하여 아시아 전략을 한 단계 업그레이드하였다. 실질적 내용은 15페이지 정도 분량이며 상당 부분 새로운 것이 없다는 평가도 있다. 중국을 어떻게 다룰 것인가에 대해 다양하면서 당위론적인 방법론을 제시하고 있는데 중국과의 협력적인 태도를 기대한 쪽이나 중국에 대한 공격적 대응을 요구해 온 쪽 어느 편도 만족시키지 못하는 내용으로도 볼 수 있다. 인도·태평양지역이 세계의 중심 지역이라고 트럼프 행정부 역시 밝혔다는 내용을 포함함으로써 초당파적인 입장을 천명하고 있다. 보고서 내용 중 중국에 대한 직접적 비판은 '강압과 침략(coercion and aggression)' 정도가 가장 높은 수위다. 인권 및 국제법 위반 등을 거론하며 오바마 행정부 당시의 '규칙과 규범(rules and norms)' 접근법 역시 계속 사용되고 있다. 특히 남중국해 분쟁과 관련하여 항행의 자유(freedom of navigation)를 강조하는 규범 중심(rule-based) 원칙이 다시 한번 강조되었다.

그런데 최근에 미국 의회가 추진하고 있는 중국 견제 법안은 미중관계의 또 다른 차원을 예시한다. 2021년 7월 미국 상원은 '미국 혁신과 경쟁법(USICA: United States Innovation and Competition Act)'을 통과시켰는데 미국 내 반도체 공급망 확충을 위한 재정 투자, AI 기술 개발, 연구 개발 지원 등을 주된 골자로 하고 있다. 찬성 68명 반대 32명 표결은 양극화 시대 미국 상원이 초당파적으로 통과시킨 몇 안 되는 법안임을 의미하기도 하였다. 이에 대해 미국 하원은 2022년 2월에 매우 유사한 내용의 '미국 경쟁법(America COMPETES Act)'을 통과시켰고 찬성 222 대 반대 210의 극단적인 정당 투표(party-line voting) 성향을 보였다. 특히 기후변화 관련 국무부 보고를 의무화한 수정법안과 아프가니스탄의 중국 영향력 차단을 위한 현지 은행 규제 완화 수정안에 대해 공화당은 단결하여 찬성 및 반대 의사를 보인 반면 민주당은 중도파와 진보파로 갈려 분열하는 모습을 보였다. 다시 말해 미국의 인태전략이 추구하는 중국 견제를 미국 국내정치 상황과 접목시켜 본다면 실상 복잡한 내부 사정이 있음을 알 수 있다.

결국, 미국의 인태전략의 궁극적인 동기는 미중 갈등이므로 미국과 중국의 관계가 향후 어떻게 전개될 것인지 관찰해야 한다. 다만 국제관계 차원에서의 변화 못지않게 미국과 중국이 국내적으로 부딪치는 도전 과제 역시 점검해야 함을 강조하고자 한다. 예를 들어, 선거의 나라 미국이 중국을 다루는 방식은 정책과 선택의 시간(timing) 문제와 관련이 적지 않다. 예를 들어, 아프가니스탄 철군 참사 이후 국정 운영 능력을 의심받는 바이든 입장에서는 올해 11월 8일로 예정된 중간 선거 이전까지 '중국에 강경한(tough on China)' 태도를 유지함으로써 유약한 대통령 이미지로부터 벗어나는 것이 급선무다. 반대로 선거 이후 공화당이 현재 예상대로 하원 혹은 상하원 모두를 장악하게 된다면 바이든은 국제 이슈에서 성과를 내고자 할 것으로 예측된다. 지지층이 중시하는 기후 위기 해소를 위해 오바마 당시처럼 시진핑의 중국과 극적인 협상 타결을 도모하게 될 가능성이 높아 보인다. 중국 및 러시아의 협력을 바탕으로 이란 핵 협정(JCPOA)을 재가동하는 사안 역시 바이든의 임기 내 외교 목표 목록에 들어 있다.

1. 추진 배경과 목적

미국의 아시아 대전략(grand strategy)은 존재할까? 미국의 인태전략에 대한 관심이 부쩍 높아진 현재 미국의 대전략 논쟁은 근본적 문제와 관련 있다. 인태전략이 미국의 아시아 전략으로 자리매김한 것인지 판단하기 위해서는 국내정치와 맞물려 있는 대전략 차원의 종합적인 이해가 필요하기 때문이다. 비교적 최근인 오바마 행정부의 '아시아 회귀(Pivot to Asia)'라는 용어가 이제 거의 사용되지 않는 현실과 유사한 맥락이다. 제2차 세계대전 이후의 미국 대전략은 국제 질서와 국내정치 간 복합적인 상호 작용의 산물이다. 개디스(John Lewis Gaddis)[1]가 '묶기(lumping)'와 '쪼개기(splitting)' 중 묶기 작업에 가깝다고 정의한 미국 대전략 연구는 필수적으로 과거에 대해 질서를 부여한다. 트루먼 행정부의 봉쇄 정책(containment strategy), 아이젠하워 행정부의 새로운 시각 정책(new look strategy), 케네디/존슨 행정부의 유연한 대책(flexible response), 닉슨/포드/카터 행정부의 화해 정책(detente), 그리고 레이건 행정부의 철폐 정책(roll-back strategy) 등이 미국의 대전략에 속한다. 결국, 미국의 대전략은 변화하는 국제 질서의 성격을 분석하고 이전 행정부의 대외정책 성공 혹은 실패에 기초하여 현직 대통령이 주도하고 의회가 부응하는 미국 외교정책의 큰 방향이라고 볼 수 있다. 그렇다면 트럼프 행정부 당시 수립되고 바이든 행정부가 적극적으로 추진하고 있는 인태전략을 미국의 아시아 대전략이라고 부를 수 있을까?

물론 대전략 수준의 전략이 아니라고 할지라도 미국의 인태전략에 대한 분석은 분명히 필요하다. 중국과의 전략적 경쟁 시대에 확연히 접어든 미국 입장에서 내세우는 아시아 전략이 인태전략인 만큼 그 기원과 구성, 전개와 전망에 대해 잘 이해해야 한다. 만일 중국이 지금처럼 군사-안보 차원에서 미국과 대립각을 형성하지 않았더라면 미국의 인태전략은 나오지 않았거나 느슨한 형태였을 거라는 짐작이 가능하기 때문이다. 다만 중국에 대한 미국의 견제가 구체적으로 어떤 의미와 형태인지 아직까지는 확정되었다고 보기 쉽지 않다. 일례로 바이든 대통령은 대만에 대한 군사적 방어를 언급하고 그 직후에 백악관과 행정부 관료들은 여전히 하나의 중국(One China policy)이 미국의 공식 정책임을 확인하는 양상이 반복되고 있다. 결국, 인태전략은 아시아 지역과 미국 국내에서 어떤 합의(agreements)와 책무(commitments)로 이어지는지에 따라 그 정확한 실체가 드러나게 될 것이다.[2] 다시 말해 인태전략이 과연 체계적이고 지속 가능한지 여부 또한 주요 관심사라면 대전략 차원, 즉 국제 질서 변화와 미국 국내정치의 상관성 맥락에 대한 검토가 수반되어야 한다.

또한, 냉전이 종결된 지 30년이 지난 상황에서 독트린(doctrine) 의미 이상의 대전략이 미국과 세계 현실에서 성립 가능한지에 대한 의구심도 타당하다. 자유주의와 공산주의 간 이념적 대결 구도가 명확했던 냉전 시기 국제 정세가 미국 국내의 '정치적 합의(Cold War Consensus)'를 수월하게 이끌어 냈음은 잘 알려져 있다. 반면 21세기 들어 이라크전쟁 실패와 대규모 국제 금융 위기를 겪고 난 후 2008년 오바마의 '국내 건설 우선(nation-building at home)' 슬로건과 2016년 트럼프의 '미국 우선주의(America First)' 구호에 호응했던 미국 국민들에게 어떤 종류의 대전략도 광범위한 지지를 이끌어내기는 쉽지 않다.[3] 전쟁 실패와 금융 위기, 그리고 팬데믹 혼란은 양극화가 심각한 미국에서 더 이상 국제 문제를 국제 문제 차원에서만 다루기 어렵도록 만들었다. 오닐(O'Neill) 하원 의장의 격언처럼 "모든 정치는 지역 정치(All politics is local)"였던 시기가 마감되고 국제 정세와 대외 정보에 밝지 않은 미국 국민들 역시 모든 정치가 국제 정치인 시대를 살아가야 하는 것으로 보인다.

미국의 아시아에 대한 관심은 건국 이래 적지 않았다. 미국 연방 대법원 건물의 동쪽 페디먼트(pediment)에 공자의 입상이 새겨져 있는 상징적 차원뿐만 아니라 미국 건국의 아버지들(Founding Fathers) 중 중국과 유교에 대해 흥미를 가진 이들도 있었다.[4] 그린(Michael J. Green)[5]에 따르면 제퍼슨(Thomas Jefferson)은 유럽국가들의 침탈을 막아낼 연합 전선을 아시아에서 형성할 것을 고려한 적이 있고 퀸시 애덤스(John Quincy Adams) 대통령 역시 북서쪽 태평양지역에서의 미국 필수 이익을 강조한 바 있다. 20세기 말 미국 해군력 건설의 주창자 마한(Alfred Mahan)은 1900년 저작인 『아시아 문제(*The Problem of Asia*)』에서 아시아와 세계 질서의 상관성을 설명한 적이 있다. 씨어도어 루스벨트(Theodore Roosevelt) 대통령 역시 러시아와 일본 간 전쟁 종결을 중재하면서 아시아 지역에 대한 미국의 이해관계를 적극적으로 구현하려고 시도하였다. 하지만 정치 엘리트들의 관심은 아시아보다 유럽에 더 치중되었던 점, 아시아 대양보다는 유럽 대륙 쪽에 미국 영향력을 더 중시했다는 점, 아시아 지역에서의 방어선 확립이 더 복잡했다는 점, 이념과 통상 차원에서 유럽과 더 가까웠다는 점 등 여러 이유로 인해 그동안 미국 대외 정책과 국내정치의 관심사에서 아시아는 유럽에 비해 떨어져 있었다.[6] 인도양 및 태평양지역에서 민주주의와 기술 발전이 확인되는 시기에 기존의 유럽 대륙 중심 대외전략을 벗어난 새로운 전략을 미국이 추진하는 것으로 인태전략의 의미를 이해해 볼 수 있다.

최근에 미국이 추진 중인 인태전략은 트럼프 행정부 시기에 그 구체적 모습을 갖추었다. 애초에 일본이 주창한 '자유롭고 개방된' 인도·태평양(Free and Open Indo-Pacific) 개념을 받아들였고 2017년 12월에 발표된 미국의 국가안보전략보고서(NSS), 2018년 1월의 국가국방전략보고서(NDS), 그리고 2019년 6월에 공개된 인도·태평양 전략보고서(IPSR) 등 일련의 선언문과 보고서 등을 통해 트럼프 시대 미국의 아시아 전략을 표방하였다.[7] 이상현[8]에 따르면 트럼프 행정부가 발간한 첫 국가안보전략보고서는 기존의 보고서와 달리 인도·태평양 지역을 유럽이나 중동보다 앞서 언급했다. 공화당 출신인 아들 부시(George W. Bush) 대통령 시기부터 급속도로 가까워진 인도를 중요 축으로 삼고 남중국해에서 군사 시설을 확충하는 중국의 안보 위협을 견제하기 위해 이전의 아시아·태평양 개념을 탈피하여 미국 서부에서 인도 서부 해안까지의 아시아 전역을 포괄하는 전략으로 볼 수 있다.[9] 중국과의 통상 관계에서 발생한 미국의 무역 적자에 대해 중국을 일방적으로 비판하면서 당선되었고 중국을 임기 내내 비판했던 트럼프 대통령의 리더십은 인태전략의 국내 정치적 맥락과 국제 정치적 의미를 이해하는 데 필수적이다.

우선 도표 1.1에서 알 수 있듯이 오바마 2기 행정부 당시부터 상승하기 시작하던 중국에 대한 미국 국민들의 비호감 정서는 트럼프 당선 이후 더욱 악화되다가 코로나19 팬데믹 시기를 거치면서 최악으로 치닫게 되었다. 임기 내내 중국과의 무역전쟁을 진두지휘하면서 미국 백인 노동자 계층의 사회-경제적 박탈감을 주로 중국 탓으로 돌린 트럼프 대통령으로 인해 중국 견제를 위한 인태전략은 비교적 수월하게 미국 입장으로 자리를 잡게 되었다. 하지만 동시에 대전략 수준의 체계적 내용을 토대로 인태전략을 검토 및 실천하지 않고 대신 트럼프 개인이 국제 관계를 휘저었던 측면이 크다. 특히 반(反)동맹, 반(反)자유

도표 1.1 미국 국민들의 중국에 대한 호감도/비호감도 변화 추세, 2005~2022년

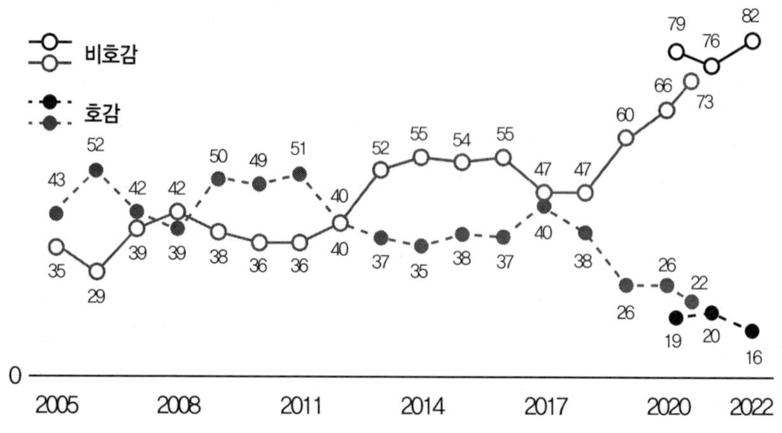

출처: Pew Research Center.

무역, 그리고 비(非)개입주의 등 미국의 이전 대통령들과는 확연히 다른 대외정책 노선을 지향하는 바람에 트럼프의 인태전략은 아시아 지역 국가들의 신뢰를 얻기 어려웠다. 다시 말해 직간접적으로 중국의 부상을 막기 위한 것으로 알려진 인태전략은 대통령의 독단적인 외교 스타일, 환태평양동반자협정(TPP)을 포함한 오바마 아시아 정책의 폐기, 대선을 고려한 중국과의 급작스러운 타협 등으로 인해 트럼프 행정부 당시 체계적인 정책으로 정립되지 못하였다.[10)]

코로나 팬데믹 상황에서 치러진 미증유의 2020년 대통령 선거를 통해 트럼프는 낙선하였고 바이든 전 부통령이 당선됨에 따라 인태전략은 트럼프 시대와는 정반대의 정책 딜레마를 겪게 된다. 더욱 높아진 중국 비호감 비율에도 불구하고 정치적으로 아시안 계 미국 국민들의 지지가 중요해진 바이든 대통령 경우 트럼프처럼 대놓고 반(反)중국 정서를 자극하기 쉽지 않다. 바이든은 대선 후보 시절 중국인 입국과 코로나 확산을 연계시키는 발언을 했다가 민주당 내 소수 인종 그룹의 큰 반발을 산적도 있다. 더구나 유권자들의 중국에 대한 부정적 정서 역시 지지 정당에 따라 미묘한 차이를 보이고 있다. 바이든 임기 2년째인 2022년 3월에 시행된 퓨 리써치 센터(Pew Research Center) 조사에 따르면 반중(反中) 감정은 민주당(79%)과 공화당(89%) 유권자들 사이에 그 차이가 적었다. 반면 중국을 적(敵)으로 보는가를 묻는 질문에 대해서는 42%의 공화당 지지자들이 그렇다고 응답한 데 비해 단 12%의 민주당 지지자들만이 같은 대답을 한 적이 있다. 중국에 대한 비호감 정서와 중국을 적대시하는 태도는 같다고 보기 어렵다. 민주당 대통령이 중국을 대하는 접근법은 공화당 행정부가 중국을 다루는 방식과 종종 다를 수 있음을 시사하는 대목이다.[11)]

동시에 바이든 대통령의 정치적 목표가 국내적으로는 민주주의의 회복, 국제적으로는 동맹 관계의 회복인 만큼 인태전략은 트럼프 시기에 비해 훨씬 더 체계를 갖추는 중이다.[12)] 바이든 외교팀의 구성 역시 바이든과 오랫동안 손발을 맞추어 온 전통적 성향의 외교 라인이므로 미국 대전략 차원의 사고와 접근에 익숙하다. 게다가 트럼프 시대 홀대당하던 워싱턴 외교정책집단(foreign policy community)은 베테랑 정치인 바이든 대통령 시대에 기존 영향력을 재가동하는 중이다. 주요 언론, 씽크탱크, 로비스트, 군산복합체 등은 트럼프 당시의 비(非)개입주의와 보호무역 정책을 반대하였고 바이든의 동맹 강조와 미국 주도의 경제질서 구축을 환영하고 있다. 또한, 트럼프와 정반대의 리더십 스타일을 가진 바이든은 인태전략 안에 쿼드(QUAD)로 대표되는 안보 기구와 인도·태평양 경제 프레임워크(Indo-Pacific Economic Framework)가 중심이 되는 경제질서를 통해 체계적으로 인도·태평양 정책을 짜고 있는 것으로 보인다. 결국, 구체화 이후의 문제는 지속

가능성인데 미국의 기존 대전략들이 부딪쳐 온 딜레마이기도 하다. 미국 민주주의가 외교정책에 미치는 영향을 고려하지 않을 수 없는 이유이기도 하다.

2. 미중갈등과 인태전략

1) 바이든 백악관과 인도·태평양 전략보고서

바이든 백악관은 2022년 2월 미국의 "인도·태평양 전략(Indo-Pacific Strategy of the United States)" 보고서를 발간하여 그 구체적 내용을 밝혔다. 실질적 내용을 담은 것은 15페이지 정도의 분량이며 내용의 상당 부분이 크게 새로운 것은 없다는 평가도 있다. 대부분 선언적 의미를 담고 있는 것으로도 보인다. 중국을 어떻게 다룰 것인가에 대해 다양하면서 당위론적인 방법론을 제시함으로써 중국에 대한 협력적인 태도를 기대한 쪽이나 중국에 대한 공격적 대응을 요구해 온 쪽 어느 쪽도 만족시키기 어려운 내용이라고 볼 수 있다. 한편 트럼프 행정부 역시 인도·태평양지역이 세계의 중심 지역이라고 밝혔다는 내용을 포함함으로써 초당파적인 입장을 천명하고 있음을 강조한다. 잘 알려진 대로 바이든 행정부에서 트럼프 정책을 공개적으로 언급하는 일은 거의 없고 중국에 대한 관세 유지 등 필요한 경우에만 사용하는 정도다. 보고서 내용 중 중국에 대한 직접적 비판은 '강압과 침략(coercion and aggression)' 정도가 가장 높은 수위의 표현이다. 인권 및 국제법 위반 등을 거론하며 오바마 행정부 당시의 '규칙과 규범(rules and norms)' 접근 역시 계속 사용되고 있다. 특히 남중국해 분쟁과 관련하여 항행의 자유(freedom of navigation)를 강조하는 규범 중심(rule-based) 원칙이 다시 한번 강조되기도 하였다. 실제로 규범 준수와 관련해서는 오바마 대통령이 박근혜정부에 이 점을 상기시키고 확인받고자 한 적도 있다.

국내에서도 논란이 많은 쿼드와 관련해서는 세계 보건, 기후변화, 코로나19 대응, 중요 기술, 사회간접자본, 교육, 재생 에너지 등 주요 현안을 다루고 있음을 나열하고 있다. 쿼드의 목표를 명확히 함과 동시에 중국과 직접 연관 짓는 시도는 일정 정도 피하고 있는 것으로 유추된다. 한국정부 역시 이러한 미국의 공개적 입장 및 목표 설정이 이루어짐에 따라 쿼드에 대한 신축적 동조 및 동참 경우 부담이 상대적으로 줄어든 상황이다. 다만 최근 미국은 쿼드의 구성원 확대는 당분간 없을 것임을 천명한 바 있다. 또한, 아세안(ASEAN)에 대해 상당 부분의 전략적 설명을 할애함으로써 향후 협력 가능성을 상기시키고 있다. 하지만 아세안 국가들 내부의 이해관계 복잡성 역시 미국의 인태전략 중 핵심 사안인 '아세안 중심성(ASEAN Centrality)'과 맞물리기 쉽지 않은 구도다. 대만해협의 안전에 대해 재강조하면서도 가장 먼저 하나의 중국 정책을 언급함으로써 중국-대만 관련 미국의 기존 정책에 변경이 없음을 재확인시켜 주었다고 평가할 만하다. 물론 1979년 미국 의회가 통과시킨 대만관계법(Taiwan Relations Act)도 함께 언급함으로써 대만과의 유대 및 무기 수출의 정당성을 서술하고 있다.

북한의 위협에 대해서는 주로 확장 억제(extended deterrence)라는 미국의 기존 전략을 그대로 고수하고 있는데 국내 일부 언론이 소개한 '필요시 격퇴(if necessary, defeat)'라는 표현은 특별한 의미를 부여할 필요가 없는 것으로 판단된다. 그 자체로서 새로운 전략 수정을 특정하고 있다고 보기 어렵기 때문이다. 구체적인 실천 노력 중 하나로 한-미-일 삼각 채널(trilateral channels) 협력 또한 명시하고 있다. 이는 향후에도 북한 문제 및 중국 이슈 등과 관련하여 일본이 중요한 당사자(stakeholder)로 관여할 수 있음을 미국이 재강조한 대목으로 볼 수 있다. 만일 한국정부가 미국 행정부와 단독으로 북한 문제를 해결하려고 시도할 때 일본의 물밑 견제 가능성 혹은 미국의 일본과 협력 요청 등에 대해 미리 대비할 필요가 더욱 커진 이유이다. 또한, 여성 리더십과 관련하여 구체적으로 표시한 것이 주목할 만한데(woman's leadership and empowerment)를 이는 위안부 이슈에 대한 미국의 간접적 입장과 관련이 있어 보인다.

미국의 세계 대전략으로서 인태전략이 지니는 의미 평가와 관련하여 제2차 세계대전 이후 미국의 가장 중요하고 중대한 역할이 요구되는 지역이라고 인도·태평양을 천명한 보고서 내용으로 보아 정책 우선순위 중 하나로 부각된 것은 분명해 보인다. 이에 대해 인도·태평양지역이 최우선 순위의 미국 대외정책으로 변경된 것이라고 보는 것은 다소 무리다. 미국 외교정책의 관성과 특성상 여전히 러시아에 대항하는 유럽의 나토(NATO) 동맹과 이란 핵 위협이 중심인 중동 지역, 그리고 같은 대륙인 라틴 아메리카의 역내 민주주의와 경제협력은 인도·태평양지역의 중요성에 못지않다. 결국 어느 한쪽을 강조하기 위해 다른 한쪽을 포기하는 형식의 미국 대외정책 변화는 현재로서 상상하기 어렵다.

러시아, 중국, 이란, 북한 등 안보 위협과 노동 및 환경 규칙을 포함한 통상 증진, 그리고 코로나19 같은 세계 보건 이슈와 기후변화 등은 앞으로도 상당 기간 미국 대외정책의 핵심 요소들이 될 것이다. 사실 그동안 아시아 지역은 다자안보가 아닌 1대1 동맹(미일동맹, 한미동맹 등) 위주의 프레임이었다. 중국이 최대 라이벌로 부상한 것은 비교적 최근이므로 이에 대응하기 위해 인태전략이라는 화두가 워싱턴 외교정책집단 중심으로 등장하게 된 것으로 이해하는 편이 타당하다. 오바마 행정부 당시에도 아시아 회귀(Pivot to Asia) 전략으로 인해 아시아·태평양지역에 군사적 자원이 증강되었지만 이로 인해 기타 지역에서 급격히 미국의 책무(commitment)를 줄였다고 보기는 어려운 맥락과 같다.

2) 미중갈등 양상과 인태전략: 안보-경제 통합 관점

미국이 단 한 번도 공개적이고 직접적으로 표명한 적은 없지만, 인태전략의 주요 목적이 중국을 견제하기 위한 것임은 이미 잘 알려져 있다.[13] 그런데 중국을 견제한다는 입장을 구체적으로 들여다보면 어디까지 얼마나 어떻게 견제한다는 것인지에 대한 각론이 충분치 않음 역시 드러난다. 개선되지 않는 무역 수지 적자, 지적 재산권 분쟁, 기술 패권을 둘러싼 치열한 경쟁, 홍콩과 신장 지역의 인권 및 민주주의 탄압 문제, 남중국해 상에서의 군사 시설 확대 논란, 그리고 코로나 팬데믹의 진원지 의혹 등 미국 국민들이 역대 최악의 반(反)중국 정서를 가지게 된 이유는 쉽게 나열할 수 있다. 하지만 냉전 시대의 미소관계와는 달리 1979년 이래 경제적으로 매우 긴밀히 얽혀 있는 미국과 중국 두 나라가 전면적인 대결 양상 혹은 군사적 충돌 단계로 쉽게 이행할 것으로 보기도 어렵다.[14] 이에 대해 크리스텐센(Thomas J. Christensen)[15]은 다음의 세 가지 상황을 상정한다. 즉, 중국이 글로벌 가치 사슬(global value chain)에서 탈퇴하거나 아시아 지역에서 과거 소련의 바르샤바 조약 기구와 같은 군사 동맹 블록을 구축하거나 권위주의 대 민주주의 간 체제 대결을 미국과 벌이는 경우라면 두 나라는 신(新)냉전에 접어들었다고 규정할 수 있다. 현재로서는 세 가지

가능성 모두 매우 낮으며, 따라서 미중관계를 새로운 냉전이라고 확정하여 진단하는 것은 무리라는 논리다.

미국의 중국 정책을 분석하는 기존 국제 정치 연구들은 주로 다음의 세 가지 정책 중 하나에 집중하는 경향이 있다. 첫째, 협력(engagement) 정책으로 중국을 국제사회의 책임 있는 일원으로 포함시키고자 한다. 둘째, 봉쇄(containment) 입장인데 중국의 부상을 현재 수준에서 동결함으로써 중국이 패권적 영향력을 더 이상 발휘하지 못하도록 막는 것이 주목적이다. 셋째, 하이브리드(hybrid) 방식인데 협력과 봉쇄 사이에서 미국의 국익을 따라 신축적 입장을 취하는 특징이 있다. '협력-봉쇄(congagement)'라는 용어가 사용되기도 한다. 문제는 미국이 중국을 대할 때 안보 이외의 다른 이슈들에 있어서는 상충되는 입장을 종종 취할 수밖에 없다는 점이다. 기후 위기와 관련하여 중국의 협력이 필수적이다. 미국의 많은 농산물을 거대한 중국 시장에 계속 수출해야 한다. 중국과의 갈등이 미국 국내의 점증하는 아시아 혐오 범죄를 불러일으킨다는 우려도 있다. 그리고 협력과 봉쇄라는 단일 선상의 일차원적 접근은 중국에 대한 미국의 확장적 접근만을 주로 강조하게 되는데 미국이 중국에 대해 소극적 정책으로 전환할 가능성을 상정하기 어렵다는 단점도 있다.

도표 1.2는 미국의 중국 정책을 안보와 경제 두 차원에서 동시에 고려함으로써 총 네 가지의 정책 조합을 만들어 낼 수 있다는 가능성을 보여준다. 강경한 안보 입장이 경제협력 현실과 만난다면 헤징(hedging) 전략을 사용하게 될 것이고 경제적 민족주의와 합쳐진다면 봉쇄(containment) 전략을 구사하게 된다. 소극적 안보 전략과 경제협력 입장이 합쳐지면 협력(engagement) 정책이 만들어질 것이고 경제적 민족주의와 어우러진다면 축소(restraint) 전략으로 귀결된다.

도표 1.2 안보-경제 통합 관점으로 분류한 미국의 대(對)중국 정책들

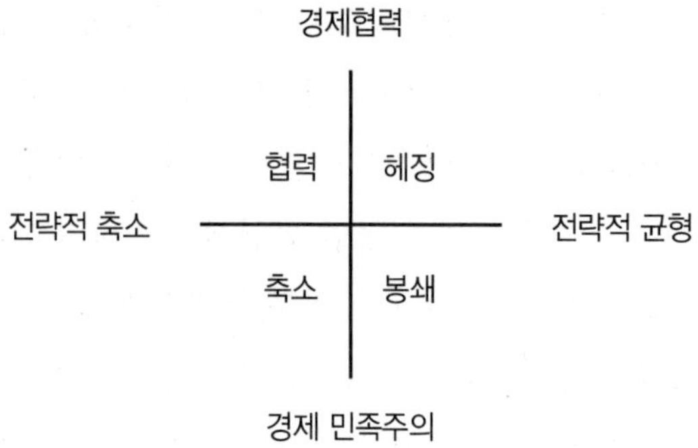

경제협력

협력 | 헤징

전략적 축소 | 전략적 균형

축소 | 봉쇄

경제 민족주의

출처: Trubowitz, Harris, and Seo (2017).

트럼프 당시에도 매년 국방비를 증액하는 미국 현실에서 중국에 대한 안보 전략이 소극적이 될 가능성은 거의 없다. 결국, 중국과의 경제적 관계를 어떻게 규정하느냐에 따라 정책 조합이 결론 나게 될 텐데 중국과의 통상이 미국 경제와 사회에 미치는 영향은 주(洲)에 따라, 산업에 따라, 시장 및 소비자 상황 등에 따라 달라질 수밖에 없다. 인태전략 역시 헤징(hedging)과 봉쇄(containment) 중 하나에 가까울 수 있고 여전히 결론은 나지 않은 상황이다.

3) 미중갈등 성격과 인태전략: 미국 국내정치 관점

국가 자체를 분석 단위로 하여 국익 증진 문제를 다루는 국제정치적 접근뿐만 아니라 국가 이익을 정의하는 단계에서 발생하는 국내정치와 외교정책 간 역동성이 중요한 나라가 미국이다.[16] 특히 1860년대 남북전쟁을 기점으로 민주당과 공화당이 주축인 양당제(two-party system)가 자리 잡은 후 미국의 선거 제도는 연방 차원에서 한 번도 변경되지 않았다. 외교정책을 둘러싼 대의 민주주의 시스템 하의 정당 정치 역시 비교적 일관된 다양성을 보여 왔다. 경제 교류가 없던 소련과의 이념 경쟁이 대외정책의 기조였던 냉전 당시에는 대통령 이외의 민주주의 작동 요소들, 즉 의회, 정당, 언론, 여론, 이익 단체, 씽크탱크 등의 외교정책 관련 역할과 영향이 전면에 드러나기 어려웠다. 소위 냉전 합의(Cold War Consensus)라는 국내적 환경과 반공주의 기치 아래 대통령과 행정부의 대외정책 주도권이 인정되었던 시기다.

냉전이 종결된 이후 임기 첫해를 시작한 첫 대통령 클린턴 시대에는 미국 경제의 유례없는 호황으로 인해 냉전 이후 미국 대외정책의 새로운 방향을 둘러싼 논쟁이 거의 발생하지 않았다. 유일 초강대국(US Primacy)이라는 자부심과 경제 활성화라는 자신감이 어우러지면서 탈냉전 시대 미국의 새로운 외교정책 수립은 이루어지지 않은 셈이다. 2001년 9·11 이후 부시 행정부의 공세적 국제주의가 등장하고 그 결정판인 이라크전쟁이 2005년 이후 급격히 미국 국내의 지지를 상실하게 되면서 오바마 행정부의 '뒤에서 앞장서기(Leading From Behind)'라는 소극적인 정책 기조가 생겨났다. 그런데 2기 행정부 시기에 점차 국제주의자로 변모하던 오바마 민주당에 대한 반감과 레이건 정당을 고수하던 전통 공화당에 대한 반발을 틈타 트럼프가 2016년 대선에 승리하면서 미국 우선주의가 전면에 부각되었다. 이후 코로나 팬데믹 와중에 트럼프를 쫓아낸 바이든은 동맹을 중시하는 기존 미국 대외정책 부활을 알렸지만, 아프가니스탄 철군 참사와 우크라이나전쟁 발발로 인해 자신의 외교정책을 국내적으로 공고히 하지 못하고 있는 상황이다. 결론적으로 냉전 이후 미국의 대전략은 재선에 성공하여 8년을 집권했던 이전 대통령의 외교정책을 대부분 뒤엎는 방식으로 구성되어 왔다. 그 중심에 위치한 중국 대응과 관련된 논란 역시 의회-정당 정치

관점에서 볼 때 일관성을 찾기 쉽지 않다.

양극화 시대에 중국에 대한 대응만큼은 미국 의회가 초당파적으로 힘을 합치고 있다는 보도는 심심치 않게 확인할 수 있다. 홍콩의 민주주의 위기, 신장 위구르족의 인권 문제, 중국을 겨냥하는 국방비 증강 등과 관련하여 공화당과 민주당 간 큰 이견 없이 한목소리를 내고 있는 점은 사실이다. 그런데 중국과 얽혀 있는 보다 다양한 정책 이슈 영역을 살펴보면 두 정당 모두 내부적으로 사정이 간단치 않다는 점을 알 수 있다. 공화당의 경우 중국을 새로운 안보 위협으로 인식하고 이를 저지하려는 전통적 강경 안보 그룹, 중국을 여전히 세계 최대의 시장과 공장으로 이용하고 싶은 친(親)기업 및 농업주(州) 의원들, 낙태가 만연하고 종교의 자유가 없는 국가로 중국을 규정하며 사회적 이슈에 관심이 큰 사회적 보수주의(social conservatism) 그룹 등이 당내에서 보이지 않는 갈등 중이다. 민주당도 크게 다르지 않다. 협력 정책을 통해 중국을 국제 정치 및 경제질서에 포섭하여 안착시켜야 한다는 중도 그룹이 있는가 하면 중국의 수출을 억제시키고 국내 노동자들을 지켜야 한다는 보호무역 그룹이 있다. 또한, 기후변화 및 비확산 등 정책 영역에서 중국과의 협력이 불가피하다는 진보파(progressives) 그룹이 세를 늘리고 있다. 도표 1.3은 미국 의회와 정당 정치에 관련된 정책 연합 구도를 분류한 것이다. 구체적으로 중국 인권에 대한 초당파적 연합(왼쪽 위), 기후 위기 협력에 관한 당파적 대결(오른쪽 위), 19세기 중국인 노동자 이민 정책과 관련된 분열 정책 상황(왼쪽 아래), 그리고 두 정당 모두 내부적으로 분열되어 있는 동시 분열 상황(오른쪽 아래)을 가리킨다.[17)]

가장 최근에 미국 의회가 추진하고 있는 중국 견제 법안을 예로 살펴보자. 2021년 7월 미국 상원은 '미국 혁신과 경쟁법(USICA: United

도표 1.3 미국의 의회-정당 정치와 중국 정책(US China policy)을 둘러싼 연합 분류

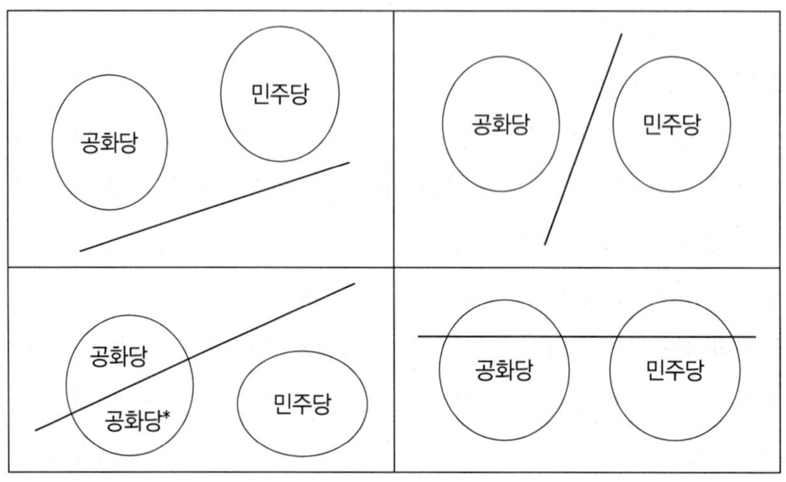

출처: Seo (2019, 116).

States Innovation and Competition Act)'을 통과시켰는데 미국 내 반도체 공급망 확충을 위한 재정 투자, AI 기술 개발, 연구 개발 지원 등을 주요 내용으로 담고 있다. 찬성 68명 반대 32명 표결은 양극화 시대 미국 상원이 초당파적으로 통과시킨 몇 안 되는 법안임을 의미하기도 하였다. 이에 대해 미국 하원은 2022년 2월에 매우 유사한 내용의 '미국 경쟁법(America COMPETES Act)'을 통과시켰는데 찬성 222 대 반대 210으로 극단적인 정당 투표 성향을 보였다.[18] 특히 기후변화 관련 국무부 보고를 의무화한 수정법안과 아프가니스탄의 중국 영향력 차단을 위한 현지 은행 규제 완화 수정안들에 대해 공화당은 단결하여 찬성 및 반대 의사를 보인 반면 민주당은 중도파와 진보파로 갈려 분열하는 표결을 행하였다. 다시 말해 미국의 인태전략이 추구하는 중국 견제 목표를 미국 민주주의 상황과 접목시켜 본다면 실상 복잡한 내부 사정이 있음을 알 수 있다. 표 1.1은 트럼프 행정부 시기 115대 의회(2017~2018)부터 현재까지 미국 의회가 인도·태평양지역과 관련하여 결의안과 국방부 예산안 등을 제외하고 어떤 입법 활동을 진행해 왔는지 정리한 내용이다.

표 1.1 트럼프-바이든 행정부 시기 미국 의회와 인도-태평양 전략

회기	법안명	법안주제	발의자	상태
117th Congress (2021~2022)	H.R.4521 United States Innovation and Competition Act of 2021	• 미국 내 반도체 산업 등 기술 혁신 및 인도·태평양지역 지원을 위한 재정 마련 • 사이버 안보 및 인권 관련 중국 제재 근거 마련	Rep. Johnson (D-TX)	하원과 상원 각각 통과 후 상하원 조정위원회 작업
	H.R.1083 Southeast Asia Strategy Act	• 국무부가 서남아시아 및 아세안(ASEAN)과 협력할 방안을 찾도록 요구 • 경제성장과 에너지 혁신 증진을 통해 미국과 아세안 관계를 업그레이드할 방안 모색	Rep. Wagner (R-MO)	하원만 통과
	H.R. 1112 Protect Democracy in Burma Act of 2021	• 버마의 군부 쿠데타 및 민주화 관련 미국의 행동을 국무부가 의회에 보고하도록 규정 • 유엔을 통해 쿠데타 책임을 묻는 방안에 대해 보고 요구	Rep. Connolly (D-VA)	하원만 통과

계속 ▸▸

표 1.1 계속

회기	법안명	법안주제	발의자	상태
116th Congress (2019~2020)	S.2547 Indo-Pacific Cooperation Act of 019	• 인도·태평양지역에서의 동맹과 협력을 강화하여 중국의 도전에 대응할 종합적 방안 모색 요구 • 가치 공유 국가들(like-minded countries)과 민주주의 및 인권 증진 노력 강화	Sen. Romney (R-UT)	상원만 통과
	H.R.2002 Taiwan Assurance Act of 2019	• 미국과 타이완의 정부 관료들 교류를 촉진하는 타이완 여행 법(Taiwan Travel Ac)의 현황을 검토하도록 국무부에게 요구 • 군사 정보를 타이완에게 정기적으로 제공하도록 규정	Rep. McCaul (R-TX)	하원만 통과
	S.1678 Taiwan Allies International Protection and Enhancement Initiative (TAIPEI Act of 019	• 타이완이 전 세계 국가들과 외교 관계를 강화하도록 국무부가 어떤 조치들을 취하고 있는지 의회에 연례적으로 보고하도록 의무화	Sen. Gardner (R-CO)	상하원 모두 통과 현재 미국 법률
115th Congress (2017~2018)	S.2736 Asia Reassurance Initiative Act of 2018	• 2019년부터 2023년까지 매년 15억 달러($1.5 billion)를 국무부 등에 지원하여 인도·태평양지역 미국 이익을 도모	Sen. Gardner (R-CO)	상하원 모두 통과 현재 미국 법률

출처: www.congress.gov (2022년 7월 현재)

3. 도전 요인과 향후 전망

1) 국제정치 차원 도전과 전망

미국의 인태전략은 앞으로 미국과 중국의 갈등과 대결 국면이 점차 심화되는 동안 그 명칭과 상관없이 지속될 것으로 보인다. 특히 국제 관계의 양상이 과거와 같은 군사적 대립이나 보호무역 논란, 그리고 국제 금융 시장 불안정 및 이민 정책 혼선 등에서 머물지 않고 기술 패권 경쟁 차원으로 확대되고 있음을 주목해야 한다. 물론 민주당 행정부 경우 민주당 지지자들이 중요하게 생각하는 기후 위기 대처를 위해 중국과의 협력 가능성을 언제나 염두에 두고 있다. 하지만 제2차 세계대전 이후부터 진행되어 온 이중용도 기술(dual-use technology) 개발은 미국 패권의 유지 근간이었음을 부인하기 어렵고 최근의 미래 기술과 관련한 중국의 거센 도전은 미국 인태전략 등장의 근본적 원인 중 하나이기도 하다. 그런데 성대결 게임(Battle of the Sexes Game)처럼 반도체, 5G, AI 등 기술 경쟁은 표준화를 둘러싼 대응 전략(best response) 성격이 강할 수밖에 없다. 결국 어느 한쪽의 양보 없이 균형을 찾기 어려운 갈등 상황이 이어지는 한 기술 패권을 둘러싼 미중 경쟁은 상당 기간 세 불리기 양상으로 전개될 가능성이 크다. 다만 이미 깊숙이 진행된 글로벌 가치 체계(global value chain)가 가진 경제적 특성상 어느 한쪽도 상대방을 완전히 배제한 해결책을 찾기는 불가능하다. 실제로 미중 갈등이 격화하는 와중에 중요한 화두로 등장했던 탈동조화(decoupling) 개념이 최근에는 거의 논의되지 않는 사실은 이를 반증한다.

한편 인태전략에 한국과 일본이 주축 국가로 참여하는 방식을 미국이 선호한다는 사실은 분명해 보인다. 박재적[19]의 지적대로 다자주의는 '무기력성'을 노정하고 양자주의는 '편협성'에 시달려 온 국제 관계 현실에서 양자와 다자의 중간적 형태로 지역 현안에 대처하려는 소다자주의(minilateralism) 시도가 급증하고 있다. 제2차 세계대전 이후 자유무역과 집단 안보를 기반으로 한 자유주의적 국제주의(liberal internationalism) 질서가 유럽에 확립된 반면 70년 전인 1952년에 발효된 샌프란시스코 조약 체제는 일본의 과거사 문제를 그대로 남겨둔 채 나토(NATO)와 같은 안보체제가 아시아 지역에 안착하기 어렵게 만들었다. 이후 미국은 한미동맹, 미일동맹, 중국 카드(China Card) 등 양자적 접근에 주로 의존하여 아시아 지정학을 끌고 왔다. 인태전략은 온전한 다자주의 실현이 여전히 어려운 아시아 지역에서 미국 주도의 중첩적 소다자주의 시도로 해석 가능하다. 하지만 최근 쿼드 가입국 확대를 유보할 수밖에 없는 속사정에서 알 수 있듯이 역내의 핵심 국가들은 각자 셈법이 다르다. 일본이 한국의 쿼드 가입에 부정적이라는 보도와 더불어 인도가 러시아의 석유와 무기를 계속 구매하는 점도 미국의 골칫거리다. 다만 한국의 새 정부가 일본과의 관계 개선 의도를 공공연히 시사하고 있다는 점이 향후 변수가 될 것으로 전망된다. 이를 위한 국내적 소통에 세밀한 주의가 필요한 만큼 한일 관계 회복이 어디까지 가능할지 가늠하기는 현재로서 어렵다.

미국의 인태전략과 관련하여 군사적 충돌 가능성이 있는 뇌관 중 하나는 대만이다. 1979년 1월 미중 관계 정상화 발표 이후 줄곧 미국의 공식 입장은 하나의 중국, 즉 대만은 중국의 국내 문제라는 쪽이다. 그런데 의회의 승인 없이 카터와 덩샤오핑이 전격적으로 이끌어낸 관계 정상화 과정에서 보수 공화당과 민주당 강경파가 합작하여 대만 관계법(Taiwan Relations Act)을 같은 해 3월에 압도적으로 통과시켰다.[20] 카터가 부득불 미국 국내법으로 서명한 대만 관계법에 따르면 대만의 미래는 평화적 방법으로 결정되어야 하며 미국은 대만과 가까운 관계를 유지할 뿐만 아니라 방어적 성격의 무기를 제공할 수 있다.[21] 최근의 러시아에 의한 우크라이나 침공 당시 전략적 명확성을 통해 미국의 지상군 투입은 절대 없다는 입장을 천명한 것과 대조적으로 바이든 대통령은 대만 문제와 관련하여 전략적 모호성(strategic ambiguity)을 고수하고 있다. 한국과 일본 정상회담에서도 대만해협의 평화와 안정이 계속 의제로 등장하고 있으며 대만이 오랫동안 로비를 통해 공들여온 미국 의회 역시 대만 문제에 필사적이다. 특히 푸틴이 우크라이나에서 승리하면 시진핑이 대만을 침공할 것이라는 식의 주장으로 공화당은 바이든 행정부를 압박하고 있는 중이다.

10개국으로 구성된 아세안(ASEAN)과의 협력 확대는 미국의 인태전략이 새롭게 추구하는 핵심 사안 중 하나다. 지난 5월 한국과 일본 순방을 위해 출발하던 주초에 바이든은 미국과 아세안과의 45년 역사를 기념하는 정상회담을 아세안 지도자들을 초청하여 개최했고 국가 안보 회의 비서실장을 5년 넘게 비워 두었던 아세안 대사로 지명하였다. 1억 5,000만 달러 투자 계획도 정상회담에서 발표되었지만 바이든-아세안 정상회담에서는 인태전략의 세부 사항에 대해 다양한 의견이 표출되었다.[22] 미국과 중국을 동시에 고려해야 하는 아세안 국가들 내부의 복잡한 상황과 선호가 재확인된 셈이다. 미국의 아세안 정책이 명료해질 때까지 아세안 국가들의 모호한 입장은 다소간 지속될 것으로 보인다. 마지막으로 미국의 인태전략은 미국의 대외정책 중 일부이므로 우크라이나전쟁 상황, 푸틴과의 관계 설정, 이란 핵 협정(JCPOA) 시도 등 다양한 국제 문제의 진척 혹은 패착에 따라 직접적인 영향을 받게 될 것으로 전망된다. 결국, 인태전략은 인태전략만의 문제일 수 없다는 것이 미국이 가진 근본적인 딜레마가 아닐 수 없다.

2) 미국정치 차원 도전과 전망

미국의 인태전략은 미국 외교정책의 일환이므로 미국정치의 결정 과정을 거치지 않을 수 없다. 천안문사태와 냉전 종결 이후 클린턴 행정부는 주로 중국과의 통상 이슈에 집중했었고 9·11 테러 이후 중국의 지원이 필요했던 부시 행정부는 이라크전쟁에 주력했었다. 시진핑 시대의 중국이 미국의 패권 지위를 위협하게 되면서 금융 위기를 어느 정도 극복한 오바마 2기 행정부 당시부터 중국과 관련된 아시아 회귀 전략이 본궤도에 올랐다. 하지만 임기 중 두 번째 중간 선거 다음 해인 2015년에 들어서야 환태평양동반자협정(TPP) 성사를 위한 무역촉진권한(Trade Promotion Authority)을 의회에 요청했던 오바마의 중국 견제 정책은 파리 기후 협정 체결을 위한 중국과의 협력 필요성과도 상충한 바 있다. 선거 과정과 국정 운영에 있어 중국을 주된 비판 대상으로 삼은 트럼프 행정부 경우 인태전략을 수립하였지만, 트럼프 대통령 개인의 외교 스타일이 미국 대전략에 혼선을 불러일으키기도 하였다. 민주주의와 동맹 관계 회복을 기치로 내건 바이든 행정부가 들어선 현재 비로소 미국의 인태전략은 본격화 단계에 접어들었다고 볼 수 있다. 이와 관련 미국 국내정치의 다양한 상황을 종합적으로 고려해 볼 필요 역시 커졌다.

중국을 어떻게 정의할 것인가에 대한 미국의 혼란은 트럼프 시대와 팬데믹 시기를 거치면서 더욱 갈등적인 방향으로 정리되고 있음을 부인하기 어렵다. 플라자 협정이나 레이건-나카소네 정상회담 등으로 1980년대 통상 갈등을 비교적 원만히 수습했던 일본 사례와 달리 중국은 트럼프의 강경 조치에 맞대응하며 자국의 경제적-국제적 위상을 확보하려 하였다. 정책 결정자 간의 합리적 조정보다는 국내 정치적 용도로 지지층을 동원하였던 트럼프 대통령도 미중 갈등 악화에 큰 역할을 하였음은 물론이다. 게다가 트럼프 임기 마지막 해이자 대선 기간 중에 터진 코로나19 펜데믹은 보수 언론은 물론 진보 진영 역시 중국에 대한 비판적 입장을 취하도록 만들었다. 경제적 위기와 더불어 생명 및 안전의 문제를 야기했던 팬데믹과 관련하여 중국을 긍정적으로 바라보는 시각은 더 이상 지속되기 어려워졌다. 다만 관계 정상화 이후 40년 넘게 심화되어 온 양국의 경제 의존성을 하루아침에 뒤집기 어렵고 경제 이익에 민감한 미국이 세계의 시장이자 공장인 중국을 무시하기도 어렵다. 미국 국채의 최대 보유국인 중국 역시 국채 매각을 외교정책 수단으로 삼을 수 없을 만큼 미국 경제가 자국의 경제와 정치, 그리고 사회 안정에 미치는 영향을 인식하고 있다.

중국과 관련한 미국 대통령 정치는 그동안 선거 시기 중국 때리기와 임기 중 관계 유지라는 양상을 반복해 왔다. 중국 공산당과의 타협을 선거 쟁점 삼아 카터에 도전했던 1980년 레이건 당시부터 거의 반복적으로 미국 대통령 후보들은 선거 캠페인 당시 중국 비판의 선봉에 섰다. 하지만 당선이 되면 곧바로 국가 전체의 이익과 국제 질서 유지를 명목으로 중국과의 관계를 적정선에서 유지해 왔다. 이러한 측면에서 볼 때 유일하게 중국 때리기 없이 당선된 오바마 대통령이 2기 임기 때부터 급격한 미중 갈등 격화를 목도하게 된 것은 역사의 아이러니가 아닐 수 없다. 특히 트럼프 4년 동안 중국에 대한 공개적이고 일관적인 비판 및 공격 태도는 향후 미국 대통령의 중국 관련 입지를 대폭 줄여 놓았다고 볼 수 있다. 시진핑과의 개인적 유대감을 중시하는 바이든 역시 기후 위기 협력 가능성을 제외하면 중국에 대한 비판적 시각으로 경도되고 있다. 예를 들어 중간 선거가 있는 올해 만일 바이든 행정부가 인도·태평양 경제 프레임워크(Indo-Pacific Economic Framework)를 미래 교역 규범 제정 작업이 아닌 반(反) 중국 외교전략으로 설정하여 미국 의회에 승인을 요청한다면 IPEF의 지속성 여부에 긍정적으로 작용하게 될 수 있다. 그 과정에서 일부 ASEAN 국가들의 이탈로 인해 IPEF 자체가 약화될 수도 있다. 국내정치와 국제 관계가 얽혀 있는 또 다른 대목이다. 한편 미국 의회 경우 인권 및 민주주의 문제와 더불어 1820년대 클레이(Henry Clay)의 미국 시스템(American System) 이후 최대의 미국 산업 정책이라 불리는 반도체 산업 지원 법안들에 공을 들이고 있다. 시장의 승자와 패자를 정부가 정한다는 비난에서 자유롭기 어려운 산업 정책을 미국이 근래 도입하기 시작한 이유가 바로 중국과의 경쟁 때문임은 잘 알려져 있다. 다만 정부의 기업 지원에 오랫동안 거부감을 느껴왔지만 최근 정치적으로 가까운 첨단 기술 산업 지원은 찬성하는 것이 민주당의 딜레마라면 정반대 입장이 공화당의 딜레마이다. 군산복합체가 민주당과 공화당 모두에게 정치적으로 필수적 존재였던 냉전 상황과 비교해 보면 중국과 경쟁에 관련 있는 첨단 기술 산업의 정치적 선택은 향후 미중 관계 전개에도 적지 않은 영향을 미치게 될 것으로 보인다.

미국 외교정책집단(foreign policy community)에 대한 이해 역시 향후 미중 관계 변화에 중요하다. 공화당과 민주당 대통령 모두 퇴임 이후에는 정계에서 사라지는 미국 풍토에서 외교안보집단은 언론, 로비스트, 전직 관료, 씽크탱크 등을 주축으로 미국의 대외정책에 지속적으로 영향을 끼치고 있다. 그런데 이들은 케이토(CATO Institute)처럼 미국의 비(非)개입주의를 촉구하는 극히 일부를 제외하면 대부분 미국 주도의 국제 안보 및 경제질서 유지를 위해 여론을 조성하고 전문가 의견을 집약한다.[23] 방위 산업체의 재정 지원을 무시할 수 없는 이들 외교안보집단은 미국을 상대로 한 각국의 소위 공공 외교(public diplomacy)와도 상호 작용 중이다. 워싱턴 소재 외교정책집단이 한일 군사정보보호협정(GSOMIA) 논란 당시 일본 입장을 공공연히 지원했던 사례나 대만이 오랫동안 미국 의회 의원들을 자국에 초청하여 환대함으로써 워싱턴 네트워크를 구축해 온 사례가 그 예다. 이들 외교정책집단은 역외균형론(Offshore Balancing) 같은 일종의 간접적인 안보 전략에 대해 부정적인데 이는 미중 관계 갈등을 자칫 부추길 수 있는 소지가 적지 않다.[24]

4. 시사점과 정책 제언

국가안보전략(NSS) 등 대전략 구축 및 발표를 대외정책의 기본으로 여겨 온 미국 경우 중국을 상대로 한 전략의 부재 혹은 폐기를 상상하기 어렵다. 아무리 중국이 유화적인 태도로 대미 정책을 변경한다 하더라도 미국의 인태전략은 여전히 중국을 대상으로 삼을 것이라 전망이 나오는 이유이기도 하다. 문제는 우리의 입장 천명 혹은 나아가 편 가르기 선택을 강요하는 미국의 인태전략으로 전개될 것인가, 그렇다면 우리의 전략은 무엇이어야 하는가이다.

첫째, 미국이 주도하는 인태전략인 만큼 미국이 앞으로 어떤 구체적 선택을 어떤 목적으로 하게 될 것인지 예의 주시하는 것은 당연한 과제다. 일례로 최근 미국이 알려온 쿼드 가입국 확대 유보 결정은 그동안 한국이 내부적으로 쿼드 가입과 관련하여 벌여온 논쟁의 유효성을 되짚어 보게 한다. 미국의 인태전략의 핵심 기제인 쿼드가 내부적으로 어떤 문제를 가지고 있고 그 문제에 대한 일본, 인도, 호주의 입장과 전략, 그리고 미국의 대응은 어떤 것인지 보다 면밀히 살펴보았더라면 인태전략과 관련한 보다 생산적인 논의가 가능했을지 모른다. 이 교훈은 인도·태평양 경제 프레임워크의 미래를 살펴보는 데도 중요하다. 관세 및 비관세 장벽을 낮춤으로써 역내 자유무역을 증진하고자 했던 기존의 통상 협정과는 달리 인도·태평양 경제 프레임워크는 현재 디지털 무역(digital trade) 등 미래 교역 질서에 관한 규범 수립 필요성을 촉구하는 수준이다. 이는 다양한 시사점을 내포하는데 우선 가입과 관련된 이분법적인 논쟁은 지양하는 것이 바람직하며 적극적으로 역내 경제질서 창출 작업에 참여할 이유가 충분하다. 우리의 미래 경제와 직결된 이해관계 증진에 우리 목소리를 더 높일 필요가 있다. 다만 인태전략이 미국의 대전략으로 확립될 것인지는 여전히 불투명하다. 국내 정치적 기반이 취약한 현실은 역설적으로 행정부의 전략 운영 공간이 넓다는 의미이기는 하지만 다음 행정부에 의해 용도 폐기되거나 또 다른 전략으로 둔갑할 가능성도 있음을 의미하기도 한다.

둘째, 미국의 인태전략의 궁극적인 동기는 미중 갈등이므로 미국과 중국 관계가 향후 어떻게 전개될 것인지도 관찰해야 한다. 동시에 국제 관계 차원에서의 현상과 변화 못지않게 미국과 중국이 국내적으로 부딪치는 도전 과제 역시 점검해야 한다. 예를 들어, 선거의 나라 미국이 중국을 다루는 방식은 정책과 선택의 시간(timing) 문제와 관련이 깊다. 예를 들어 아프가니스탄 철군 참사 이후 국정 운영 능력을 의심받는 바이든 입장에서는 올해 11월 8일로 예정된 중간 선거 이전까지 '중국에 강경한(tough on China)' 태도를 유지함으로써 유약한 대통령 이미지로부터 벗어나는 것이 급선무다. 반대로 선거 이후 공화당이 현재 예상대로 하원 혹은 상하원 모두를 장악하게 된다면 바이든은 국제 이슈에서 성과를 올리려 할 것이다. 지지층이 중시하는 기후 위기 해소를 위해 오바마 당시처럼 시진핑의 중국과 극적인 협상 타결을 도모하게 될 것이 분명해 보인다. 중국 및 러시아의 협력을 바탕으로 한 이란 핵 협정(JCPOA) 부활 역시 바이든의 임기 후반 외교 목표 목록에 들어 있다.

셋째, 미국 외교정책집단의 전반적 영향력에 대한 인식을 새롭게 할 필요가 있다. 의회와 행정부 차원을 넘어선 미국의 뿌리 깊은 중국 대응과 관련이 크기 때문이다. 우선 미국 언론이 중국 문제에 접근하는 방식과 관련하여 언론의 근본적인 속성을 따져 봐야 한다. 미국과 중국이 협력하고 화합하는 장면은 뉴스에 나오기 어렵고 대신 갈등과 대결 소식에 언론은 주목하기 마련이다. 미중 관계의 현실과 미래에 대한 이해가 주로 미디어를 통해 이루어질 수밖에 없다는 측면에서 볼 때 언론의 부정석 보도 편향에 대해 균형감을 가져야 한다. 미국 씽크탱크와 전문가 그룹 역시 미국과 중국이 협력보다는 균열을 보일 때 더 적극적으로 나선다는 점을 간과해서는 곤란하다. 실제로 미국과 중국의 향후 관계는 눈에 보이는 긴장 국면 못지않게 잘 드러나지 않는 조정 국면이 중요하다는 사실은 2020년 1월 트럼프 행정부 당시에도 1단계 통상 협상(phase one trade deal) 타결로 입증된 바 있다. 워싱턴 외교정책집단의 구성과 활동, 그리고 선호 변화를 전체적으로 주목하고 우리의 대미 공공 외교를 보다 체계화하는 것이 시급하다. 미국 대통령과 연방 의회라는 제도권 정치만 살피던 지엽적 대미 정책을 수정하고 미중 관계 변화에 맞추어 보다 우리의 전략 지경을 넓힐 필요성이 있다.

마지막으로 가장 중요한 것은 우리는 무엇을 얼마나 원하는지 정확히 알고 있는가의 문제다. 미국과 중국 사이에 누구를 선택할 것인가라는 모호하고 어려운 질문을 형식적으로 계속 던질 것이 아니라 우리는 궁극적으로 어떤 나라가 되고 싶은지 결정해야 한다. 국제 평화와 안정, 그리고 국익을 위해 어떤 가치와 방향을 공유할 것인지가 중요한데 동시에 이를 위해 어떤 비용을 얼마만큼 감내할 수 있는지도 논의해야 한다. 미중 관계는 앞으로도 세밀하게 규정해야 하지만 갈등이 엄연한 현실인 상황에서 향후 우리가 어떤 선택을 하더라도 공짜 이익은 불가능하다. 국익을 논할 때 이익과 더불어 비용도 함께 고려해야 하는 이유다. 결론적으로 미중경쟁 시대 속에 우리의 대외정책 수립은 국민과 적극적으로 소통하고 국민 통합을 위해 노력하는 대통령 리더십, 미래지향적으로 행정부를 견제하고 스스로 실력을 키우는 국회 공고화, 그리고 객관적 분석에 주력하여 다양한 의견을 반영하는 언론 등 한국정치가 총체적으로 풀어야 할 민주적 과제에 가깝다고 할 것이다.

▌주

1) John Lewis Gaddis, *Strategies of Containment: A Critical Appraisal of Postwar American National Security Policy* (London: Oxford University Press, 1982).
2) Lisa L. Martin, *Democratic Commitments: Legislatures and International Cooperation* (Princeton, NJ: Princeton University Press, 2000); Jungkun Seo, "Agreements Without Commitments? The US Congress and the US-North Korea Agreed Framework, 1994–2002," *Korean Journal of Defense Analysis* 27–1 (March 2015).
3) Colin Dueck, *The Obama Doctrine: American Grand Strategy Today*. (London: Oxford University Press, 2015); Hal Brands, *American Grand Strategy in the Age of Trump* (Washington D.C.: Brookings Institution Press, 2018).
4) https://www.supremecourt.gov/about/East_Pediment_11132013.pdf

5) Michael J. Green, *By More than Providence: Grand Strategy and American Power in the Asia Pacific Since 1783* (New York, NY: Columbia University Press, 2017).
6) 그린(Green)과 메데이로스(Medeiros)가 소개한 리콴유의 비디오(video) 비유, 즉 일시 정지 버튼을 자주 누르는 미국의 아시아 정책 비판 또한 적절하다. Michael J. Green and Evans S. Medeiros, "Can America Rebuild Its Power in Asia?" *Foreign Affairs* (January 2022); 한편 스나이더(Snyder 1991)는 유럽 우선 정파와 아시아 우선 정파 간의 정치적 경쟁과 그 결과에 의해 미국이 제2차 세계대전 이후 냉전 합의 명목 하에 국제주의 정책을 택하게 되었다고 설명한다. Jack Snyder, *Myths of Empire: Domestic Politics and International Ambition* (Ithaca: Cornell University Press), 1991; Green (2017).
7) 트럼프 행정부 당시 국무부가 발간한 인도-태평양 비전 공유 보고서의 내용은 다음과 같다. 아시아 각국의 남방 정책을 인용한 것이 흥미롭다. "The U.S. vision and approach in the Indo-Pacific region aligns closely with Japan's Free and Open Indo-Pacific concept, India's Act East Policy, Australia's Indo-Pacific concept, the Republic of Korea's New Southern Policy, and Taiwan's New Southbound Policy." Department of State, "A Free and Open Indo-Pacific: Advancing a Shared Vision." (November, 2019), p. 8.
8) 이상현, "트럼프 행정부의 국가안보전략(NSS): 국제정세 및 한반도에 대한 함의," 『국가전략』 24-2 (May 2018) p. 48.
9) 이대우, "미국의 인도-태평양 전략과 한반도," 『정세와 정책』 (December 2019).
10) 캠벨과 도시(Campbell and Doshi 2021)는 트럼프 대통령이 아시아 지역에서 작동하던 거의 모든 운영 원리를 손상시켰다고 주장한다. Kurt M. Campbell and Rush Doshi, "How America Can Shore Up Asian Order: A Strategy for Restoring Balance and Legitimacy," *Foreign Affairs* (January, 2021).
11) 미국과 중국의 신(新)냉전에 대한 유보적 입장은 Hal Brands and John Lewis Gaddis, "The New Cold War: America, China and the Echoes of History," Foreign Affairs (November 2021).
12) 서정건, "트럼프 이후 바이든 시대 미국 의회-대통령 관계와 북한 정책 변화," 『국가전략』 27-3 (August 2021).
13) Michael D. Shear, "Biden Hosts Southeast Asian Leaders as He Tries to Return Focus to China," *The New York Times*, 12 May 2022.
14) 2021년 2월 CNN 주최 타운 홀(Town hall)에서 행한 발언은 바이든의 중국 시각을 엿볼 수 있는 특이한 대목이 아닐 수 없다. "I point out to him no American president can be sustained as a president, if he doesn't reflect the values of the United States. And so the idea is, that I am not going to speak out against what he's doing in Hong Kong, what he's doing with the Uyghurs in the western mountains of China and Taiwan trying to end the one China policy by making it forceful … he gets it. Culturally there are different norms that each country and that leaders are expected to follow." CNN

Towntall, 2021년 2월 17일.

15) Thomas J. Christensen, "There Will Not Be A New Cold War: The Limits of US-China Competitions," *Foreign Affairs* (March 2021).

16) 미국의 국가 이익 증진 이전 단계로 볼 수 있는 국익 정의 과정에 대해 역사적으로 분석한 저술은 다음을 참조할 수 있다. Peter L. Trubowitz, *Defining the National Interest: Conflict and Change in American Foreign Policy* (Chicago: University of Chicago Press, 1998).

17) 서정건, "미국 국내정치와 외교정책 상관성," 서정건(편), 『미국 국내 정치와 외교 정책』 (서울: 서울대학교 국제문제연구소, 2020).

18) 트럼프 탄핵에 찬성하고 재선을 포기한 공화당의 온건파 킨징어(Adam Kinzinger, R-IL) 의원이 유일한 공화당 찬성표이고 자유 무역을 선호하는 민주당의 머피(Stephanie Murphy, D-FL) 의원이 유일한 민주당 반대표이다.

19) 박재적, "인도-태평양 지역 미국 주도 삼자 안보협력과 삼각관계," 정성철(편), 『삼각관계로 바라보는 국제정치』 (서울: 서울대학교 국제문제연구소, 2022), p. 228.

20) 하원에서는 339명 찬성, 50명 반대, 상원에서는 85명 찬성, 4명 반대가 표결 결과였다.

21) 카터(Carter)는 서명문에서 중국정부(government of the People's Republic of China)가 중국 내 유일한 합법 정부임을 다시 한 번 강조하였고 중국 관련 외교 문제가 대만 관계법이 아닌 다른 방식으로 해결될 수 있었다고 불만을 드러내기도 하였다. Jimmy Carter, Taiwan Relations Act Statement on Signing H.R. 2479 Into Law. Online by Gerhard Peters and John T. Woolley, The American Presidency Project https://www.presidency.ucsb.edu/node/249776

22) Susannah Patton. "Scoring Biden's ASEAN Summit," *The Interpreter*, 16 May 2022, Lowy Institute.

23) 이와 관련 다음의 연구들을 참조할 수 있다. Peter Harris, "Why Trump Won't Retrench: The Militarist Redoubt in American Foreign Policy," *Political Science Quarterly* 133, no. 4 (2018): 611–39; Stephen M. Walt, *The Hell of Good Intentions: America's Foreign Policy Elite and the Decline of U.S. Primacy* (New York, NY: Farrar, Straus, and Giroux, 2018); Stephen Wertheim. *Tomorrow, the World: The Birth of U.S. Global Supremacy* (Cambridge, MA: Harvard University Press, 2020).

24) John J. Mearsheimer and Stephen M. Walt, "The Case for Offshore Balancing," *Foreign Affairs* (July/August 2016).

참고문헌

박재적. "인도-태평양 지역 미국 주도 삼자 안보협력과 삼각관계." 『삼각관계로 바라보는 국제정치』. 서울: 서울대학교 국제문제연구소, 2022.

서정건 편. 『미국 국내 정치와 외교 정책』. 서울: 서울대학교 국제문제연구소, 2020.

_____. "트럼프 이후 바이든 시대 미국 의회-대통령 관계와 북한 정책 변화." 『국가전략』 27(3): 81–104 (2021).

이대우. "미국의 인도-태평양 전략과 한반도." 『정세와 정책』 2019년 12호.

이상현. "트럼프 행정부의 국가안보전략(NSS): 국제정세 및 한반도에 대한 함의." 『국가전략』 24(2): 31–66 (2018).

Brands, Hal. *American Grand Strategy in the Age of Trump*. Washington D.C.: Brookings Institution Press, 2018.

Brands, Hal and John Lewis Gaddis. "The New Cold War: America, China and the Echoes of History." *Foreign Affairs* (November 2021).

Campbell, Kurt M. and Rush Doshi. "How America Can Shore Up Asia Order: A Strategy for Restoring Balance and Legitimacy." *Foreign Affairs* (January 2021).

Christensen, Thomas J. "There Will Not Be A New Cold War: The Limits of US-China Competitions." *Foreign Affairs* (March 2021).

Department of State. "A Free and Open Indo-Pacific : Advancing a Shared Vision," (November 2019).

Dueck, Colin. *The Obama Doctrine: American Grand Strategy Today*. (London: Oxford University Press), 2015.

Gaddis, John Lewis. *Strategies of Containment: A Critical Appraisal of Postwar American National Security Policy*. London: Oxford University Press, 1982.

Green, Michael J. *By More than Providence: Grand Strategy and American Power in the Asia Pacific Since 1783*. New York: Columbia University Press, 2017.

Green, Michael J. and Evans S. Medeiros. "Can America Rebuild Its Power in Asia?" *Foreign Affairs* (January 2022).

Harris, Peter. "Why Trump Won't Retrench: The Militarist Redoubt in American Foreign Policy." *Political Science Quarterly* 133, no. 4: 611–39 (2018).

Martin, Lisa L. *Democratic Commitments: Legislatures and International Cooperation*. Princeton: Princeton University Press, 2000.

Mearsheimer, John J. and Stephen M. Walt. "The Case for Offshore Balancing," *Foreign Affairs* (July/August 2016).

Patton, Susannah. "Scoring Biden's ASEAN Summit," *The Interpreter*. 16 May 2022, Lowy Institute.

Seo, Jungkun. "Agreements Without Commitments? The US Congress and the US-North Korea Agreed Framework, 1994–2002." *Korean Journal of Defense Analysis* 27(1): 107–122 (2015).

______. "Building Coalitions and Making US Policy toward China." *Korean Social Science Journal* 46(2): 113–124 (2019).

Snyder, Jack. *Myths of Empire: Domestic Politics and International Ambition*. Ithaca: Cornell University Press, 1991.

Trubowitz, Peter L. *Defining the National Interest: Conflict and Change in American Foreign Policy*. Chicago: University of Chicago Press, 1998.

Trubowitz, Peter, Peter Harris and Jungkun Seo. "Why Can't We Be Friends? Domestic Barriers to a US-China Grand Bargain." *Paper presented at the American Political Science Association Annual Conference*, September 2017, San Francisco, California.

Walt, Stephen M. *The Hell of Good Intentions: America's Foreign Policy Elite and the Decline of U.S. Primacy*. New York, NY: Farrar, Straus, and Giroux, 2018.

Wertheim, Stephen. *Tomorrow, the World: The Birth of U.S. Global Supremacy*. Cambridge, MA: Harvard University Press, 2020.

2장

일본의 인태전략:

힘보다 규칙을 지향하는 비전

송화섭(한국국방연구원)

일본의 인태전략은 '자유롭고 열린 인도·태평양'이다. 영어로 FOIP(Free and Open Indo-Pacific)로 표기하기도 한다. 당초에는 '자유롭고 열린 인태전략'이라는 명칭을 사용하였으나, 2018년 10월부터 전략이라는 단어 대신 비전(vision) 혹은 구상이라는 용어를 사용하기 시작하다가, 11월부터 공식적으로 '자유롭고 열린 인도·태평양 구상'으로 명칭을 바꾸었다.[1] 중국과 관계가 깊은 아시아 국가들이 일본의 인태전략이 중국의 일대일로 구상에 대항하는 것이라고 인식하는 경향이 있어서, 아시아 국가들이 받아들이기 쉽게 바꾼 것이라고 일본 외무성은 설명했다. 전략이라는 단어가 상대를 굴복시킨다는 인상을 주기 때문이라는 설명도 있다.

2020년 9월 스가(菅義偉)정부가 출범한 이후에는 구상이라는 단어도 빼고 '자유롭고 열린 인도·태평양'이라는 명칭을 쓰기 시작했다.[2]

스가 수상은 2020년 10월 26일 소신표명연설에서 자유롭고 열린 인도·태평양의 실현을 추구한다고 언급했다. 구상이라는 단어를 뺀 이유에 대해서는 자유롭고 열린 인도·태평양은 미국, 일본 등 특정 국가가 결정한 구상이 아니라 지리적 개념을 나타내는 단어에 불과하다는 점을 강조하기 위해서라고 설명했다.

스가정부는 아베(安倍晋三)정부의 기본노선을 계승하면서도 FOIP가 중국 포위망을 구축하려는 정책이라는 인상을 완화시키기 위해서 구상이라는 단어를 뺐고, 실제로 스가 수상은 취임 후 첫 외국 방문지인 베트남과 인도네시아에서 FOIP가 아시아판 NATO를 만들기 위한 것이 아님을 강조했다.

명칭은 변화되었으나 인태전략을 구성하는 ① 법의 지배, 항행의 자유, 자유무역의 보급·정착 ② 경제적 번영 추구 ③ 평화와 안정 확보라는 세 가지 시책에는 변화가 없었다. FOIP의 본질적인 내용의 변화 없이 명칭만 바뀐 것을 보면 중국을 명시적으로 지목하지는 않지만, FOIP가 대중국전략의 성격이 강하다는 것을 알 수 있고, FOIP는 일본이 부상하는 중국에 대해 어떻게 대응하고 중국과 어떻게 병존할 것인가를 고민한 결과라고 할 수 있다.

이 글에서는 가치, 경제, 안보를 담은 일본의 인태전략이 어떠한 과정을 거쳐 형성되었으며, 인태전략을 추진하게 된 배경에는 어떠한 요인들이 작동하였고, 일본은 FOIP의 실현을 위해 어떤 노력을 하고 있는지 살펴본다. 그리고 향후 FOIP의 실현에 있어서 어떠한 도전 요인이 있는지를 살펴보고, 기시다(岸田文雄) 수상이 제안한 '평화를 위한 기시다 비전'을 중심으로 향후 FOIP 추진방향을 간단히 전망한 뒤에, 한국의 인태전략 추진에 도움이 될 수 있는 제안들을 정리해 보고자 한다.

1. 형성 과정과 추진 배경

1) 형성 과정

일본의 인태전략은 미일호인 4국 협력 구상에서 시작되었는데, 2004년 12월 인도네시아 등을 강타한 수마트라 지진 및 인도양 쓰나미가 계기가 되었다. 쓰나미는 인도네시아뿐만 아니라 인도양 주변국에도 피해를 끼쳐, 미국, 일본, 호주가 국제적인 지원 역할에 나섰고 인도도 피해를 보았지만, 주변국에 대한 지원에도 나섰다.

당시 미국의 부시 대통령은 12월 29일 쓰나미 재난지역에 대한 지원을 위해 미국, 일본, 호주, 인도를 묶는 핵심그룹(core group)을 창설하겠다는 뜻을 표명했다. 부시 대통령은 핵심그룹에 대해서 긴급한 인도적 지원뿐만 아니라, 장기적인 부흥, 재건 협력도 목적으로 하고 있다고 하여, 이러한 4개국 협력이 장기화 될 가능성도 암시했다. 그로스만 국무차관은 4개국은 지리적인 위치, 능력 등의 측면에서 신속한 대응이 가능하다고 언급하여 4개국이 구성원이 된 이유를 간단히 설명했다. 그러나 유엔을 대신하여 미국이 유지연합을 중심으로 주도권을 장악하려 한다는 비판이 나타나게 되자, 2005년 1월 6일 자카르타 회담을 끝으로 핵심그룹의 활동은 종료되었다.

미일호인 4국 간 협력구상은 이후 일본의 아베 수상이 자민당 총재 경선과정에서 밝히기 시작했다. 아베 수상은 2006년 7월 자신의 아시아 외교 구상에서 자유와 민주주의 등 보편적 가치관을 공유할 수 있는 미국, 호주, 인도 등 3개국과 연계하여 아시아를 중심으로 협력을 확대하겠다는 의사를 밝혔다.

아베 수상은 취임 이후 2007년 4월 이러한 구상을 미일정상회담에서 부시 대통령에게 밝혀 동의를 얻었다. 5월 1일에 발표된 '동맹의 변혁: 미일안전보장 및 방위협력의 진전'[3]에서 양국은 공통의 전략목표로 공유하는 민주적 가치 및 이익에 기반하여, 안보 및 방위의 분야를 포함하여, 지역 및 세계에 있어서, 미국, 일본, 호주의 3국 간 협력을 더욱 강화한다고 밝히고, 특히 인도의 계속적인 성장이 지역의 번영, 자유 및 안전에 밀접히 연계되어 있다는 점을 인식하면서, 공통의 이익 분야를 진전시키고 협력을 강화하기 위해 인도와의 파트너십을 계속 강화해 나간다고 밝혔다.

아베 수상이 인도와의 관계를 중시한 것은 시장으로서의 인도의 가능성을 평가한 측면도 있지만, 중동으로부터 일본으로 수입되는 석유를 운반하는 해상교통로 안전 확보 등 안보상의 이익도 공유하고 있다고 판단했기 때문이었다.

2007년 8월 인도를 방문한 아베 수상은 인도 국회 연설을 통해, 일본과 인도의 관계를 기본적인 가치와 전략적 이해를 공유하는 결합으로 지칭하고, 미국과 호주를 포함한 4개국 연대 강화의 필요성을 강조했다. 아베 수상은 '2개 대양의 결합'[4]이라는 주제의 연설에서 강한 인도는 일본의 이익이며 인도의 위상이 커지고 있다는 점을 환영했다. 아베 수상은 일본과 인도의 구체적인 협력방안으로 △안보와 방위협력의 방향성에 관한 검토 개시 △일본의 온난화 대책의 기본 방침인 '아름다운 별 50'에 대한 협력 요청 △경제연대협정(EPA) 조기 체결과 정부개발원조(ODA) 등에 의한 인프라 정비 협력 △인적교류 촉진 등을 제시했다.

그런데 아베 수상의 인도 국회 연설이 중국의 맹렬한 반발을 불러일으켰다. 중국은 일본, 미국, 인도, 호주의 연계 강화를 주장하는 '확대 아시아 정책'이 중국을 고립시키려는 의도로 해석하고, 시대착오적이며 지역국가의 지지를 얻지 못할 것이라고 비난하였다. 특히 일본이 사회제도의 차이를 구실로 중국을 견제하는 느슨한 4국 연맹을 추구하고 있다고 평가하고, 이것은 중국의 발전을 억지하기 위한 것으로 보았다.

아베 수상은 2012년 '안보 다이아몬드 구상'[5]을 발표했다. 남중국해가 중국의 호수가 되고 있다고 하여 중국의 해양진출 위협을 지적하고 미일호인을 잇는 마름모꼴의 안보체제를 주장했다. 2013년 2월 28일 시정방침 연설에서는 긴밀한 미일관계를 기축으로 호주, 인도, 아세안 국가 등 해양아시아 국가들과의 연계를 심화시켜 나갈 것이라고 강조했다.

2016년 8월 케냐 나이로비에서 열린 아프리카 정상들이 참석하는 제6차 아프리카개발회의(TICAD Ⅵ) 기조연설에서 아베 수상은 "아시아와 아프리카를 연결하는 바다를 평화롭고 규칙이 지배하는 바다로 만들기 위해 아프리카와 함께 노력하고 싶다"고 하여 처음으로 자유롭고 열린 인태전략을 밝혔다.[6] 당시 아베 수상의 연설문에는 자유롭고 열린 인태전략이라는 명칭이 등장하지 않았지만, 당시 외무성에 근무한 이치가와 게이치(市川恵一)에 따르면 이즈음에 자유롭고 열린 인태전략이라는 명칭을 만들었고 케냐에서 발표했다고 증언하고 있어서 아베 수상의 인태전략의 기원을 TICAD Ⅵ 연설이라고 자림매김하고 있다.[7] 이치가와에 따르면 당시 국제사회에서의 일본의 존재감에 대한 위기감이 있었고 이것이 계기가 되어 새로운 외교구상에 착수하였으며, 일본의 존재감을 높이기 위해서는 일관된 메시지로 국가로서 추구하는 것을 표현하고 구체적인 행동으로 보여주는 것이 중요하다고 생각했다고 한다. 2016년은 아베 수상이 정권에 복귀하여 새로운 안보전략을 수립하고, 평화안전법제를 정비하여 집단적 자위권을 부분적으로 행사하게 된 이후에, 미국과 미일방위협력지침 개정을 마친 시점이었다. 즉 일본 안보전략, 동맹 가이드라인을 정비한 이후에 새로운 지역전략을 구상하기에 적절한 시점이었다고 할 수 있다.

2017년 1월 미국의 트럼프 행정부가 출범하면서, 오바마 대통령이 중시하던 환태평양 경제동반자협정(TPP: Trans-Pacific Partnership)으로부터 미국이 탈퇴하였다. 아시아로의 복귀를 주장하던 오바마 대통령과 달리 트럼프 대통령은 자국중심주의에 입각하여 TPP를 탈퇴함으로써 아태지역과의 연결성이 약화되었다. 이러한 상황에서 2017년 아시아를 순방한 트럼프는 11월 6일 도쿄에서 열린 미일 정상회담에서 자유롭고 열린 인태전략을 미일 공통의 외교전략으로 채택하기로 아베 수상과 합의했다.

여기서 양 정상은 법의 지배에 기반한 자유롭고 열린 해양질서가 국제사회의 안정과 번영의 기초임을 확인하고, 인도·태평양을 자유롭고 열린 것으로 하여 지역 전체의 평화와 번영을 확보해 나가기 위해 ① 법의 지배, 항행의 자유 등 기본적인 가치의 보급·정착 ② 연결성의 향상 등에 의한 경제적 번영 추구 ③ 해상법 집행능력 구축지원 등 평화와 안정을 위한 노력 등의 주요 시책을 확인하였다.[8] 이로써 미국과 공유되는 일본의 인태전략의 원형이 완성된 것이다. 트럼프는 11월 10일 베트남 다낭에서의 연설에서 자유롭고 열린 인도·태평양이라는 비전을 공유할 수 있게 된 것을 영광으로 생각한다고 언급하였고, 이후 미국은 일본이 사용하기 시작한 인태전략이란 명칭을 공식적으로 사용하게 되었다.

2) 추진 배경

일본이 인태전략을 추진하게 된 것은 첫째, 중국의 부상이 지역의 힘의 균형을 변화시키기 시작했기 때문이다. 그 결과 2007년 5월 중국 인민해방군 고위 관리가 태평양은 충분히 넓기 때문에 동쪽은 미국, 서쪽은 중국이 책임지면 된다는 발언을 하기에 이르렀다고 한다. 아울러 중국은 남중국해에서 필리핀, 베트남, 말레이시아 등과 영토 분쟁이 있는 지역에서 9단선을 주장하며 많은 섬에서 매립과 군사기지 건설을 추진하였다. 필리핀은 2013년 중재재판소에 9단선 무효 확인을 호소했지만, 중국은 재판에 참여하기를 거부했다. 그러다 2016년 중재재판소가 필리핀의 주장을 인정하고 9단선 주장이 근거가 없다고 판단하자 중국은 판결을 무시하고 주변국에 대해 중국에 동조하라고 압박하기 시작했다.[9] 법의 지배가 무시되고 힘에 의한 현상변경 현상이 나타나기 시작한 것이다.

둘째, 2012년에 집권한 시진핑정부는 2014년 주변 지역 인프라 건설을 통해 영향력 확대를 추진하는 일대일로 구상을 추진하게 되었다. 일대는 중국 서부에서 중앙아시아를 경유해 유럽에 이르는 실크로드 경제벨트, 일로는 동남아시아, 스리랑카, 아라비아반도 연안부에서 아프리카 동안을 잇는 21세기 해상 실크로드를 말하며, 인프라 정비, 무역 촉진, 자금 투자를 촉진하는 계획이다.

이즈음 2015년 5월 일본에서는 아베 수상이 '질 높은 인프라 파트너십'을 내세웠다. 정부개발원조(ODA)를 활용하여 동남아시아 인프라 정비에 오랜 경험을 가진 일본이, 이것을 아시아개발은행(ADB)과 제휴해 한층 더 진행하려고 하는 것이었다. 중국의 지역전략인 일대일로 구상에 대한 대응으로서 지역전략이 필요했던 것이다.

셋째, 인도의 전략적 가치가 높아졌다. 냉전시대에는 사회주의였고 개방되지 않았던 인도가 자유화를 시작했다. 2005년 일본은 인도, 브라질, 독일과 함께 유엔 안보리 개혁 운동을 전개하였는데, 이 운동 중에 발생한 주목할 만한 변화가 미국이 새로운 상임이사국으로 일본뿐만 아니라 인도도 좋다는 입장으로 변화한 것이었다. 또한, 2008년에 G20 정상회의가 설립되었는데 그중에 인도네시아, 오스트레일리아, 인도, 남아프리카 등 인도양을 둘러싼 나라가 4개국이나 포함되었다. 인도양의 중요성도 증가되고 있었던 것이다.

2. 대외전략의 전개와 전환

FOIP란 인도·태평양지역 전체의 평화와 번영을 보장하고, 모든 국가들이 안정과 번영을 누릴 수 있도록, 아세안의 중심성, 일체성을 중시하고 포용성·투명성 있는 방법으로, 규칙에 기반한 국제질서의 확보를 통해, 자유롭고 열린 인도·태평양을 국제공공재로서 발전시킨다는 구상[10)]이라고 설명되고 있다.

FOIP는 당초 일본 외교의 6가지 중점분야의 하나로 ① 미일동맹의 강화 및 동맹국·우호국 네트워크화의 추진 ② 근린국가들과의 관계 강화 ③ 경제외교의 추진 ④ 지구규모 과제에 대한 대응 ⑤ 중동의 평화와 안정에 공헌과 함께 FOIP의 추진이 자리매김 되었다. 그렇지만 FOIP 추진이 동맹국·우호국 네트워크화 혹은 경제외교 등에서 언급되는 등, FOIP 자체가 가치, 경제, 안보 분야에서 지리적으로 광범위한 영역을 대상으로 하기 때문에, 모든 지역에 대한 종합적인 외교전략으로 확대되었다.[11)] 이러한 맥락에서 FOIP의 실현은 일본 독자의 대외전략뿐만 아니라 미일동맹 속에서도 공동의 목표로 확인되고 추진되고 있다.

1) 외교·방위정책을 통한 추진

FOIP는 인태지역 전체에 걸쳐서 자유롭고 활발한 경제사회활동을 촉진하여, 지역전체의 번영을 실현하는 것을 목표로 한다. FOIP의 실현을 위해 일본은 3가지 원칙에 기반하여 정책을 추진하고 있다.

첫째, 법의 지배, 항행의 자유, 자유무역의 보급·정착이다. 이에 따라 높은 수준의 무역규칙에 기반한 자유롭고 열린 시장을 추구하여, 지적 재산, 전자상거래 등 폭넓은 분야에서 높은 수준의 규칙과 함께, 물품·서비스, 무역과 투자를 자유화·원활화한다. 세계의 보호주의적 경향에 직면하여 TPP를 21세기형의 자유롭고 공정한 경제규칙을 구축하기 위한 중요한 첫걸음이라 인식하고 2018년 3월 CPTTP를 공식 타결하고, 2018년 12월 협정을 발효시켰다. 아베 수상은 인도·태평양지역에서 법의 지배, 항행의 자유, 개방성, 자유무역 등 기본원칙을 정력적으로 추진하고, 해양에서의 법의 지배에 관한 3원칙(① 국가는 무엇을 주장할 때 법에 기반해야 한다 ② 주장을 관철시키고 싶다고하여 힘과 위협을 사용해서는 안 된다 ③ 분쟁해결은 평화적 해결을 철저히 한다)을 2014년 샹그릴라 대화에서 제안하기도 했다.

둘째, 경제적 번영의 추구를 위해, 개방성, 투명성, 경제성, 채무지속가능성을 포함한 질 높은 인프라에 관한 G20원칙 등 국제스탠다드에 맞는 질 높은 인프라투자를 추진하여 메콩지역 개발(도로·교량 인프라정비, 항만정비, 연결성 강화를 위한 정보공유) 등을 추진하였다. 또한, 인도에는 고속철도를 정비하였고, 아프리카 내륙국가와 인도양을 연결시키기 위해 케냐의 몸바사항(港)에 도로, 교량을 정비하였다.

셋째, 평화와 안정의 확보를 위한 시책으로 태평양도서국가의 자연재해, 환경문제 대응을 위한 자재공여 및 기술협력 등 지속적인 발전의 기반을 정비하고 있다. 동남아 연안국에 대해서는 해상법집행과 관련된 기자재를 제공하고 인재육성을 통해 해양 안정의 확보에 나서고 있다.[12)]

안보적인 관점에서 방위성은 방위목표를 달성하는 수단으로 ①일본 자신의 방위체제 ②미일동맹 ③안보협력의 강화 등 3가지를 들고 있는데, FOIP의 달성에 도움이 되도록 안보협력을 강화해 나간다고 규정하고 있다. 즉 안보협력을 FOIP 비전에 입각하여 지역의 특성과 상대국의 실정을 고려하면서, 다각적, 다층적으로 추진한다고 규정하고 있다. 그리고 그 일환으로 방위력을 적극적으로 활용하여, 공동훈련·연습, 방위장비·기술협력, 능력구축지원, 군(軍)간 교류 등을 포함한 방위협력·교류에 임하고 있다.

FOIP의 전략공간인 인도·태평양지역의 특징으로, △일본의 중요한 해상교통로가 통과하고, 많은 세계 인구가 집중되어 있다 △경제성장이 뚜렷하다는 점에서 이 지역의 안정은 일본의 안전과 번영을 위해 매우 중요하다 △지역 내에서는 군사력의 급속한 현대화 및 활발한 군사활동이 관찰되는 등, 지역의 안정에 다양한 과제가 존재한다 △지역 내에서는 이러한 급속한 환경의 변화에 대응해야 하므로 지역국가들은 다양한 노력을 하고 있다는 점 등을 인식하고 있다. 따라서 △방위협력·교류를 활용하여 주요 해상교통로를 안정적으로 이용할 수 있도록 하고, △신뢰구축 및 상호이해를 추진하여 예측불가능한 사태를 회피하며 △관련 국가들과 협력하여 지역의 평화와 안정에 공헌한다는 방침을 세우고 있다.

그리고 방위협력·교류는 구체적으로 △인적 협력·교류(국방장관 회담 등) △능력구축지원 △부대협력·교류(공동훈련, 친선훈련, 함정과 항공기의 기항 등) △방위장비·기술협력 등을 실시하고 있다. 인도·태평양지역에는 안보상 많은 과제가 존재하고 있어서 방위협력·교류를 활용하여 일본에게 유리한 안보환경이 조성되도록 노력하고 있다.

2) 미일동맹을 통한 추진

일본은 미일동맹을 통해서도 FOIP를 실현하기 위해 노력하였다. 미일 간에 안보정책을 논의하는 각료급 협의기구인 미일안보협의위원회(2+2)에서 FOIP가 언급된 것은 2017년 8월부터이다. 흥미로운 것은 트럼프 행정부가 출범하고 개최된 2017년 2월의 미일정상회담에서는 "미일동맹을 기축으로 동맹국, 유지국과의 중층적 협력관계를 강화하고, 동맹네트워크를 구축해 나가는 것이 중요하다"고 확인했다.[13] 즉 적어도 이 시점까지는 지역안보를 위한 방책으로 동맹네트워크 전략이 공유되고 있었던 것이다.

2017년 8월의 2+2에서는 지역의 파트너 국가, 특히 한국, 호주, 인도 및 동남아국가들과 3국 간 및 다국간 안보·방위협력를 추진하는 동맹의 노력을 강조하면서 "자유롭고 열린 인태전략에서 나타난 일본의 이니셔티브에 유의하면서, 규칙에 기반한 국제질서를 촉진하기 위해 협력"한다고 발표했다.[14] 즉 이 시점에서는 아직 인태전략이 미일 간의 공동전략으로 채택되지 않았기 때문에 일본의 제안이라고만 언급했다.

앞에서 설명한 바와 같이 2017년 11월 6일 미일정상회담에서 인태전략이 미일의 공동전략으로 채택되었지만, 트럼프 행정부는 인태전략보다는 '공정한 규칙에 기반한 무역'의 중요성만을 강조했다. 2018년 9월의 미일정상회담에서 미일물품무역협정에 관한 협상을 시작하기로 합의하였고, 11월 G20 정상회담을 계기로 개최된 미일정상회담에서는 "공정한 규칙에 기반한 자유롭고 열린 인도·태평양의 경제발전을 실현해 나간다"고 확인하기에 이르렀다.

안보협력의 관점에서 인태전략을 다룬 것은 트럼프 행정부 말기인 2019년 4월의 2+2이다. 여기서는 자유롭고 열린 인도·태평양이라는 공통의 비전을 실현한다는 강력한 공약을 확인하고 FOIP의 실현 측면에서 아세안협력, 미일호협력을 약속하고 있다. 첫째 아세안과는 중심성·일체성을 지지하면서, 공동훈련·연습, 능력구축, 방위장비·기술협력 등을 포함한 동남아에서의 다자간 협력을 약속했다. 그리고 메콩지역 국가의 자율적이고 지속적인 개발을 지원하기 위해 초국가적 공통 과제, 지역의 연결성, 에너지 안전보장 및 에너지 시스템의 추가 통합에 대처할 수 있도록 긴밀히 연계하기로 약속했다.[15)]

둘째, 미일호 3국 간의 지속적인 협력, 동남아시아 및 태평양 도서국에서의 3개국 공동연습 및 능력구축의 중요성을 강조하면서. 2018년 처음 개최된 미일인 정상회의, 말라바르 및 코프인디아 공동연습의 중요성 언급하고, 3국 간 협력을 바탕으로 미일호인 4개국 간 회의의 정기화를 추진하기로 했다. 또한, 영국과 프랑스의 인태지역에서의 존재감 강화를 환영했다.

셋째, 항행 및 상공비행의 자유, 기타 적법한 해양 이용의 완전한 존중을 요청하는 동시에 이들 원칙을 뒷받침하는 활동의 중요성을 강조하고, 넷째, 남중국해에서의 비군사화, 해양분쟁의 평화적 해결, 다섯째, 남중국해 행동 규범의 중요성을 강조했다.

이후 미일동맹에서 FOIP 실현은 바이든 행정부 출범 이후 2021년 3월 2+2에서 다음과 같이 양국 간에 약속되고 있다. 즉 미일동맹이 인도·태평양지역의 평화, 안전 및 번영의 초석임을 거듭 확인하고, 확대되는 지정학적 경쟁과 코로나, 기후변화, 민주주의 재활성화 같은 과제 속에서 미일 양국은 자유롭고 열린 인도·태평양과 규칙에 근거한 국제질서를 추진해 나가는 것에 대한 약속을 확인하고 있다. 그리고 한미일 협력은 공유하는 인도·태평양지역의 안전, 평화 및 번영에 있어서 불가결하다는 점이 언급되고 있다.[16]

그리고 4월 16일 미일정상회담의 공동발표문 "새로운 시대의 미일 글로벌 파트너십"에서는 자유롭고 열린 인도·태평양을 만드는 미일동맹이라는 제목하에, 미일동맹은 보편적 가치 및 공통 원칙에 대한 약속에 기초한 자유롭고 열린 인도·태평양, 그리고 포용적인 경제적 번영의 추진이라는 공통의 비전을 추진한다고 선언하고 있다. 그리고 미일 양국은 주권 및 영토 일체성을 존중함과 동시에 평화적인 분쟁해결 및 위압에 대한 반대를 약속하고 있다. 미일 양국은 유엔해양법조약에 기재되어 있는 항행 및 상공비행의 자유를 포함한 해양에서의 공통 규범을 추진하기로 했다.[17]

2022년 1월 7일의 2+2에서는 자유롭고 열린 인도·태평양지역에 대한 약속을 강력히 재확인하고, 또한 지역의 평화, 안전 및 번영의 초석으로서의 미일동맹의 필수적 역할을 인식하면서, 인도·태평양지역 및 세계에서 공유된 안전, 평화 및 번영에 있어서 필수적인 한미일 양국 간 협력 및 3국 간 협력 심화에 대해 언급했다.[18]

5월 23일의 미일정상회담 발표문 "자유롭고 열린 국제질서의 강화"에서는 FOIP의 추진이라는 제목하에, 지역정세, 미일동맹, 포용적 경제성장, 지구규모 과제 등 동맹 현안 전반에 대한 검토가 이루어지고 있어서 FOIP가 외교정책, 동맹정책 전반에 걸쳐 원칙으로 자림매김하고 있다는 것을 알 수 있다.[19)]

FOIP의 추진과 관련해서는 인도·태평양이 글로벌 평화, 안전 및 번영에 매우 중요한 지역이며 규칙에 근거한 국제질서에 대한 고조되는 전략적 도전에 직면해 있음을 확인했다. 이런 관점에서 기시다 총리 및 바이든 대통령은 자유롭고 열린 인도·태평양지역이라는 공통의 비전을 추진하기 위해 행동하기로 약속하고, 기시다 총리는 미국의 인도 태평양전략을 환영했다. 바이든 대통령은 이 지역에 대한 미국의 확고한 약속을 강조하고 또 이 전략이 자원 배분과 착실한 실시로 뒷받침될 것임을 강조했다. 그리고 공통 비전을 뒷받침하는 더욱 활기차고 다층적이며 상호 연결된 아키텍처를 환영하고, ASEAN 일체성 및 중심성의 중요성을 확인하고 쿼드(QUAD), AUKUS 및 기타 다자 포럼의 중요한 대처를 강조했다.

3) 쿼드를 통한 추진

일본은 FOIP의 비전 아래, 지역의 평화와 번영을 실현하기 위해, 생각을 공유하는 나라들과 여러가지 협력을 실시하고 있다. 그 하나로 기본적 가치를 공유하는 지역의 파트너인 미일호인 4개국이 「자유롭고 열린 인도·태평양」의 실현을 향해서 폭넓은 논의를 실시하고 실천적인 협력을 진행하고 있다.

미일호인 4개국은 2017년 11월부터 수차례의 국장급 협의, 외교장관 회담을 거쳐 2021년 3월 최초의 정상회의를 화상으로 진행하였고, 9월에 대면 정상회의가 실현되었다. 2022년 2월에 제4차 외무장관 회의가 개최되어 미일호인의 협력은 큰 진전을 이뤘다. 미일호인 4개국은 자유롭고 열린 인도·태평양의 실현을 위해서 질 높은 인프라, 해양 안전보장, 테러대책, 사이버안보, 인도적 지원·재난 구호 등의 다양한 분야에서 실천적인 협력을 추진하고 있다.

정상간의 화상회의에서는 백신, 중요·신흥기술, 기후변화 실무그룹을 구성하기로 합의했으며, 9월의 대면회의에서는 이들 분야에서의 성과를 확인하면서 인프라, 우주, 사이버 분야에서 실무그룹을 구성하고, 청정에너지, 인적교류 분야에서도 협력을 강화하기로 했다.

4개국 협력의 좋은 예가 인도·태평양지역의 백신지원이다. 2021년 9월 정상회의에서는 코로나 대책과 관련해 미일호인이 백신 공여 및 자금 출연을 통해 인도·태평양지역의 안전성, 유효성, 품질이 보증된 백신에 대한 공평한 접근성 확보를 위해 큰 역할을 하였고, 동시에 백신 생산 확대, 인도·태평양지역 공급을 포함하여 코로나19 감염 대책에서 지속적으로 협력해 나가기로 했다.[20]

쿼드협력과는 별도로 일호인 3국 간 협력도 2015년 6월부터 인태지역 제문제에 대해 협의해 왔으며, 2021년 3월 3개국 경제장관이 공급망 강화를 위한 공동성명을 발표하기도 했다.

3. 도전 요인과 향후 전망

1) 도전 요인

일본의 인태전략은 아세안 및 유럽국가들로부터도 지지받아 매우 성공한 외교적 업적으로 평가받고 있다. 일본의 인태전략이 성공할 수 있었던 것은 인태전략이 많은 도전 요인을 안고 있지만 나름대로 이러한 도전 요인을 억제하고 회피할 수 있었기 때문에 가능했다고 생각된다. 여기서는 일본의 인태전략이 안고 있는 도전 요인에 대해 살펴본다.

첫째, 미중경쟁관계의 심화이다. 인태전략을 미일동맹의 공동전략으로 채택했던 트럼프 행정부는 대중경쟁의 색깔이 짙은 인태전략을 추진했다. 반면 아베정부는 인프라 투자에 대해서는 FOIP로부터 완전히 중국을 축출하는 것이 아니라 오히려 규칙의 준수를 요구하면서 참가를 촉진해 중국의 광역경제권 구상 일대일로와의 접합을 추구했다. 아베정부가 이러한 정책을 추진할 수 있었던 것은 비록 미중경쟁관계가 갈등상황에 있었지만, 일본의 독자적인 움직임을 허용할 수 있는 수준이었다는 것이다.

그러나 바이든 행정부 이후 미중경쟁관계는 더욱 심화되고 있다. 특히 대만해협의 안전 문제가 거론되기 시작하면서 중국은 매우 민감한 반응을 보이고 있다. 미중 대립이 격화하면 일본이 독자적인 자세를 유지하는 것은 곤란함을 더할 것이다.[21] 즉 미중 간의 리스크를 완화하고 미중 간에 지속적으로 안정된 관계를 유지하도록 하는 것이 일본에게 요구되는 역할이었는데[22] 이러한 역할을 계속하는 환경이 악화되고 있다는 것이다.

둘째, 중국과의 대립을 회피하려는 인도와 아세안국가들을 견인해 나가는 것이다. 인도와 아세안국가들은 미중경쟁관계 속에서 중국의 영향력을 우려하여 중립적인 입장을 선호한다. 여론조사에서도 아세안국가들의 국민들은 향후 중요한 파트너로 생각하는 국가로 일본보다 중국을 더 많이 선택하고 있다.[23] 일본의 인태전략은 이러한 여건 속에서 미국이냐 중국이냐라는 선택을 강요하지 않으면서 아세안국가들이 인태전략에 동조하도록 성공적으로 견인해 왔다. 그리고 IPEF를 출범시키는 과정에서도 당초의 예상을 뛰어넘는 많은 국가들이 참여하도록 중재역할을 성공적으로 한 것으로 알려지고 있다.

러시아의 우크라이나 침공으로 코로나 이후의 국제질서가 점차 블록 간 대립의 성격이 강해지면서 신냉전시대가 거론되는 추세 속에서 중국도 아세안 국가 및 태평양도서국가들이 중국을 지지하도록 많은 공을 들이고 있다. 앞으로도 일본이 인도 및 아세안국가들을 계속 견인하여 FOIP를 성공적으로 실현할 수 있을지 일본의 외교력이 시험될 것이다.

셋째, 가치외교와 참가국들의 국내적인 상황과의 모순에 대한 대처 문제이다. 미국은 현재의 국제질서를 민주주의 국가와 권위주의 국가 간의 대결구도로 규정하고 민주주의 국가들의 단결을 도모하고 있다. 이때 미국의 판단 기준에 따라 일부 국가들이 제외되어 국제적인 결집력이 상실되는 모순을 노정하고 있다. 일본의 FOIP 실현에 있어서도 이러한 가치관의 잣대를 엄밀하게 적용하면 FOIP의 포용성을 달성하기 힘들어진다. 이러한 모순을 어떻게 극복해 나갈 것인가가 향후 인태전략의 중요한 도전 요인으로 계속 남아 있을 것이다.

넷째, 인태지역에서 일본은 스스로의 안보군사적 역할을 어떻게 규정해 나갈 것인가라는 것이다. 인태 공간에서 일본은 매우 제한된 안보군사협력 네트워크를 가지고 있다. 일본은 집단적 자위권 행사의 제한으로 미일동맹 이외에는 미일호 협력에서만 집단적 자위권의 제한적 행사를 인정하고 있다. 즉 일본은 호주의 함선 보호 등 미일동맹에서의 자위대 역할을 호주와의 협력에 일부 적용시키 나가는 수준이다.

일본은 현재 방위비를 GDP 2% 수준으로 증액시키고, 안보방위정책의 개정을 추진하고 있는데 향후 지역안보질서 속에서 어느 정도의 군사적 역할을 담당할지 그리고 이러한 일본의 군사적 역할을 인태지역 국가들이 어떻게 받아들일지가 중요한 도전 요인이 될 것이다.

다섯째, 미국의 자국중심적인 보호무역주의와 FOIP를 어떻게 조화시켜 나갈 것인가이다. 인태지역에는 경제협력 네트워크의 측면에서 CPTTP, RECEP이 병존하는 상황에서 미국의 새로운 IPEF 구상이 추진되고 있다. CPTTP, RECEP가 자유무역을 증진시키기 위한 경제협력틀이라고 한다면, 미국이 추진하고 있는 IPEF는 이러한 협력과는 궤를 달리하면서 공급망 등에서 새로운 규범을 만들자는 제안이다. CPTTP가 자유무역의 틀 속에서 중국과의 공존을 모색해 온 것이라면, IPEF는 중국의 경제적 영향력을 견제하는 성격도 있다. IPEF와 관련해서 공급망을 제한하는 대상이 안보상의 중요물자의 범위를 넘어서 확대되어 나간다면 보호무역의 색채가 강해질 것이고, 그렇게 되면 인태지역의 공동 번영은 달성하기 힘들 수도 있다는 비판이 나오고 있다. 일본은 아직도 미국이 CPTTP로 복귀하는 것을 기다리고 있다. 일본이 인태지역 국가들과 미국과의 연결성을 강화하면서 IPEF를 성공적으로 안착시키는 것이 FOIP 실현의 중요한 도전 요인이 될 것이다.

2) 전망-평화를 위한 기시다 비전과 평화를 위한 FOIP 계획

향후 일본의 인태전략이 어떻게 전개될 것인가를 알아보기 위해서는 현재 기시다정부가 어떤 정책의지를 표명하고 있는지 살펴보는 것이 중요하다. 기시다 수상은 취임 초기부터 '새로운 자본주의' 및 '신시대 리얼리즘 외교'를 전개하겠다고 밝혔다. 특히 '신시대 리얼리즘 외교'는 ① 자유, 민주주의, 인권, 법의 지배라는 보편적 가치와 원칙을 중시한다 ② 기후변화 문제 등 지구규모의 과제에 대처한다 ③ 국민의 생명과 생활을 단호히 지켜나간다는 3가지를 주요 내용으로 하고 있다.

2022년 1월 시정방침 연설에서 기시다 수상은 신시대 리얼리즘 외교의 슬로건 아래 일본의 외교안보정책 방향을 설명하고 있는데, 보편적 가치를 중시하는 원칙 하에서 FOIP의 추진에 대해 다루었다. 그런데 의외로 FOIP 추진에 대해서는 4가지 항목만을 간단히 언급하고 있다.

첫째, 일본이 추진하는 FOIP는 많은 국가로부터 지지를 얻고 있다고 평가하고, 둘째, 미일호인 협력에서는 백신과 질 높은 인프라 정비 등 실천적인 협력이 구체화되고 있다고 하면서 앞으로도 협력을 진전시켜 나가겠다는 뜻을 밝혔다. 셋째, 아세안과 유럽 등의 파트너와의 제휴도 강화시키며, 넷째, TPP의 착실한 실시 및 높은 레벨에서의 협력을 유지하면서 이를 확대해 나가겠다는 의지를 표명했다. 특히 신뢰성 있는 데이터의 자유 이동(DFFT: Data Free Flow with Trust)의 실현을 위해 국제적인 규칙 만들기에서 중심적인 역할을 해 나가겠다고 밝혔다.[24] 기시다 수상은 시정방침 연설에서 FOIP 추진에 있어서 미일호인 협력과 아세안 및 유럽국가의 협력에 초점을 두었고, 경제무역과 관련해서는 TPP 추진에 무게를 두었다.

기시다 수상의 FOIP 추진에 대한 비전은 2022년 6월 10일 샹그릴라 대화에서의 기조강연에서 좀 더 구체적으로 다루어지고 있다. 기시다 수상은 우선 지역의 평화질서를 유지하고 강화해 나가기 위해 다음 다섯 가지로 구성되는 "평화를 위한 기시다 비전(Kishida Vision for Peace)"을 추진하겠다는 의지를 표명하고, 일본의 외교, 안보 분야에서의 역할을 강화해 나가겠다고 밝혔다.[25]

① 규칙에 기반한 자유롭고 열린 국제질서를 유지하고 강화한다. 특히 FOIP의 새로운 전개를 추진한다.

② 안보를 강화한다. 일본의 방위력의 근본적인 강화 및 미일동맹, 유지국과의 안보협력의 강화를 자동차의 양쪽 바퀴로서 인식하고 추진한다.

③ 핵무기 없는 세계를 향한 현실적인 조치를 추진한다.
④ 유엔 안보리 개혁을 비롯해 유엔의 기능을 강화한다.
⑤ 경제안보 등 새로운 분야에서의 국제적인 연계를 강화한다.

그리고 일본은 규칙에 기반한 자유롭고 열린 국제질서를 유지·강화하기 위해서 FOIP를 추진해 왔으며, 앞으로도 기존의 ODA협력을 강화하면서, 순시선 공여, 해상법 집행능력 강화, 사이버 안보, 디지털, 녹색성장, 경제안보 등에 중점을 두면서, 일본의 대처를 강화해 나가는 "평화를 위한 FOIP 계획"을 2023년 봄까지 제시하겠다고 밝혔다.

구체적인 실천계획으로는 첫째, 미일호인 쿼드 국가들과 인도·태평양지역의 생산성과 번영의 촉진을 위한 인프라 협력에 향후 5년간에 500억 달러 이상의 추가 지원 및 투자를 실시하기로 합의한 것을 확인하였다. 둘째, 해양안보에 대한 대처를 강화하기 위해, 위성, 인공지능, 무인항공기 등 첨단기술을 활용하고 관련국가들과 지식과 경험을 공유해 나간다고 밝혔다. 이러한 맥락에서 향후 3년간 20개국 이상에 대해 해상법 집행능력 강화와 관련된 기술협력 및 연수 등을 통해 800명 이상의 해상안보분야 인재육성도 추진한다. 나아가 인도·태평양 국가들에 대해 향후 3년간 약 20억 달러의 순시선을 포함한 해상안보 설비의 공여나 해상수송 인프라의 지원을 실시할 것이라고 밝혔다. 셋째, 법의 지배라고 하는 보편적 가치나 규칙에 기반한 국제질서를 유지·강화하기 위해 향후 3년간에 법의 지배나 거버넌스분야의 인재 1,500명 이상을 육성하겠다고 밝혔다.

평화를 위한 기시다 비전에서 규칙에 기반한 자유롭고 열린 국제질서의 강화와 함께 인태전략의 관점에서 관심을 둘 수 있는 것은 △미일동맹 및 유지국과의 안보협력의 강화와 △경제안보 등 새로운 분야에서의 국제적 연계 강화이다.

먼저 유지국과의 안보협력 강화를 미일동맹과 함께 자동차의 양쪽 바퀴로 인식하고 추진하겠다고 밝힌 것이다. 지금까지 일본의 안보정책에서는 일본의 자신의 능력과 미일동맹을 가장 중요한 기둥으로 인식해 왔고, 국제사회의 안정적인 안보환경 조성은 보조적인 기둥으로 인식해 왔다. 그런데 기시다 비전에서 미일동맹과 유지국과의 안보협력을 자동차의 양쪽 바퀴로 인식한다고 언급하여 유지국과의 협력을 미일동맹만큼이나 중요성을 두겠다는 의지를 표명한 것이다. 유지국과의 협력의 구체적인 내용으로는 △싱가포르와 방위장비품 및 기술이전협정 체결을 위해 교섭을 시작한 것 △아세안 국가들과의 방위장비품 및 기술이전협정 체결을 추진하는 것 등 필요에 따라 구체적인 협력안건을 실천해 나가겠다는 것이다.

그리고 2022년 1월 호주와 원활화 협정(RAA: Reciprocal Access Agreement)에 서명하였는데, 원활화 협정이란 양국의 부대가 타방을 방문할 때 협력활동을 할 수 있는 절차 및 방문부대의 지위에 관한 협정이다. 이러한 원활화 협정을 영국과도 체결할 예정이며, 다른 유럽국가 및 아시아 동지국들과도 협정 체결을 추진하겠다는 것이다. 즉 실질적인 군사협력 대상국을 대폭 확대해 나가겠다는 것이다. 그리고 기존에 실시하던 '인도·태평양방면 파견훈련(IPD: Indo-Pacific Deployment)'를 대폭 확대하여 동남아시아 국가 및 태평양 국가들을 포함하여 공동훈련을 실시하겠다고 밝혔다.

일본이 이렇게 군사협력의 폭을 넓혀나가는 것은 방위예산을 GDP 대비 2% 수준으로 높이는 정책과 적기지 공격능력의 보유, 새로운 안보방위정책의 수립 계획 등 일련의 군사력 강화 조치들과 궤를 같이하는 것으로, 중국에 대한 위협 인식 증가, 우크라이나전쟁으로 중립정책을 포기하고 핀란드와 스웨덴이 나토 가입을 추진하는 등 국제질서의 급격한 변화에 대한 위기감을 반영한 것으로 보인다.

다음으로 주목하고 싶은 것은 경제안보 분야에서의 국제적 연계를 강화해 나가는 것이다. 기시다정부는 경제안보 추진법을 제정하고, G7 등 동지국들과 경제안보 문제에 대한 협력을 추진하고 있다. 특히 아세안과는 이전부터 중층적 공급망을 구축해 왔는데, 이러한 공급망을 강화하기 위해 향후 5년간 100건 이상의 공급망 강화 프로젝트를 지원해 나가겠다고 밝혔다. 경제안보를 통해 아세안 국가들과의 연결성을 강화시켜 나가겠다는 것이다.

일본의 인태전략을 전망하기 위해 기시다 수상이 밝히고 있는 평화를 위한 기시다 비전과 평화를 위한 FOIP 계획에 담길만한 내용을 살펴보았다. 기시다 수상은 샹그릴라 대화 강연 끝부분에서 규칙에 기반한 자유롭고 열린 국제질서의 구축을 위해 FOIP를 다음 단계로 끌어올려 나가겠다고 밝혔지만, 평화를 위한 FOIP 계획도 기존의 추진방법 즉 능력구축지원을 넘어서지는 못할 것으로 보인다.

그런데 일본의 안보정책 변화를 배경으로 유지국들과의 군사협력에 대해 강한 의지를 보이고 있다는 점에서는 그동안 회피해 왔던 인태전략에서의 안보군사적 노력이 강화될 가능성이 엿보이고 있으며, 경제안보를 중심으로 아세안 국가들과의 경제적 연결성을 강화시켜 나갈 가능성이 높아 보인다. 아세안 국가들로부터 “일본은 과거와 같은 경제대국으로서의 기세는 쇠퇴하고 있지만, 인프라 정비나 소프트파워 등에서 일본에의 신뢰는 여전히 높고, 그러한 면에서의 일본의 협력에 기대하고 있다. 일본의 역할이 경제면에서 안보, 군사로 역점을 옮기는 것은 동남아시아에 좋다고 생각되지 않는다”는 의견이 나오는 것은 우연이 아닌 것으로 생각된다.[26]

4. 시사점과 정책 제언

1) 추진 방향

지난 5월의 한미정상회담에서 양국은 한미동맹을 글로벌 포괄적 전략동맹으로 격상시켜 나가기로 합의했다. 구체적으로 안보동맹, 경제기술동맹, 글로벌 전략동맹 등으로 동맹 협력의 폭과 깊이를 더해 나가는 것이다.

인태전략은 글로벌 전략동맹의 일환으로 언급되었는데, 글로벌 전략동맹은 △자유, 민주주의, 시장경제, 인권, 법치주의 등의 가치를 바탕으로 하며, △한반도와 인태지역 및 국제질서를 함께 설계하는 것이며, △동북아와 한반도를 중심으로 하는 외교를 넘어서 전략적 공간을 확대하겠다는 의지를 반영한 것이다. 이러한 차원에서 독자적인 인태전략을 수립하기로 하였으며, 쿼드와의 협력, 가치와 규범에 기반한 국제질서를 강화하기 위한 한미일 3국 협력의 중요성도 강조하였다. 그리고 외교부에 인태전략팀과 IPEF팀을 각각 출범시켜 인태전략 수립과 경제프레임워크에 대한 논의를 담당해 나가기로 했다.[27)]

인태전략은 주로 외교안보와 경제무역 등 2개의 기둥으로 구성되는데, 앞으로 어떤 내용을 담아나갈지는 아직 알 수가 없다. 그런데 지난 6월 샹그릴라 대화에서의 이종섭 국방장관의 연설 내용[28)]을 보면 안보분야에서의 추진 방향 및 내용을 조금 알 수 있다.

우선 아세안과의 안보협력을 강조하고 있다. 아세안 중심성을 존중하면서 다양한 분야에서 협력 확대를 언급하고 있는데, 아세안확대국방장관회담(ADMM-Plus)과 아세안지역안보포럼(ARF), 샹그릴라 대화 등 다자협의체에 대해 실질적인 기여를 하겠다는 것이다. 특히 아세안이 직면한 사이버, 테러 등 비전통 안보위협에 공동으로 대처하며, 아세안 국가들의 해양안보 역량을 강화하기 위해 방산협력을 포함한 다양한 방안을 함께 검토해 나간다는 것이다.

둘째, 한국은 유럽을 포함해 역외 다수국가와 안보협력 핵심 파트너 국가로서 해양안보 등 전통적 안보협력은 물론 비전통 안보 분야까지 협력을 희망하는 모든 역내외 국가들과 협력을 확대해 나간다는 것이다.

셋째, 개방성, 투명성, 포용성의 원칙에 기반해 인도·태평양지역에서 가동 중인 다양한 안보협의체와의 협력을 확대해 나간다는 것이다. 그리고 한·아세안 협력, 쿼드 등 소다자협의체의 궁극적인 목적이 규칙에 기반한 국제질서가 인도·태평양지역에서 충실하게 구현되는 것이므로, 특정국을 배제하기보다는 최대 다수의 국가가 최대의 안보 혜택을 누릴 수 있도록 글로벌 중추국가로서의 역할을 해 나가겠다는 의지를 표명하였다.

2) 정책 제언

한국정부는 글로벌 전략동맹의 일환으로 규칙에 기반한 국제질서를 개방성, 투명성, 포용성의 원칙 하에 인태전략을 추구해 나갈 것으로 보인다. 타당한 방향 설정이다. 그런데 앞에서 일본의 인태전략을 살펴본 결과 다음과 같은 점에도 유의할 필요가 있다.

첫째, 일본은 자신의 인태전략을 반드시 미국의 인태전략과 동조화(syntonization)시키지는 않는다는 것이다. 오히려 일본 내에서는 가교역할을 강조하고 있다. 인도·태평양지역 국가들과 미국을 연결시키는 가교역할이다. 일본은 아세안 국가들이 중국을 자극할 것을 우려하여 인태전략에 편승하는 것을 주저할 때, 아세안 중심성을 강조하여 미국이냐 중국이냐 하는 선택지를 강요하지 않도록 노력하였다. 또한, IPEF 출범에 있어서도 일본은 더 많은 국가들이 참가할 수 있도록 참가 조건을 새로운 규칙에 합의하는 것이 아니라 새로운 규칙을 논의하는 것으로 낮추도록 노력하였다.

둘째, 한중관계 안정적 관리를 위한 노력이 필요하다. 일본 내에서도 미일동맹을 강화하는 동시에 일중관계를 안정적으로 관리하는 것이 인태전략을 적극적으로 추진한 아베외교였고, 기시다정부가 이러한 기본노선을 계승하는 것이 적절한 정책 판단으로 평가되고 있다.[29]

한국이 인태전략의 개방성, 투명성, 포용성 원칙을 강조하더라도 인태전략이 미중 간의 전략적 경쟁에 뿌리를 두고 있기 때문에 중국의 반발을 초래할 가능성이 높다. 동아시아 국가들은 지정학적으로 정도의 차이는 있지만, 중국의 위협을 받으면서도 결국 중국과의 공존의 길을 모색할 수밖에 없는 숙명에 처해 있다. 한국도 예외가 아니다. 따라서 가능성이 낮더라도 중국과의 건설적인 대화를 통해 공존의 규칙을 논의해 나갈 필요가 있다.

일본은 중국과 해상공중연락메카니즘을 구축하여 초보적인 신뢰구축조치를 실시하고 있으며 이러한 경험을 통해 중국과의 규칙 만들기를 시도하고 있다. 한국의 경우에도 일중 간에 실시되고 있는 해상공중연락메카니즘을 참고하여 한중 간에 초보적인 신뢰구축조치를 만들어나가는 노력이 필요하다.

셋째, 지리적 근접성을 감안해도 한일협력은 중요하지만, 인태전략의 추진에 있어서도 한일협력이 매우 중요하다. 한국과 일본은 지정학적 전략환경을 공유하고 있다. 즉 일본이 인식하는 전략환경과 한국이 인식하는 전략환경은 매우 유사하다. 전략환경을 공유한 두 나라가 동일한 전략목표를 가지고 협력을 하면 많은 시너지 효과를 낼 수 있다.

미야모토 유지 전(前) 주중대사는 중국을 염두에 둔 동아시아 안보체제 구축을 위한 전략을 고민하면서, 단기적으로는 △핫라인 설치와 국방 당국 간의 협의, 연락 메카니즘의 설립, △군사연습의 상호통보 및 상호시찰 등의 신뢰구축조치의 틀을 강화하고, 중기적으로는 '협조적 안보'의 개념에 착목하여 동아시아판 OSCE 창설 논의를 할 필요가 있으며, 장기적으로는 동아시아 안보메카니즘의 구축, 공동목표를 이끌어내는 이념, 가치관, 원칙에 관한 일중간의 논의가 필요하다고 제안하고 있다.[30] 미야모토 전략의 적절성에 대해서는 추가적인 검토가 필요하겠지만, 일중 양자 간이 아니라 한중일 간에 이러한 규칙 만들기를 추진하다면 동아시아 안보체제 구축을 추진하는데 있어서 더 많은 추진력을 얻을 수 있을 것이다.

그동안 한국 내에서는 이러한 지리적 근접성에 기반한 한일협력의 필요성이 부인되어 왔고, 한일 간에는 상호신뢰를 상실하여 한일관계 복원이 한국 외교의 큰 부담이 되고 있다. 앞으로 한국이 인태전략을 추진하는데 있어서는 한일 간에 경쟁적인 인태전략보다는 상호 협력적인 인태전략이 될 수 있도록 노력할 필요가 있다.

마지막으로 인태전략은 다층적으로 추진할 필요가 있다. 일본의 경우에도 미일동맹 속에서 논의되는 FOIP의 안건과 쿼드에서 논의되는 안건, IPEF에서 논의되는 안건은 참가국의 사정에 따라 다양하게 나타난다. 한국의 입장에서도 기존의 한미동맹, 한미일 협력과 함께 한일호협력 등 다양한 소다자협력을 시도하면서 그 참가국과 공유될 수 있는 이해관계와 안건을 중심으로 다층적인 협력을 시야에 두고 인태전략을 추진할 필요가 있다.

주

1) "中国対抗を懸念,「構想」に変える インド太平洋「戦略」,"『朝日新聞』, 2018년 11월 14일.
2) "菅外交, 米中バランス重視 インド太平洋「構想」外す,"『日本経済新聞』, 2020년 10월 28일.
3) 日米安全保障協議委員会, "同盟の変革: 日米の安全保障及び防衛協力の進展." https://www.mofa.go.jp/mofaj/area/usa/hosho/2plus2_07_kh.html (검색일: 2022. 6. 30).
4) 安倍晋三, "二つの海の交わり." https://www.mofa.go.jp/mofaj/press/enzetsu/19/eabe_0822.html (검색일: 2022. 6. 30).
5) Abe Shinzo, "Asia's Democratic Security Diamond," (Dec 27, 2012) https://www.project-syndicate.org/onpoint/a-strategic-alliance-for-japan-and-india-by-shinzo-abe (검색일: 2022. 6. 30).
6) 安倍晋三, "TICAD VI開会に当たって." https://www.mofa.go.jp/mofaj/afr/af2/page4_002268.html (검색일: 2022. 6. 30).
7) 山本雄太郎, "自由で開かれたインド太平洋誕生秘話," https://www.nhk.or.jp/politics/articles/feature/62725.html (검색일: 2022. 6. 30).
8) 外務省, "日米首脳ワーキングランチ及び日米首脳会談," https://www.mofa.go.jp/mofaj/na/na1/us/page4_003422.html (검색일: 2022. 6. 30).
9) 北岡伸一, "自由で開かれたインド太平洋構想,"『デイリー新潮』, 2022년 1월 18일.
10) 経済産業省. "FOIP(自由で開かれたインド太平洋)." https://www.meti.go.jp/policy/external_economy/trade/foip/index.html (검색일: 2022. 6. 30).
11) 外務省,『外交青書 2019』. https://www.mofa.go.jp/mofaj/gaiko/bluebook/2019/html/chapter1_00_02.html#s10202 (검색일: 2022. 6. 30).
12) 外務省, "「自由で開かれたインド太平洋に向けて," https://www.mofa.go.jp/files/000407642.pdf (검색일: 2022. 6. 30).
13) 外務省, "日米首脳会談," (2017. 2. 10) https://www.mofa.go.jp/mofaj/na/na1/us/page1_000297.html (검색일: 2022. 6. 30).
14) 外務省, "日米安全保障協議委員会共同発表," (2017. 8. 17) https://www.mofa.go.jp/mofaj/na/st/page4_003204.html (검색일: 2022. 6. 30).
15) 外務省, "日米安全保障協議委員会共同発表," (2019. 4. 19) https://www.mofa.go.jp/mofaj/files/000470737.pdf (검색일: 2022. 6. 30).
16) 外務省, "日米安全保障協議委員会共同発表," (2021. 3. 16) https://www.mofa.go.jp/mofaj/files/100161034.pdf (검색일: 2022. 6. 30).
17) 外務省, "日米首脳共同声明: 新たな時代における日米グローバル·パートナーシップ," (2021. 4. 16) https://www.mofa.go.jp/mofaj/files/100200052.pdf (검색일: 2022. 6. 30).
18) 外務省, "日米安全保障協議委員会共同発表," (2022. 1. 7) https://www.mofa.go.jp/mofaj/files/100161034.pdf (검색일: 2022. 6. 30).

19) 外務省, "日米首脳共同声明: 自由で開かれた国際秩序の強化," (2022. 5. 23) https://www.mofa.go.jp/mofaj/files/100347254.pdf (검색일: 2022. 6. 30).
20) 外務省, 『外交青書 2022』, 東京: 日経印刷, 2022, p. 28.
21) "アジア発で分断回避," 『日本経済新聞』, 2022년 6월 22일.
22) 刀祢館久雄, "リアリズム外交とドクトリン." http://https://www.jcer.or.jp/j-column/20220622-2.html (검색일: 2022. 6. 30).
23) "「重要なパートナー」日本抜き中国首位 ASEAN世論調査," 『日本経済新聞』, 2022년 5월 25일.
24) "第二百八回国会における岸田内閣総理大臣施政方針演説." https://www.kantei.go.jp/jp/101_kishida/statement/2022/0117shiseihoshin.html (검색일: 2022. 6. 30).
25) "シャングリラ·ダイアローグ(アジア安全保障会議)における岸田総理基調講演," https://www.kantei.go.jp/jp/101_kishida/statement/2022/0610speech.html (검색일: 2022. 6. 30).
26) "ロシアの侵攻非難しないアジア諸国 中国への視線も一様でなく," 『朝日新聞』. 2022년 6월 11일.
27) "박진 외교부 장관, 한미정상회담 결과 브리핑," https://www.mofa.go.kr/www/brd/m_20140/view.do?seq=302635&page=1 (검색일: 2022. 6. 30).
28) "이종섭 국방장관 제19차 샹그릴라 대화 본회의 연설," https://www.news1.kr/articles/?4709098 (검색일: 2022. 6. 30).
29) 細谷雄一, "岸田政権が掲げる「新時代リアリズム外交」の意味," https://apinitiative.org/2022/01/24/31836/ (검색일: 2022. 6. 30).
30) 宮本雄二, "東アジア情勢と地域安全保障体制の構築," 『東アジアリスクと日中関係』 (2022).

참고문헌

강선주. "미국의 인도-태평양 경제프레임워크(IPEF): 국제정치경제적 함의와 전망." 『주요국제문제분석』 2022-17호 (2022).

김웅희. "일본의 자유롭고 열린 인도태평양(FOIP) 구상과 포섭적 경쟁의 딜레마." 『일본연구논총』 제54호 (2021).

남기정. "일본의 아시아정책: '자유롭고 열린 인도태평양 전략/구상'의 전개." 『아시아브리프』 제22호 (2021).

백우열, 이기태, 이재현, 정구연. 『쿼드국가의 인도태평양 전략과 한국의 대응』. 서울: 아산정책연구원, 2019.

이기태. "일본의 지역전략 – 국제협조 지향의 열린 지경학," 『일본학보』 제129집 (2021).

조은일. "아베 시기 일본의 '자유롭고 열린 인도-태평양' 지역전략." 『한국과 국제정치』 제36권 제2호 (2020).
최은미. "일본은 여전히 '반응형 국가'인가?: 아베 내각에서 나타난 일본외교의 변화와 연속성." 『일본연구논총』 제49호.(2020). 현대일본학회, 110-141.

大庭三枝. "日本の「インド太平洋」構想." 『国際安全保障』 第46巻 第3号 (2018).
河合正弘. "第5章 '一帯一路'構想と 'インド太平洋'構想." 反グローバリズム再考: 国際経 済秩序を揺るがす危機要因の研究「世界経済研究会」報告書. 日本国際問題研 究所, 104-116 (2019).
佐竹知彦. "インド太平洋におけるミニラテラリズムの台頭." 『NIDSコメンタリー』 제225호 (2022).
刀祢館久雄. "リアリズム外交とドクトリン." (2022. 6. 22) http://https://www.jcer.or.jp/j-column/20220622-2.html (검색일: 2022. 6. 30).
細谷雄一. "岸田政権が掲げる「新時代リアリズム外交」の意味." (2022. 1. 24). https://apinitiative.org/2022/01/24/31836/ (검색일: 2022. 6. 30).
宮本雄二. "東アジア情勢と地域安全保障体制の構築." 『東アジアリスクと日中関係』 (日本経済研究センター) (2022).
山本雄太郎. "自由で開かれたインド太平洋誕生秘話."『NHK政治マガジン』 (2021年 6月 30日) https://www.nhk.or.jp/politics/articles/feature/62725.html (검색일: 2022. 6. 30).

3장

호주의 인태전략:

미래를 위한 지정학, 지경학적 비전

이재현(아산정책연구원)

크게 의심할 여지 없이 호주는 인도·태평양지역 혹은 인태전략의 핵심적 국가임에 틀림없다. 호주는 지리적으로 인태 지역에서 한가운데 놓여 있는 국가다. 미국 주도의 인태전략에서 호주는 일찍부터 4자안보협력(QUAD: Quadrilateral Security Cooperation), 그리고 미-호-영 3자 안보협력(AUKUS: Australia-UK-US trilateral security pact)에 적극 참여하고 있다. 인태전략이 가진 대중국 견제라는 측면에서도 호주는 2020년부터 중국과 무역 갈등으로 각을 첨예하게 세우고 있는 국가다. 정책적이고 전략적인 측면 외에도 호주는 인태 지역, 인태전략 관련 학술적 담론을 꾸준히 생산하고 주도해온 국가다. 여러모로 볼 때 호주는 인태전략의 한 가운데에 놓여 있다.

이 글에서는 호주의 인태전략이 정책적, 담론적으로 발전해 온 과정을 추적하고, 실제로 호주정부에 의해 취해진 인태전략을 먼저 분석

한다. 이후 호주 인태전략이 가진 특징과 도전 요인에 대해서 알아본다. 쿼드를 구성하고 있는 인태전략의 핵심적 국가들이 저마다 특징적인 인태전략을 가지고 있다.[1] 호주 역시 예외가 아니다. 간단히 말하면 호주는 다른 국가에 비해 지역적이고 경제적인 관점에서 인태 지역의 중요성을 파악한다. 또 각 국가의 인태전략 특징을 나누는 중요한 변수 중 하나는 중국에 대한 전략일 것이다. 중국 변수를 대하는 호주의 인태전략 특징 역시 언급될 것이다.

호주의 인태전략에 관한 전망은 두 가지로 나누어 고찰한다. 최근 6~7년간 정권을 담당했으며 대 중국 강경 정책을 실시해왔던 자유당(Liberals)과 국민당(Nationals) 연합의 보수정부가 퇴진하고 노동당(Labor) 정부가 2022년 집권했다. 이런 정권 교체가 인태전략에 가져오는 단기적인 정책 조정을 먼저 언급해야 할 것이다. 그리고 지역의 전략 상황, 이와 맞물린 미국의 대아시아 혹은 인태전략과 연관성 속에서보다 장기적인 호주 인태전략의 향배도 논의해야 한다. 간단히 결론만 언급하자면 호주 인태전략은 어제오늘의 것이 아니고 향후에도 상당히 유사한 방향을 견지할 것이다. 마지막으로는 호주의 인태전략이 한국에 대해 가지는 정책적 함의를 살펴본다. 지역에서 중견국가이자 동류국가(like-minded) 국가로 한국과 협력해 온 호주의 인태전략은 이제 막 독자적 인태전략을 마련하려는 한국의 정책에 중요한 함의를 가질 수 있을 것이다.

1. 논의와 성과

호주에서 인태 지역 혹은 지역에 관한 개념이 처음 등장한 것은 인태 지역 전략과 지역을 이야기하는 다른 국가들과 큰 차이를 보인다. 호주에서 대표적으로 인태 지역과 전략을 연구하는 메드카프(Rory Medcalf)에 의하면 처음 호주에서 태평양과 인도양을 잇는 개념을 언급했던 것은 1800년대 중반 호주의 탐험가였던 미첼(Thomas Mitchell)이라고 한다. 호주 대륙을 동남부에서 북서부로 탐험해 인도양으로 가는 내륙길을 열었던 그는 호주의 경제적 미래를 위해 인도양으로 가는 통로를 확보하고 이를 통해 유럽으로 연결될 수 있어야 한다는 주장을 했다.[2)]

현재의 인도·태평양 개념은 지난 10여 년이 조금 넘는 기간 호주에서 몇 개의 단계를 거치며 발달해왔다. 물론 이런 단계들은 호주정부의 의도적 노력이나 명확한 계획하에 발전해온 것은 아니며 자연스럽게 담론의 확산, 정책의 수립이 이루어진 것으로 일부 시기가 겹치기도 한다. 지난 10여 년간 호주의 인태 지역 개념과 전략을 뒤돌아볼 때 세 가지 정도의 시기 구분이 가능하다.

먼저 2008년 경제위기 이후부터 대략 2013년 정도까지는 주로 학계의 인태 개념 논의가 주를 이루었다. 주로 학계에서 개념적으로 진행되던 논의가 본격적으로 정책으로 전환된 것은 2013년 국방부의 국방백서에서 인도·태평양이 언급되고 2017년 외교백서에서 전면적으로 인태 개념이 호주 대외정책의 핵심으로 채택되면서다. 이후 2017년을 넘어서면서 최근까지 호주의 인태 개념은 2017년 외교백서의 내용을 핵심으로 하면서 여기에 대중국 전략, 중국 봉쇄의 색채를 크게 더하는 방향으로 진행되었다.

호주 인태 지역과 전략 개념의 첫 시작은 2008년 미국발 금융 위기 이후 서호주(Western Australia) 주정부가 야심차게 추진했던 연구 프로젝트로부터 시작한다. 이 연구 프로젝트는 금융 위기 이후 원자재 가격의 상승에 따라 세수가 크게 증가한 서호주 주정부가 경제적으로, 외교적으로 서호주의 위치를 지역에서 확인하기 위한 목적으로 시작했다. 이 프로젝트는 토마스 미첼의 오래된 주장처럼 태평양과 인도양을 잇는 경제권의 중요성, 그 안에서 서호주가 가진 지정학적, 지경학적 중요성을 강조했다.[3] 마침 당시 호주 연방정부에서 국방과 외교 장관직을 담당했던 주요 인사인 스미스(Stephen Smith), 존스턴(David Jonstone) 등은 모두 서호주 출신으로 이들의 정치적 이해관계와 서호주에 면한 인도양이라는 관점이 맞아떨어졌다.

거의 비슷한 시기 호주 동부의 주요 대학들과 연구기관, 연구자들 사이에 조용히 인도·태평양 개념이 확산되기 시작했다. 이런 인도·태평양 개념의 확산은 미국의 대아시아 정책에 영향을 받은 바도 크다. 2010년과 2011년 당시 미국 국무장관인 힐러리 클린턴(Hillary Clinton)은 연설과 기고문에서 인도·태평양 개념을 언급했다. 이후 이 개념은 미국에서 피봇(pivot) 혹은 재균형(rebalancing)이란 개념에 의해 밀려났지만, 호주에 정착했다. 2010년대를 넘어 앞서 언급했던 메드카프, 비슨(Mark Beeson), 타일러(Melisa Tyler), 버긴(Anthony Bergin), 카(Andrew Carr), 길(Bates Gill), 그리고 조금 후 미국에서 건너간 플레이크(Gordon Flake) 등에 의해서 부지런히 탐구되고 확산되었다. 특히 메드카프와 카는 호주국립대(Australian National University)를 중심으로, 길은 시드니의 미-아시아센터(Sydney USAsia Centre)를 중심으로, 그리고 플레이크는 서호주 퍼스 미-아시아센터(Perth USAsia Centre)를 중심으로 인태 개념을 확산하는 데 큰 역할을 했다.[4]

이렇게 학계를 중심으로 했던 논의가 2013년에는 호주정부에 의해서 본격적으로 전면에 등장한다. 당시에는 아직 많이 생소했던 인도·태평양이 2013년 호주 국방부가 펴낸 국방백서(Defence White Paper)에는 58번, 즉 두 페이지 건너 한 번씩 언급되었다.[5] 이후 2017

년에 외교부가 펴낸 호주 외교백서(Foreign Policy White Paper)에서는 인도·태평양 개념이 호주 대외정책의 가장 중요한 자리를 차지하고 대외정책이 인도·태평양 개념을 중심으로 완전히 재편되었다. 이 외교백서는 호주정부의 인도·태평양 개념에 대한 접근은 가장 명확하게 보여주는 정부문서라고 할 수 있다.[6] 이 두 문서에 나타난 자세한 내용은 다음 장에서 보다 자세힌 언급될 것이다.

비슷한 시기인 2017년 이후 호주의 인태전략은 새로운 색을 띠게 된다. 2017년 즈음부터 호주에서 중국의 부상에 대한 우려와 위협의식이 중국을 기회로 보는 인식을 압도하기 시작했다. 적어도 2010년대 중반까지 호주에서는 보수-진보 정부를 가리지 않고 중국과의 관여(engagement), 특히 경제적 부문에서의 관여를 강조했다. 노동당 정부에서 '아시아 세기의 호주 백서(Australia in the Asian Century Whitepaper)'를 펴낸 것이나 보수 정부에서 신콜롬보플랜(New Colombo Plan)으로 아시아 국가 특히 중국과 차세대 교류를 강화한 것, 그리고 중국과 2014년 포괄적전략동반자관계(comprehensive strategic partnership)를 맺은 것들이 이를 반영한다.[7]

그러나 2017년 갑자기 불거진 중국의 호주 국내정치에 대한 간섭 논란으로 당시 보수정부는 중국을 점차 안보 위협으로 규정하기 시작했다. 이후 몇 년간에 걸쳐 지속적으로 강화된 대 중국 안보 위협 인식은 2020년 코로나19 이후 코로나바이러스 근원 규명을 위한 국제 조사에 호주가 참여하고 이에 대해 중국이 호주에 대한 경제적 제재를 하면서 최고조에 이르렀다. 2017년 이후 점차 악화되던 중국에 대한 이미지, 그리고 대중국 위협 인식은 점차 호주의 인태전략에서 중국의 위협을 강조하는 방향으로 나아갔다. 이후 2020년 중국과 경제적 마찰 이후 발표된 2020년 국방전략업데이트(2020 Defence Strategic

표 3.1 호주-중국관계 악화 일지

연도	내용
2017년 12월	2017년 호주 정치인에 대한 중국의 정치자금 제공을 통한 영향력 행사 차단을 염두에 둔 '해외 영향 투명성 계획(Foreign Influence Transparency Scheme)' 통과
2018년 8월	호주정부의 화웨이, ZTE 5G 장비 사용 금지
2018년 10월	중국, 호주 보리에 대한 반덤핑 제소
2019년 1월	중국 외교부에서 일했던 호주 국적인 중국에서 실종, 2020년 10월 간첩 혐의 기소
2020년 4월	모리슨(Scott Morrison) 총리, 코로나19 국제 조사 참여 선언
2020년 5월	• 중국정부, 호주 보리에 대해 80.5% 관세 부과 • 호주산 석탄 중국 입항 지연
2020년 6월	중국 교육부, 호주 내 중국인 학생에 대한 인종 차별 및 중국인의 호주 여행 관련 경고
2020년 10월	호주산 면화 구입 금지 관련 중국정부 조치에 대한 보도
2020년 11월	주호주 중국 대사관, 호주의 반중국 정책 14개항 발표 및 항의
2020년 11월	중국 외교부 대변인 호주군의 아프가니탄 어린이 살해에 관한 조작된 사진 트위터 게시로 인해 호-중 외교관계 악화
2020년 12월	• 중국 환구시보, 호주의 남중국해 문제 간섭에 대한 경고 • 호주, 호주산 보리에 대한 중국의 관세 부과 WTO에 문제 제기 • 호주, 주정부와 대학 등이 외국(중국)과 맺은 협력 MOU를 중앙 정부가 무력화하는 '호주 대외관계법 2020'(Australia's Foreign Relations [States and Territories Arrangements] Bill 2020) 입법
2021년 3월	중국, 호주 와인에 대한 반덤핑 관세 부과
2021년 4월	호주, 빅토리아 주정부의 일대일로 관련 MOU 폐기 선언
2021년 6월	중국정부 호주와 전략-경제대화 무기한 중단 선언
2021년 8월	전 호주 총리 말콤 턴불(Malcolm Turnbull) 중국의 반호주 정책이 중국에 해가 될 것이라고 경고

계속 ▶▶

연도	내용
2021년 9월	호주-미국-영국 AUKUS 협약 발표
2021년 9월	호주, 중국 CPTPP 가입 조건으로 호주에 대한 경제제재 해제 요구
2021년 12월	호주, 미국과 함께 2022년 북경 올림픽 외교적 보이콧 선언

출처: Geopolitical Monitor, "Timeline: The Downward Spiral of China-Australia Relations," https://www.geopoliticalmonitor.com/timeline-the-downward-spiral-of-china-australia-relations/ (검색일: 2022. 6. 28) 바탕으로 재구성.

Update)는 명확하게 중국의 안보 위협을 규정하고 이를 막기 위한 대규모 국방력 증가를 공언하는 데까지 나아갔다.[8)]

이렇게 몇 단계를 거쳐 변화해 온 호주의 인태전략이 거둔 성과를 한마디로 요약하면 호주가 안보와 경제적으로 지역에서 중요한 행위자로 떠오르면서 지역 전략 문제에 있어 명확하게 자신의 자리를 확보했다는 점이다. 무엇보다 그간 호주는 어느 정도 능력을 갖춘 중견국(middle power)의 외형을 가지고 있었지만, 지역에서 그에 걸맞은 자리를 확보하지 못했다. 지역의 중요한 다자협력이나 지역 범주에 있어 호주는 아시아 국가들에 비해 늘 변방에 위치하는 형편이었다. 북반구의 중요한 전략적 문제에 끼어들고자 했으나 이런 주변적 지위로 인해 의미 있는 행위자로 취급받지 못했다. 이런 과거에 비춰 볼 때 인태 지역이라는 범주, 그리고 호주가 인태전략하에서 취한 안보, 경제 측면의 적극적 활동으로 인해 호주는 인태 지역 주요 행위자로 명확히 자리매김했다.

지역 안보 문제에서 중요 행위자가 되고자 한 호주의 노력은 인태전략이 본격적으로 회자되기 이전 시점까지 거슬러 올라간다. 호주는 미국 오바마(Obama) 행정부가 피봇 정책을 발표하고 아시아로 관여를 강화했던 시점부터 시작해 미국의 대아시아 정책에 적극 동조하면서 전략적 위치를 선점하려고 노력했다. 대표적으로 미국 해병대의 호주 순환배치 등을 유치하면서 지역에서 미국을 대신해 적극적 역할을 하려 했다. 뿐만 아니라 능력 면에서 열악한 동남아 국가들을 대신해 중국과 미국이 경쟁을 벌이고 있는 남중국해 문제에 대해서 목소리를 높였다. 미국이 남중국해 유사시 힘을 투사하기 위해서는 지역에 신뢰할만한 능력을 가진 국가가 필요했고 남중국해에서 멀지 않은 호주는 미국의 파트너가 되기에 적당한 국가였다.

구체적으로 인태전략하에서 호주의 전략적 지위를 높인 제도적 이니셔티브의 대표적인 것은 역시 쿼드(Quad)라고 할 수 있다. 2004년 인도양 쓰나미를 계기로 모인 미국, 호주, 일본, 인도의 4개국은 지역에서 느슨한 협력을 구축했다. 2000년대 후반 미국의 피봇 정책을 계기로 미국과 중국의 전략 경쟁이 고조된 시점에서 쿼드 국가의 협력이 대중국 봉쇄라는 인식이 높아지며 전략적 부담을 느낀 호주가 쿼드에 불참하면서 쿼드의 동력이 약화되었다.[9] 그러나 트럼프(Donald Trump) 행정부에서 미국의 인태전략이 다시 강조되면서 중국과 전략 경쟁이 더욱 격화되고 호주에서 보수정권이 이어지면서 2017년 다시 쿼드 국가가 재결합한 쿼드 2.0이 시작되었다.[10] 이때를 기점으로 본격적으로 쿼드는 인태전략에서 지역 안보 문제를 담당하는 중추적 역할을 하게 되었다. 지역 안보 아키텍처에서, 그리고 미중 간 전략 경쟁에서 쿼드의 전략적 중요성이 높아지면서 자연스럽게 이에 참여한 호주의 전략적 중요성도 따라서 높아졌다.

더 나아가 2021년 호주는 미국, 영국과 함께 호주-영국-미국 3자 안보 협약(AUKUS: Australia-UK-US Security Pact)을 발표한다. 오커스는 영국과 미국이 협력해 호주에 핵잠수함을 제공하고, 더 나아가 사이버, 인공지능, 양자기술(quantum technology), 초음속 무기, 전자전(electronic warfare), 기술혁신 및 정보 공유 등에서 협력한다는 내용을 담고 있다.[11] 호주가 프랑스와 맺었던 잠수함 조달 계약 파기, 유럽 연합 국가들의 반발, 그리고 동남아 국가 등 지역 국가의 우려 등으로 오커스는 시작부터 많은 논란을 만들어 냈다.[12] 그러나 이런 많은 논란에도 불구하고 역설적으로 오커스는 호주가 지역 안보 문제에 있어서 중요한 행위자이고 미국과 매우 긴밀히 협력하고 있음을 증명하면서 인태지역에서 호주의 전략적 중요성과 가치를 크게 높이는 역할을 했다.

특히 호주는 인태전략의 사이버 안보, 특히 중국의 5G 능력에 대응한 인태 국가들의 전략에서 중요한 역할을 했다. 중국 화웨이(Huawei) 등 첨단 기술 기업에 대한 미국의 제재는 트럼프 행정부 시기 미중경쟁의 핵심적인 부분이었다. 미국은 화웨이 등 중국 기업 5G 장비의 미국 사용을 전면 금지하는 조치를 통해 중국이 첨단 기술에서 미국을 추격하는 것을 막고자 했다. 그러나 미국의 조치 이전에 중국 5G 장비의 위험성을 주장하면서 선제적 조치를 취한 것은 호주였다. 미국 트럼프 행정부는 2019년 중국산 5G 장비를 금지했는데, 이미 호주는 2018년 턴불(Malcolm Turnbull)정부하에서 중국의 5G 네트워크 장비들이 국가 안보에 위협을 줄 수 있다는 시뮬레이션을 마쳤다.[13] 그리고 턴불 총리는 미국 등 동맹국 정상들에게 중국산 5G 장비가 국가 안보에 위협을 초래한다는 이유로 사용하지 말 것을 촉구해왔다. 미국의 2019년 조치는 이런 호주의 선제적 노력의 결과이기도 하다.[14]

다음 절에서 볼 것처럼 경제 문제는 호주 인태전략의 핵심적인 사항 중 하나다. 미국의 인태전략이 대 중국 경제적 견제에서 점차 기술, 공급망의 문제로 옮겨갔던 반면 호주의 인태 경제 전략은 꾸준하게 지역의 자유무역 질서를 강조해왔다. 경제적인 측면에서 호주 인태전략의 핵심은 환태평양 경제동반자협정(TPP: Trans-Pacific Partnership)으로부터 출발한다. 미국의 피봇 정책과 함께 부각된 TPP에서 호주는 아태경제협력(APEC: Asia-Pacific Economic Cooperation)을 주도했던 과거의 경험을 확장해 초기부터 적극적이었다. 트럼프 행정부가 들어서면서 미국이 TPP에서 빠져나가자 일본과 함께 포괄적·점진적 환태평양경제동반자협정(CPTPP: Comprehensive and Progressive TPP)을 적극 주도해 TPP 12개국에서 미국이 빠진 11개국만의 CPTPP를 만드는 데 매우 중요한 역할을 했다.

인태전략 안에서 호주의 경제적 성과는 단지 지역 경제질서와 무역 레짐에 국한되지 않는다. 경제와 전략적 고려가 만나는 지점에도 중요한 이니셔티브들이 있다. 2018년 호주는 미국, 일본과 함께 인태 지역 인프라 건설을 위한 협력을 시작한다. 인태지역 인프라 투자를 위한 3자 파트너십(Trilateral Partnership for Infrastructure Investment in the Indo-Pacific)이라 이름 붙은 이 3국 간 합의는 중국이 막대한 재원을 동원해 지배하는 인태 지역의 인프라 투자 시장에 쿼드 국가인 미국, 일본, 호주가 참여해 중국의 영향력을 줄이는 것을 목표로 했다.[15] 뿐만 아니라 새로 부상하는 전자상거래를 중심으로 한 새로운 무역 질서를 중국이 아닌 미국 중심의 질서로 재편하기 위해 미국, 싱가포르 등과 디지털경제협정(Digital Economic Agreement)을 맺었거나 추진하고 있다.[16] 인태전략의 경제 부문에서 가장 최근의 성과는 물론 2022년 5월에 호주가 인도·태평양경제프레임워크(IPEF: Indo-Pacific Economic Framework)에 참여한 것이라고 할 수 있다.[17]

2. 도전 요인

이런 호주의 구체적 인태전략 행동을 가져오게 한 전략적 입장과 인식, 그리고 이런 호주의 인태전략이 마주하고 있는 도전 요인은 무엇인지 알아봐야 할 차례다. 어떤 상황인식이 호주로 하여금 인태 지역과 전략을 적극적으로 끌어안고 추진하게 했는지 검토해야 호주 인태전략의 실체를 제대로 이해할 수 있을 것이다. 현재 호주의 인태전략이 가지고 있는 입장과 인식을 설명하기 위해서는 크게 네 가지 주제 즉 호주의 만성적 안보 불안과 미국의 안보 지원, 전략보다는 지역으로서 인도·태평양, 안보보다는 경제에서 출발한 호주의 인태전략, 그리고 중국이라는 주제를 설명해야 한다.

먼저 가장 근본적인 원인으로 호주의 태생적 안보 불안과 그로 인한 미국과 동맹이라는 변수를 설명해야 한다. 호주의 시작은 앵글로색슨의 후손이 오세아니아 지역에 세운 국가라는 데서 출발한다. 전혀 낯선 환경인 오세아니아에 자신의 근원인 유럽으로부터 멀리 떨어진 국가를 세우면서 호주는 근본적인 안보 불안을 가지게 된다. 이런 안보 불안은 영국의 해군력이 막강했을 때는 모국인 영국과의 연계, 영연방 등을 통해서 일부 해결될 수 있었다. 그러나 영국의 힘이 약화되고 영연방에는 남아 있지만 독립국가로 자신의 안보를 책임져야 하는 상황을 마주하면서 호주의 안보 환경은 크게 변했다.[18)]

매우 넓은 영토, 사방에서 접근이 가능한 무한대의 해안선, 하지만 턱없이 부족한 인구라는 요소의 결합은 호주의 해안선을 사실상 무방비상태로 만든다. 이런 무방비상태에서 인접한 위협이 없으면 상관없지만, 제2차 세계대전 중 일본의 진입 시도, 냉전기간 중 인접한 인도네시아의 위협에 대한 인식, 그리고 보다 최근 중국의 군사력이 호주에 직접 위협을 가할지 모른다는 인식이 더해지면 호주의 안보는 스스로 해결할 수 없는 상황이 된다. 영국이 제국으로서 힘을 잃고 새로 미국이 부상하면서 호주는 자신의 안보 문제를 해결해줄 수 있는 국가로 미국을 상정하고 이런 인식은 미국과 안보협력, 동맹의 기반이 되었다.[19] 그 결과 호주 안보 정책에서는 보수, 진보를 막론하고 미국과의 동맹에 대해서는 초당적 인식이 공유되고 있다. 미국의 대아시아 정책, 더 나아가 미국의 글로벌 정책, 미국의 전쟁 수행에서 호주는 전술적으로 차이를 보일 수 있을지는 몰라도 전략으로 미국과 차이를 보이기 어렵다. 앞서 언급한 바와 같이 미국의 피봇 정책으로부터 현재의 인태전략까지 호주는 미국의 지역 정책과 늘 궤를 같이하고 이렇게 미국 정책과의 공조가 자신의 안보 기반이라 믿고 있다.

호주의 인태전략이 가지는 두 번째 인식과 특징은 대외정책으로서 인태전략보다는 지역 개념으로 인태전략이 보다 무게를 가진다는 점이다. 호주의 인도·태평양은 아시아 지역 혹은 인태 지역에 대한 호주의 전략 개념이 아니라 호주를 포함한 지역의 범주로 인도·태평양에 대한 강조가 훨씬 크다. 한가지 단적인 예를 보면 2017년 호주 외교부가 발표한 외교정책 백서에서 인도·태평양이라는 수식어가 꾸미는 명사는 전략(strategy)이 아닌 지역(region)이었다. 혹은 인도·태평양이 아무런 명사를 꾸미지 않는 상태에서 독자적으로 쓰인 경우도 많다. 호주 입장에서 인태는 인태전략보다는 인태 지역으로 의미를 가진다.

호주가 전략보다 지역 개념을 강조하는 것은 두 가지로 설명될 수 있다. 앞서 1800년대 중반 토마스 미첼은 태평양에서 인도양으로 이어지는 루트를 개척해 인도양과 태평양을 잇는 것이 호주의 전략적 필요성, 경제적 목적에 크게 이바지할 것이라고 했다. 그 연장선상에서 호주는 이 지역에 대한 전략보다는 어떻게 자신의 태평양 방면과 인도양 방면을 효과적으로 묶어 하나의 지역으로 상정할 것인가에 관심이 있다. 두 번째로는 지금까지 호주는 아태 지역, 동아시아 지역이라는 지역 개념에서 늘 변방에 위치하거나 제외되어 왔다. 반면 인도·태평양이라는 지역 개념은 태평양과 인도양을 연계하는 개념으로 이 지역 구도에서 호주는 동남아와 함께 두 대양을 잇는 다리의 역할을 한다. 과거 주변적 위치에서 이제 호주는 인도·태평양지역 개념에서 주축(pivotal)의 위치로 새로운 전략적 중요성을 얻게 되었다.[20] 이런 만큼 인도·태평양이라는 개념은 전략보다는 지역 개념으로 호주의 전략적 이익에 더 잘 봉사할 수 있다.

세 번째 호주 인태전략의 특징은 다른 어느 국가보다 경제적인 부분에 많은 관심을 보인다는 점이다. 인도양과 태평양을 연계해 보다 큰 지역 경제권을 건설하는 것이 호주의 경제적인 안정과 번영에 도움이 된다는 인식이다. 과거 유럽과 연계에도 불구하고 호주의 경제적 현재와 미래는 명확하게 지역 국가들과 연결되어 있다. 호주 무역에서 아태 지역이 차지하는 비중은 73.5%로 압도적이며 이 국가들이 인도·태평양지역에서 호주의 주 경제협력 대상이다. 유럽은 13%에 지나지 않는다. 인도 역시 호주 무역 5위, 수출 5위를 차지하는 중요한 경제협력 대상이다. 이런 인도와 태평양지역의 연결은 호주의 경제적 미래에 매우 중요하다.

이런 인식은 호주 인태전략을 가장 잘 보여주는 2017년 호주 외교정책백서에도 잘 드러난다. 여기서 핵심은 경제적으로 통합된 태평양과 인도양, 그리고 이 통합된 지역의 자유무역질서라는 형태로 표현된다. 이 백서는 “우리는 글로벌 시장과 강력하게 연결된 열린, 외부지향적 지역 경제를 원한다. 이것이 경제성을 극대화하고 보호무역주의와 전략적 경쟁으로부터 우리를 보호할 수 있다. 우리의 장기적 비전

표 3.2 2018~2020년 호주의 15대 무역 파트너 (단위: 100만 호주 달러)

순위	국가	2018	2019	2020	전체 비중 (2020년)
1	중국	214,788	251,322	246,314	30.9
2	미국	74,023	80,978	72,854	9.1
3	일본	85,709	86,703	66,259	8.3
4	한국	41,005	41,292	34,873	4.4
5	영국	27,212	38,605	31,774	4.0
6	싱가포르	31,981	33,248	26,509	3.3
7	인도	30,422	29,234	24,321	3.0
8	뉴질랜드	29,339	31,097	23,697	3.0
9	독일	23,222	22,878	21,169	2.7
10	태국	25,736	23,077	19,598	2.5
11	말레이시아	24,080	23,951	19,344	2.4
12	대만	17,649	20,174	16,197	2.0
13	베트남	14,594	15,507	14,627	1.8
14	인도네시아	17,560	17,690	12,867	1.6
15	홍콩	17,840	14,961	12,200	1.5
	전체 무역액	**854,408**	**917,991**	**798,184**	**100.0**

출처: Australian Government, Department of Foreign Affairs and Trade, "Trade and Investment at a glance 2021," https://www.dfat.gov.au/publications/trade-and-investment/trade-and-investment-glance-2021#two-way-trade (검색일: 2022. 6. 28).

은 지역 모든 경제를 포함하는 지역 차원의 자유무역지대를 건설하는 것이다"라고 명시하고 있다.[21] 그리고 이런 호주 인태지역 경제적 비전은 APCE 건설에서 보여준 호주의 적극적인 태도, CPTPP를 성사시키는데 호주가 했던 주도적인 역할의 연장선상에 있다고 볼 수 있다.

미국 주도의 인태전략에 동참한 국가들, 특히 쿼드를 중심으로 연합한 국가들의 인태전략에서 중요한 변수가 되는 부분 중 하나는 중국에 대한 관점이다. 표면적으로는 쿼드 국가 모두 그들의 인태전략이 대중국 봉쇄나 중국에 대한 견제가 아니라는 점을 강조한다. 그럼에도 불구하고 대외정책의 중요한 부분으로 중국에 대한 견제가 있음은 부인하기 어렵다. 인태전략이 추구하는 몇 가지 중요한 목표가 궁극적으로 향하는 방향 끝에는 중국이 추구하는 질서에 대한 대항 담론이 들어 있다. 이런 점에서 호주의 인태전략 역시 중국이 지역 질서의 변경을 추진한다는 전제와 중국의 대안적 질서가 아닌 현 질서의 유지가 호주의 국가 이익에 가장 바람직하다는 전제하에 인태전략을 추구하고 있다.

구체적으로 호주의 인태전략에서 대중국 견제라는 요소는 두가지 서로 다르지만 연관되어 있는 배경 혹은 위협 인식으로부터 도출된다. 첫 번째는 중국이 추구하는 질서가 무엇인지 명확하지는 않지만, 이런 질서가 추구하는 방향은 제2차 세계대전 이후 미국 주도로 만들어진 지역 질서에 대한 도전이라는 인식이 있다. 중국이 힘을 앞세워 현상 변경을 추진할 경우 새로 만들어지는 질서보다는 지금까지 호주의 이익에 봉사해왔던 현존 질서가 향후에도 호주 이익에 바람직할 것이라는 인식이다. 두 번째로 이런 인식은 호주의 국가 안보를 위해 필수적인 미국의 존재와 맞물려 있다. 앞서 언급한 것처럼 호주 스스로 국가 안보를 지키기 매우 어렵고 외부의 도움이 필수적이라는 인식이 매우 강하게 자리 잡고 있다. 이런 지원은 현실적으로 미국 외에서는 찾기 어렵다. 따라서 호주의 안보를 위해서는 미국과 군사적 동맹, 협력이 절대적으로 요구된다. 호주 안보를 위해 미국과 동맹이 절실한 상황에서 미국이 중국에 대해 가지고 있는 안보 위협 인식은 호주가 중국에 대해 가지고 있는 위협 인식과 상당 부분 겹칠 수밖에 없다.

3. 향후 전망

호주의 인태전략은 향후에도 한동안은 지속될 전망이다. 다양한 측면에서 인도·태평양지역, 그리고 인태전략은 호주의 국가 이익에 부합한다. 문제는 호주 인태전략은 단일한 것이 아니며 그 안에는 다른 국가의 인태전략과 마찬가지로 매우 복합적인 요소와 목적을 포함하고 있다는 점이다. 호주의 인태 개념은 지역인가 전략인가에서부터 시작해 규칙 기반 질서의 어떤 부분에 보다 중점을 두는가, 안보와 경제질서에서 어디에 우선순위를 두는가, 그리고 무엇보다 인태전략에서 대중국 견제라는 요소를 얼마나 고려할 것인가 등에 따라서 매우 다양한 조합이 가능하다. 향후 이런 요소들에 영향을 줄 수 있는 상황 전개에 따라 큰 틀 안에서 다양한 미세조정이 가능하다.

인태전략의 큰 방향, 인태 지역에 대한 강조라는 기본은 유지하면서 호주 인태전략의 미세조정에 영향을 줄 수 있는 몇 가지 변수들이 있다. 먼저 가장 관심이 가는 미세 조정은 중국에 대한 호주의 정책 변화 여부이다. 중국에 대한 정책 변화 여부는 두 가지 변수에 의해 영향을 받는다. 무엇보다 안보 측면에서 지금 호주가 취하고 있는 중국에 대한 대결적인 정책이 장기적으로 경제에 어떤 영향을 미칠 것인가에 따라 중국에 대한 유화적 태도 전환도 가능하다. 앞서 언급한 바처럼 무역에 있어서 호주의 대중국 의존도는 상당히 큰 편이다. 대중 정책, 대미 정책이 한중관계에 미치는 영향에 대해서 늘 민감한 한국에 비해 호주의 대중국 무역 의존은 더 크다. 2019~2020년 중국은 호주의 제1 무역 상대로 호주 무역에서 거의 30%에 달하는 지분을 가지고 있다. 호주의 대중국 수출은 호주 전체 수출의 35.3%를 차지한다. 한국의 대중국 수출이 전체 수출에서 차지하는 비중이 21%라는 점을 감안하면

호주 무역에서 중국이 차지하는 비중을 알 수 있다.[22)]

이런 중요 무역 파트너인 중국과 호주는 2020년 이후로 지속적으로 무역 갈등을 넘어선 국가 간 갈등을 빚고 있다. 호주는 2017년 이래 중국의 호주 내정 간섭에 대해 경계를 높이며 중국 견제의 방향으로 나아갔다. 호주의 연구기관이나 주정부가 중국과 협력 MOU를 맺는 것을 중앙 정부가 무효화 할 수 있는 법안(Australia's Foreign Relations [States and Territories Arrangements] Bill 2020)을 만들고 실제로 중앙 정부는 이 법을 근거로 빅토리아(Victoria) 주정부가 일대일로 프로젝트 관련 중국정부와 맺은 협약을 무효화 했다.[23)] 2020년 코로나 19의 진원지를 찾으려는 국제적인 공동 조사에 호주가 참여하면서 중국정부는 호주에 대한 경제적 제재를 시작했다. 중국은 석탄, 철강부터 목재, 보리, 면화에 이르기까지 다양한 호주의 일차 산품 수입에 대한 제한을 발표했다. 중국의 이런 대응은 호주로부터 반작용을 불러왔다. 호주는 2020년 발표한 전략 업데이트(2020 Strategic Update)를 통해 국방력 강화를 위한 야심찬 예산 배정을 하면서 호주의 국방, 안보 정책의 방향을 호주 자체에 대한 방어, 특히 중국으로부터 있을지 모르는 호주 본토에 대한 군사적 위협으로부터 방어를 목적으로 설정했다.

주목할만한 사항은 2022년 호주에서 정권 교체가 일어났다는 점이다. 지난 9년간 호주정부를 담당했던 보수 정권이 막을 내리고 노동당 정부가 들어섰다. 5월에 있었던 선거에서 앨버니지(Anthony Albanese)가 이끄는 노동당이 77석을 얻어 다른 정당과의 연합 없이도 전체 151석 과반을 넘겼다. 반면 9년간 집권했던 보수 연합은 58석을 얻는데 그쳤다.[24)] 지난 두 번의 선거에서 보수연합이 77석(2019년), 76석(2016년)을 얻은 반면 노동당은 각각 68석, 69석을 얻었던 결과를 완전히 뒤집은 결과다. 노동당 정부가 보수당 정부에 비해 특별히 친중적이라고 보기는 어렵다. 또한, 미국과의 동맹, 협력에 관해서는 보수연합-노동당 정부 사이 초당적 합의도 있다. 그럼에도 불구하고 지난 2년, 좀 더 길게는 지난 6~7년간 보수연합 하에서 있었던 중국과 대결적인 자세의 변화 가능성도 생각해볼 수 있다.

역사학자 탈링(Nicholas Tarling)은 베트남전쟁이 한참이던 1960년대 호주 노동당 당수를 지낸 칼웰(Arthur Calwell)이 호주의 전략적 상황에 대해 했던 코멘트를 전한다. 당시 말라야(Malaya)에서 반공 군사작전에 참여하는 동시에 베트남전쟁에 미국과 같이 참전한 호주는 동남아의 두 개 전선에서 동시에 전쟁을 하고 있다고 하면서 (베트남과 말라야에서 공산주의를 물리쳐) 중국을 막아야 하고 미국의 체면을 살려야 하는 것은 맞지만, 방법이 잘못되었고, 이런 방법들은 비생산적이라는 견해가 있었다고 한다.[25] 다시 말해 공산주의 확산을 저지하기 위해 무조건 미국과 전쟁에 뛰어드는 것이 맞는가라는 당시 야당이었던 노동당 당수의 의견 표명이다. 인태전략하에서 중국에 대한 대결적 견제를 몇 년간 이어왔던 보수 연합에서 노동당 정부로 정권이 바뀐 시점에서 호주정부는 칼웰이 1960년대 가졌던 생각처럼 큰 방향은 유지하지만, 방법론적으로 변화를 시도할 가능성도 있어 보인다.

호주의 정권 변화, 그리고 중국과 관계라는 변수로 인한 호주 인태전략 변화는 근본적인 변화라기보다는 호주 인태전략의 한 요소의 변화라 할 수 있다. 보다 근본적인 변화, 보다 장기적인 차원에서 변화의 가능성은 미국의 대아시아 전략 혹은 미국의 인태전략 변화로부터 올 것으로 보인다. 간단히 요약하면 미국의 인태전략, 대 아시아 관여가 안정적으로 지속된다면 호주의 인태전략 역시 지속될 것으로 보인다. 앞서 여러번 언급한 바와 같이 호주의 대외정책, 안보정책은 특히 미국과 전략적 동조화를 매우 중요하게 생각한다. 호주가 안보 문제에 관한 최종적인 의지를 할 수 있는 곳은 현실적으로 미국 외에는 없다. 따라서 호주의 대외정책, 안보정책, 지역정책은 미국의 정책 향배에 따라 많은 영향을 받을 수밖에 없다.

또 다른 각도에서 보면 호주는 자신의 안보를 위해, 그리고 인태 지역의 규칙 기반 질서 유지를 통한 지역 차원의 안보 질서, 경제질서 유지를 위해 미국을 필요로 한다. 호주는 중국뿐만 아니라 역내 기존 질서를 위협하는 새로운 헤게모니 세력의 등장, 그리고 이 새 헤게모니 세력에 의한 지역 질서 변화가 호주의 이익에 바람직하지 않다는 전제를 가지고 있다. 이런 전제는 현재 호주의 인태전략, 더 나아가 호주의 안보를 위해 미국의 지역에 대한 관여를 유지해야한다는 전략의 근본적인 전제이기도 하다. 이런 조건의 유지를 위해서 호주는 미국 주도의 인태전략에 적극 참여할 수밖에 없다. 지역에서 헤게모니 세력의 등장 방지, 혹은 새로운 헤게모니 세력과 균형을 맞출 수 있는 국가는 현실적으로 미국 외에는 없기 때문에 미국의 이 지역에 대한 관여(engagement)와 이 지역에서 존재(presence), 그리고 힘의 투사는 매우 중요하다. 이런 미국이 지역에서 지속적으로 힘을 행사하고 균형을 맞추기 위해서 호주는 미국 전략에 적극적으로 참여할 수밖에 없다. 이런 차원에서 호주의 인태전략은 향후에도 지속될 것으로 전망된다.

4. 시사점과 정책 제언

지금까지 간략하지만, 호주의 인도·태평양지역 개념과 인태전략이 어떻게 발전해왔으며, 현재 호주가 취하고 있는 전략 방향은 무엇이고 향후에 어떻게 전개될 것인가에 대한 내용을 살펴봤다. 호주의 인태

지역, 전략은 호주가 한국과 유사하게 지역의 중견국가라는 점, 한국과 호주가 오랫동안 동류국가(like-minded countries)라는 인식을 가지고 협력해왔다는 점, 반면 한국과 다르게 호주는 명확한 인태 지역과 전략의 개념을 가지고 있다는 점에서 한국의 향후 전략, 한국과 호주의 양자 협력 및 인태지역을 포함한 다자협력 틀 내에서 협력의 방향에 관한 몇 가지 시사점을 제공한다.

먼저 호주는 한국과 상이한 환경을 가지고 있지만 여러 가지 측면에서 전략적으로 유사한 입장 역시 가지고 있다. 호주는 한국과 다르게 앵글로색슨 국가라는 점, 그리고 한국과 달리 주변에 긴급한 안보 문제가 없다는 점에서 전략적으로 한국과 차이를 보인다. 그러나 지역의 중견국가로서 유사한 정도의 경제적 규모를 가지고 많은 다자협력에서 한국과 함께 참여하고 있다는 점에서는 유사하다. 뿐만 아니라 지역의 규칙 기반 질서가 자국의 이익과 번영에 중요하다는 측면, 그리고 미국과 동맹 국가라는 측면에서는 유사하다.

한국과 달리 호주는 일찍부터 인태 지역을 향후 호주의 이익에 바람직한 지역 단위로 생각하고 나름의 인태전략을 추구해왔다. 반면 한국은 문재인정부의 신남방정책으로 대외정책의 지역적 범위를 확대한 바도 있지만, 역사적으로 한반도와 동북아에 갇혀 있는 국가라고 볼 수 있다. 물론 북한의 위협이라는 생존 위협이 있고, 그런 생존 위협이 한국의 대외정책에 역사적으로 가해온 제약을 완전히 무시할 수는 없다. 그럼에도 불구하고 세계 10위권 경제력과 6위권 군사력, 그리고 이런 물리적인 힘보다 글로벌하게 더 인정받고 있는 한국의 연성권력(soft power)을 감안한다면 한국이 한국을 포함하고 있는 지역 — 아태 지역이든, 동아시아든, 인태지역이든 간에 — 에 대한 독자적인 비전과 전략이 없다는 점은 매우 아쉬운 부분이다.

한국의 물리적 힘이나 연성권력을 감안하면 이제 한국도 나름의 지역적 비전과 전략을 가져야 할 시점이다. 한반도 문제나 북한 문제와 같은 한국의 생존에 직결되는 문제를 한반도 내에서, 동북아 내에서, 주변 4강 국가와 좁은 틀의 협력을 통해서 해결하기보다는 더 넓은 지역적 차원에서 해결하는 방안도 함께 고민해야 한다. 뿐만 아니라 지역에서 중견국으로 한국에 기대되는 역할과 책임, 그리고 공헌을 한다는 측면에서도 한국은 한국 나름의 지역적 비전과 전략을 마련해야 한다. 그렇지 못할 경우 한국은 경제력과 군사력 등 하드 파워, 소프트 파워에도 불구하고 한반도와 동북아에 매몰된 좁은 시각을 가진 국가로 인식될 것이다.

단기적으로는 몰라도 장기적으로 이렇게 좁은 시야를 가진 한국, 단일 이슈가 지배하는 한국이라는 인식은 한국에 도움 될 것이 없다. 한국보다 작은 군사력이나 기술력, 소프트 파워를 가진 호주가 어떻게 지역적 비전과 전략을 만들고 실행해왔는지에 대한 관찰은 한국 나름의 지역적 비전을 만드는데 좋은 참고자료가 될 수 있다. 한국도 나름의 인태전략을 고민하고 있는 상황에서 호주의 인태전략에 대한 관점이 발전해 온 과정, 그 과정 속에서 어떤 고민들을 바탕으로 전략적 입장을 취해왔는지 보다 면밀히 관찰해 우리 지역 전략을 만드는 데 참고해야 할 것이다.

나아가 한국의 인태전략을 만드는 데 있어 호주의 인태전략이 가진 의미는 하나 더 있다. 한국의 인태전략에 대한 관점은 그간 압도적으로 미국의 인태전략을 중심에 놓고 생각해왔다. 한반도 문제를 관리하는 데 있어 미국의 중요성, 한미동맹 관계를 놓고 생각하면 한편 이해가 가는 측면도 있다. 또한, 한국에 인태전략이 처음 소개된 것도 트럼프 전 대통령이 2017년 한국을 방문한 자리에서였다. 당시 인태 지역이나 전략에 관해서 크게 고민해보지 않았던 한국 입장에서 미국의 인태전략 참가 요구는 미중 관계라는 맥락 속에서 중요한 질문이었고 그로 인해 한국 내 인태전략에 관한 논의는 주로 미국의 인태전략을 중심으로 이뤄졌다. 단순화의 오류를 무릅쓴다면 한국에서 인태전략에 관한 논의는 미국의 인태전략과 함께 갈 것인가 아닌가의 두 가지 선택지로 좁혀졌다.

그러나 호주의 독자적 인태전략에서 보듯이 인도·태평양은 반드시 전략적 차원으로 해석될 필요는 없다. 호주는 앞서 언급한 바와 마찬가지로 인도·태평양지역이라는 측면에 보다 무게를 둔다. 또한, 인도·태평양은 전략적인 측면에 앞서 호주 입장에서는 호주의 경제적 미래를 어떻게 인도양과 태평양을 효과적으로 연계함으로써 보장할 것인가라는 경제적인 측면도 동시에 중요하게 고려되고 있다. 더 나아가 인도·태평양 지역개념과 전략은 미국의 전유물이 아니다. 호주의 인태전략도 있고, 일본, 인도 역시 나름 인도·태평양에 대한 자신들만의 비전과 전략을 가진다. 아세안 역시 자신들의 인태전략인 '아세안의 인도·태평양에 대한 관점(ASEAN outlook on the Indo-Pacific)'이 있다. 최근 2~3년 사이 유럽연합과 독일, 프랑스, 네덜란드 등 개별 유럽 국가들이 경쟁적으로 자신들의 인태전략을 발표하고 있다. 간단히 말해 한국의 인태전략이나 지역 전략 구상이 미국에 경도될 필요는 없다. 다양한 국가들의 인태전략을 보고, 이를 참고하고 한국의 이익을 고려해 우리만의 인태전략을 만들어야 하고 다른 국가들의 인태전략과 유기적 협력을 모색해야 한다.

두 번째로 한국과 호주 사이 양자 혹은 지역 다자 틀 내에서 협력에 대한 함의도 몇 가지 도출할 수 있다. 앞서 한국이 인태 지역 혹은 전략이라는 지역적 큰 흐름 속에서 한국만의 독자적인 인태전략을 가져야 한다고 언급했다. 이 인태전략은 미국이나 다른 지역 국가의 인태전략과 협력을 할 수 있지만, 어느 한 국가, 특히 미국의 인태전략에 편승하는 방향은 아니어야 한다. 한국의 독자적 지역 전략으로서 인태전략은 필연적으로 한국의 이익에 봉사하는 방향이어야 하고 한국의 지역에 대한 공헌을 담고 있어야 한다.

이런 전제하에 한국과 호주의 양자 협력, 다자틀 내에서 협력을 생각해본다면 한국과 호주 공히, 그리고 양자를 넘어서 지역 전체적으로 가장 긴급한 과제는 지역 질서의 정립과 미중 전략경쟁이라는 리스크를 해소하는 것이다. 한국과 호주는 지역의 중견국으로 지역 질서 정립 문제와 미중 전략경쟁의 리스크를 완화하는데 공헌할 수 있는 부분이 있다. 한국과 호주가 지역의 중소 국가 간 전략적 협의와 합의를 만들어 내는 데 힘을 합칠 필요가 있다. 미중경쟁이 가져온 부정적인 요소를 완화하고 지역 중소국가의 이익을 반영한 새로운 지역 질서를 수립하는 문제에 대한 지역적 합의를 도출하는데 리더십을 발휘할 필요가 있다. 한국의 인태전략이 개발도상국의 발전이나 비전통 안보 문제의 해결과 더불어 더 큰 틀에서 지역에 공헌할 수 있는 부분은 바로 이런 중소국가 연합 리더십이고 이를 위해 호주와 같은 지역 중견국과 긴밀한 논의가 필요하다.

주

1) 백우열, 이기태, 이재현, 정구연, “쿼드 국가의 인도-태평양 전략과 한국의 대응,” 『Asan Report』 (2019).
2) Rory Medcalf, “Pivoting the Map: Australia's Indo-Pacific System,” A*NU Strategic and Defence Studies Centre* (2012); Thomas Mitchell, *Journal of an expedition into the interior of tropical Australia in search of a route from Sydney to the Gulf of Carpentaria* (Adelaide: Friends of the State Library of South Australia, 1999).
3) Kerry Sanderson and Chung Min Lee, “Western Australia and the Evolving Regional Order: Challenges and Opportunities,” *Murdoch University* (2013).
4) Rory Medcalf, “Pivoting the Map: Australia's Indo-Pacific System,” *ANU Strategic and Defence Studies Centre* (2012); Rory Medcalf, “Indo-Pacific: What's in a name?” *The American Interest* 9−2 (2013); Rory Medcalf, “A Term Whose Time Has Come: The Indo-Pacific,” *The Diplomat*, 4 December 2012; Melissa Conley Tyler and Samantha Shearman, “Australia's new region: the Indo-Pacific,” *East Asia Forum* 12 (2013); Mark Beeson, “The rise of the Indo-Pacific,” *The Conversation*, 3 May 2014; Andrew Carr and Daniel Baldino, “An Indo-Pacific norm entrepreneur? Australia and defence diplomacy,” *Journal of the Indian Ocean Region* 11−1 (2015).
5) Australian Government, Department of Defence, “Defence White Paper 2013,” https://www.aph.gov.au/About_Parliament/Parliamentary_Departments/Parliamentary_Library/pubs/rp/rp1516/DefendAust/2013 (검색일: 2022. 6. 28).
6) Australian Government, Department of Foreign Affairs and Trade, “2017 Foreign Policy White Paper,” https://www.dfat.gov.au/publications/minisite/2017-foreign-policy-white-paper/fpwhitepaper/index.html (검색일: 2022. 6. 28).
7) Australian Government, Department of Foreign Affairs and Trade, “New Colombo Plan,” https://www.dfat.gov.au/people-to-people/new-colombo-plan (검색일: 2022. 6. 28).
8) Australian Government, Department of Defence, “2020 Defence Strategic Update,” https://www.defence.gov.au/about/publications/2020-defence-strategic-update (검색일: 2022. 6. 28).
9) Patrick Gerad Buchan and Benjamin Rimland, “Defining the Diamond: The Past, Present, and Future of the Quadrilateral Security Dialogue,” *Center for Strategic and International Studies CSIS Briefs* (2020).
10) Graeme Dobell, “ASPI's decades: Quad 1.0 and Quad 2.0,” https://www.aspistrategist.org.au/aspis-decades-quad-1-0-and-quad-2-0/ (검색일: 2022. 6. 28).

11) Australian Government, Department of Defence, "Joint media statement: Australia to pursue nuclear-powered submarines through new trilateral enhanced security partnership," https://www.minister.defence.gov.au/minister/peter-dutton/statements/joint-media-statement-australia-pursue-nuclear-powered-submarines (검색일: 2022. 6. 28).
12) 이재현, "AUKUS 결성을 계기로 본 호주의 대 중국 인식 및 전략," 『아산정책연구원 이슈브리프』 28 (2021).
13) "Huawei and ZTE handed 5G network ban in Australia," *BBC News*, 23 August 2018.
14) 이재현, "AUKUS 결성을 계기로 본 호주의 대 중국 인식 및 전략," 『아산정책연구원 이슈브리프』 28 (2021).
15) Perth USAsia Centre, "Advancing the AustraliaUS-Japan infrastructure partnership through private sector engagement," https://perthusasia.edu.au/our-work/pu-202-ipis-v15-hc-web.aspx (검색일: 2022. 6. 28).
16) 호주가 맺은 전자상거래 관련 무역협정은 싱가포르가 지금까지는 유일하지만, 미국, 한국 등과 유사한 전자상거래 관련 협력 플랫폼을 준비중에 있다. 별도로 전자상거래를 위한 플랫폼은 아니지만 이미 호주가 맺은 16개 FTA 중 14개 FTA는 전자상거래 관련 챕터를 포함하고 있다. "S. Korea, Australia vow to boost ties in digital trade," *The Korea Herald*, 4 March 2022; Australian Government, Department of Foreign Affairs and Trade, "Digital trade & the digital economy," https://www.dfat.gov.au/trade/services-and-digital-trade/e-commerce-and-digital-trade (검색일: 2022. 6. 28).
17) Australian Government, Department of Foreign Affairs and Trade, "Launch of the Indo-Pacific Economic Framework for Prosperity (IPEF) – Joint Statement," https://www.dfat.gov.au/news/media-release/launch-indo-pacific-economic-framework-prosperity-ipef-joint-statement (검색일: 2022. 6. 28).
18) Nicholas Tarling, *Southeast Asia and the Great Powers* (London: Routledge, 2010), pp. 198–200.
19) Tarling (2010), p. 200.
20) Cameron Hill, "Australia in the 'Indo-Pacific' century: rewards, risks, relationships," https://www.aph.gov.au/About_Parliament/Parliamentary_Departments/Parliamentary_Library/pubs/BriefingBook44p/IndoPacific (검색일: 2022. 6. 28); Rory Medcalf, "An Australian vision of the Indo-Pacific and what it means for Southeast Asia," *Southeast Asia Affairs* (2019), pp. 53–60.
21) Australian Government, Department of Foreign Affairs and Trade, "2017 Foreign Policy White Paper," https://www.dfat.gov.au/publications/minisite/2017-foreign-policy-white-paper/fpwhitepaper/index.html (검색일: 2022. 6. 28).

22) Australian Government, Department of Foreign Affairs and Trade, "Trade and Investment at a glance 2021," https://www.dfat.gov.au/publications/trade-and-investment/trade-and-investment-glance-2021#two-way-trade (검색일: 2022. 6. 28).
23) Stephen Dziedzic, "The Federal Government's new foreign relations laws have passed Parliament. Here's what that means," *ABC News*, 8 December 2020; John Power, "Australia axes Victoria state's belt and road pact with China, amid icy ties with Beijing," *South China Morning Post*, 21 April 2021.
24) Australian Electoral Commission, "House of Representatives – who is leading?" https://tallyroom.aec.gov.au/HouseDefault-27966.htm (검색일: 2022. 6. 28).
25) Tarling (2010), p. 210.

참고문헌

백우열. 이기태. 이재현. 정구연. "쿼드 국가의 인도-태평양 전략과 한국의 대응." 『Asan Report』 (2019).

이재현. "AUKUS 결성을 계기로 본 호주의 대 중국 인식 및 전략." 『아산정책연구원 이슈브리프』 28 (2021).

Australian Government. Department of Defence. "2020 Defence Strategic Update." https://www.defence.gov.au/about/publications/2020-defence-strategic-update (검색일: 2022. 6. 28).

Australian Government. Department of Defence. "Defence White Paper 2013." https://www.aph.gov.au/About_Parliament/Parliamentary_Departments/Parliamentary_Library/pubs/rp/rp1516/DefendAust/2013 (검색일: 2022. 6. 28).

Australian Government. Department of Defence. "Joint media statement: Australia to pursue nuclear-powered submarines through new trilateral enhanced security partnership." https://www.minister.defence.gov.au/minister/peter-dutton/statements/joint-media-statement-australia-pursue-nuclear-powered-submarines (검색일: 2022. 6. 28).

Australian Government. Department of Foreign Affairs and Trade. "2017 Foreign Policy White Paper." https://www.dfat.gov.au/publications/minisite/2017-foreign-policy-white-paper/fpwhitepaper/index.html (검색일: 2022. 6. 28).

Australian Government. Department of Foreign Affairs and Trade. "New Colombo Plan." https://www.dfat.gov.au/people-to-people/new-colombo-plan (검색일: 2022. 6. 28).

Beeson, Mark. “The rise of the Indo-Pacific.” *The Conversation*. 3 May 2014.

Buchan, Patrick Gerad, and Rimland, Benjamin. “Defining the Diamond: The Past, Present, and Future of the Quadrilateral Security Dialogue.” *Center for Strategic and International Studies CSIS Briefs* (March 2020).

Carr, Andrew, and Baldino, Daniel. “An Indo-Pacific norm entrepreneur? Australia and defence diplomacy.” *Journal of the Indian Ocean Region* 11−1 (2015).

Dobell, Graeme. “ASPI’s decades: Quad 1.0 and Quad 2.0.” https://www.aspistrategist.org.au/aspis-decades-quad-1-0-and-quad-2-0/ (검색일: 2022. 6. 28).

Dziedzic, Stephen. “The Federal Government’s new foreign relations laws have passed Parliament. Here’s what that means.” *ABC News*. 8 December 2020.

Geopolitical Monitor. “Timeline: The Downward Spiral of China-Australia Relations.” https://www.geopoliticalmonitor.com/timeline-the-downward-spiral-of-china-australia-relations/ (검색일: 2022. 6. 28).

Medcalf, Rory. “A Term Whose Time Has Come: The Indo-Pacific.” *The Diplomat*, 4 December 2012.

______. “Indo-Pacific: What’s in a name?” *The American Interest* 9−2 (2013).

______. “Pivoting the Map: Australia’s Indo-Pacific System,” *ANU Strategic and Defence Studies Centre* (2012).

Power, John. “Australia axes Victoria state’s belt and road pact with China, amid icy ties with Beijing.” *South China Morning Post*. 21 April 2021.

Sanderson, Kerry and Lee, Chung Min. “Western Australia and the Evolving Regional Order: Challenges and Opportunities.” *Murdoch University* (November 2013).

T.L. Mitchell. *Journal of an expedition into the interior of tropical Australia in search of a route from Sydney to the Gulf of Carpentaria*. Adelaide: Friends of the State Library of South Australia, 1999.

Tyler, Melissa Conley, and Shearman, Samantha. “Australia’s new region: the Indo-Pacific.” *East Asia Forum* 12 (2013).

“Huawei and ZTE handed 5G network ban in Australia.” *BBC News*. 23 August 2018.

“S. Korea, Australia vow to boost ties in digital trade.” *The Korea Herald*. 4 March 2022.

4장

인도의 인태전략:

전략적 자율성과 안보 딜레마

조원득(국립외교원)

최근 국제질서는 지난 십년 전의 국제질서보다 훨씬 더 불확실하고 복잡해졌다. 2007~2008년 미국의 금융위기 이후 발아된 미중 전략경쟁은 2020년 코로나19 팬데믹을 기점으로 광범위한 영역으로 확대되었다. 결국, 많은 중소국은 국제정치의 구조적 변동으로 인해 심각한 지정학적·지경학적 도전에 직면하게 되었다. 특히 인도·태평양지역은 중국의 일대일로(BRI: Belt and Roald Initiative)와 미국의 인태전략(Indo-Pacific Strategy)이 충돌하는 경쟁과 대결의 중심지가 되고 있다. 이것은 역내 중소국들에 전략적 선택의 딜레마라는 난제를 던져 주었다. 역내 국가들은 미국과 중국 모두와 다양한 차원에서 긴밀한 관계를 맺고 있어 미중 사이 저마다 대응 전략을 모색하고 있다. 이러한 상황 속에서 미중 사이 전략적 자율성의 확대를 추구하고 있는 대표적 국가가 바로 인도이다.

2022년 5월 24일 일본 동경에서 개최된 미국·일본·인도·호주로 구성된 쿼드(QUAD) 정상회의에서 나렌드라 모디(Narendra Modi) 인도 총리는 조 바이든(Joe Biden) 미국 대통령, 기시다 후미오(Kishida Fumio) 일본 총리 등과 달리, 개회사에서 우크라이나전쟁에 대해 침묵하였다.[1] 정상회담 이후 발표된 공동성명에도 우크라이나에서 벌어진 분쟁에 대한 짤막한 언급 이외에 러시아를 특정하는 어떠한 내용은 포함되지 않았다.[2] 그로부터 한 달 뒤인 6월 23일 모디 총리는 브릭스(BRICS) 정상회의에도 참가하였다. 여기서 시진핑(习近平) 중국 국가주석과 푸틴(Vladimir Putin) 러시아 대통령이 일제히 미국 등 서방의 대러시아 경제제재를 강하게 비판하였다. 하지만, 두 정상의 미국에 대한 날선 규탄과 달리 회의 뒤 발표된 75개 항의 '베이징 선언(Beijing Declaration)'에는 대러시아 제재를 반대하는 어떠한 문구도 명시되지 않았다.[3] 인도는 이처럼 대치되는 두 진영의 정상외교 협의체에 모두 관여하고 있으며 각 협의체가 상대 진영에 대해 비판하는 입장을 공동성명 등에 공식화하는 합의에는 이르지 못하게 모종의 역할을 한 것으로 보인다. 미국 주도의 쿼드 협의체와 중·러 중심의 브릭스 모두에 몸담고 있는 인도는 양쪽 진영에서 일정 정도의 균형을 유지하며 인도만의 길(India Way)을 가고 있다.[4] 이러한 모디 총리의 외교적 행보는 인도·태평양의 국제정치 속에서 인도의 전략적 책략을 여실히 보여준다.

이글은 인도·태평양에서 인도가 추구하고 있는 인도의 길에 대해 이야기하고자 한다. 먼저, 현재 인도가 처해 있는 전략적 환경을 살펴보고, 이 속에서 인도가 어떻게 인도·태평양 협력을 추진하고 있는지 분석하고자 한다. 다음으로, 저자는 인도가 앞으로 인도·태평양에서 어느 수준까지 협력을 지속할 지에 대한 전망과 예상되는 도전 요인을 제시하고자 한다. 마지막으로, '글로벌 중추국가'를 목표로 하는 윤석열 신정부에 대한 정책적 함의를 논의할 것이다.

1. 전략환경

지금의 국제정치는 미국과 중국 간 국제질서 주도를 위한 본격적인 패권 경쟁으로 접어들은 구조적 변화에 있다. 지난 10년 동안 급속하게 강화된 중국의 영향력과 미중 간 전략경쟁뿐만 아니라 코로나19 팬데믹, 우크라이나전쟁 등으로 인해 국제관계가 한층 더 복잡해지고 양극화되고 있다. 새로운 지정학적 개념인 인도·태평양에서 미중 간 전략적 대치점이 점점 확대되어, 남중국해, 동중국해, 대만해협, 남태평양 등에까지 점차 확대되고 있다. 이러한 국제정치 환경 변화 속에서 인도는 남아시아와 인도양에서 지역적 차원의 전략환경 변화에 직면해 있다.

먼저, 인도는 남아시아와 인도양에서 강화되고 있는 중국의 영향력과 공세적 진출로 점점 안보적 위협을 느끼고 있다. 국경을 직접 맞대고 있는 중국이 경제력, 군사력 등 국력 면에서 인도와의 격차를 크게 벌리고 있으며 미국을 맹추격하고 있다. 세계은행 통계가 발표한 경제 규면에서 보면, 탈냉전 직후 중국과 인도 간 국내총생산(GDP)이 차이를 보이기 시작한 이래 2007~2008년을 기점으로 양국의 경제적 격차는 가파르게 상승해 왔다. 이와 함께, 중국의 군사 현대화 추진으로 인한 군사력 차이 또한 급속히 증가하였다. 스웨덴 국제평화연구소(SIPRI)가 2022년 발표한 자료에 따르면, 지난 30여 년간 중국은 국방비 지출에서 인도를 압도적으로 앞서고 있다. 중국의 국방비 지출은

1991년 당시 인도의 약 1.19배 정도였지만, 2021년 현재 거의 4배에 육박하여 인도와의 격차를 점점 벌리고 있는 추세이다. 양국의 국방비 지출 세부 내용을 보면, 중국은 군사 무기 획득에 높은 비중을 할애한 반면, 인도는 인건비(급여, 연금) 지출에 전체 국방비의 50%이상을 지출하는 등 군사 현대화에 상당히 더딘 편이다.[5] 중국은 총 약 1,200대의 전투기를 보유하고 있고 약 600여 대의 4세대 전투기와 스텔스 기능의 5세대 전투기 등도 운용하고 있어, 564대 전투기를 보유한 인도보다 우월한 공군력을 가지고 있다.[6] 해군력의 경우에도 중국 남부전구해군(Southern Theater Command) 전력은 인도 전체 해군력보다 우세한 전력을 보유하고 있다. 이러한 중·인 간 군사력 격차의 증가는 인도 내 중국에 대한 위협 인식 증가에 영향을 미쳤다. 2019년 한 여론조사에 따르면, 인도 전략 커뮤니티의 약 54%가 중국의 공세성이 인도의 가장 중요한 외부적 도전이라고 답했다.[7] 단지 응답자의 2%만이 미중경쟁 속에서 중국과 더 많은 협력을 해야 한다고 답했다.

둘째, 남아시아와 인도양에서 중국의 영향력 확대로 이 지역에서 인도의 전통적 주도권이 약화되고 있다. 중국은 야심차게 추진하고 있는 대규모 인프라 이니셔티브인 일대일로를 활용하여 인도양의 핵심거점 지역 내 군사기지 구축에 공을 들이고 있으며 이는 인도에 상당한 안보 압박으로 작용하고 있다. 특히 중국이 개발도상국에서 추진하는 일대일로 인프라 사업을 통해 건설 중인 상업 항구를 군사적으로 사용할 가능성이 그 어느 때보다 높아졌다. 예를 들어, 스리랑카의 함반토타(Hambantota)와 콜롬보(Colombo) 항구, 미얀마의 차유크퓨(Kyaukpyu) 항구, 방글라데시의 치타공(Chittagon) 항구, 파키스탄의 과다르(Gwadar) 항구 등이 향후 군사적 용도로 이용될 가능성이 높다.[8] 또한, 인도 주변 이웃국가들에 대한 중국의 영향력이 날로 증가하고 있으며, 방글라데시, 몰디브, 네팔, 스리랑카 등 역내 국가들이 경제적 혜택을 위해 중국에 점차 기울어지고 있다. 이들 국가는 경제적 필요를 충족시킬 수 있는 대안으로 중국과의 협력에 의존하여 왔으며, 중국은 이를 도구삼아 자국의 이익을 강화하고 있다.[9] 무엇보다도 중국과 파키스탄의 전략적 협력(all-weather partnership) 강화는 남아시아에서 인도의 주도권에 영향을 미치는 중요한 안보 위협 요인 중 하나로 부상하고 있다.

셋째, 최근 러시아의 우크라이나 침공에 대한 인도의 중립적이고 미온적 대응은 인도·태평양에서 미국 주도의 쿼드 협력체에 참여하고 있는 인도에 대한 유사 협력국(like-minded partners)의 신뢰를 약화시키고 있어 인도로서는 상당한 전략적 부담이 되고 있다.[10] 현재까지는 미국 등 다른 쿼드 회원국들이 중국 견제와 인도·태평양의 규칙기반 질서 유지에 있어 인도의 중요한 전략적 위치를 감안하여 인도의 양면적 전략 행보를 용인하고 있다. 하지만, 미·서방-대(對)-중·러 진영 간 구조적 대결 구도가 더욱 심화될 경우 인도가 그동안 추진해 오던 냉철한 현실주의 외교의 공간이 점점 사라지게 된다. 특히, 우크라이나전쟁으로 인해 러시아의 상황이 악화될 경우 러시아의 대중국 의존도가 심화되어 인도에게 있어 러시아의 전략적 유용성이 점차 사라지게 되는 상황이 올 수도 있다.[11]

2. 현황과 분석

앞서 언급한 전략환경에 대응하기 위해, 인도는 자국의 전략적 자율성을 유지하는 선에서 인도·태평양 협력을 점진적으로 강화하고 있다. 인도·태평양에서 인도의 전략적 협력 동향을 살펴보기 위해서는 인도의 기본적 전략적 원칙이나 기준을 우선적으로 짚어 보아야 할 것이다. 인도는 냉전 이후 어떠한 국가와도 안보 동맹을 맺지 않는 이른바 '비동맹 원칙'의 토대위에 자국의 전략적 자율성을 극대화하는 방안을 모색해 왔다. 특히 인도는 단일 국가의 패권적 질서나 일부 국가 지배의 양극 체제보다 각 지역 강대국의 주도권을 인정하는 다극적 국제질서(multipolar world)를 선호한다.[12] 남아시아와 인도양에서 인도의 주도권을 유지하기 위해 인도는 중국의 힘과 영향력이 자국의 영향력을 압도하는 역내 질서 등장을 막는 것에 전략적 목표를 두고 있다. 따라서 인도는 중국을 견제하고 남아시아·인도양 지역에서 주도권을 유지·강화하기 위해 미국 등 쿼드 국가들과 인도·태평양 협력을 확대해 나가고 있다.

1) 인도의 인도·태평양 협력에 대한 입장

미국 주도의 인도·태평양 협력에 대한 인도의 입장 변화에 영향을 주는 요인들이 많지만, 그중 가장 큰 영향을 미치는 것이 중국 위협 요인(China threat factor)이다. 쿼드 중심의 인도·태평양 협력에 대한 인도의 참여 수준과 범위는 중국에 대한 위협 인식 변화에 의해 영향을 받았다. 인도의 인도·태평양 협력은 두 번의 중요한 안보적 전환점을 맞이하였다. 그중 하나는 2017년 6월~8월 도크람(Doklam)에서 발생한 중·인 군사적 대치이고 나머지 하나가 2020년 6월 라다크(Ladakh) 갈완(Galwan) 계곡에서 발생한 양국 군사이 유혈 충돌이다.

도크람 군사적 대치 이전 인도는 중국의 부상과 영향력 확대에 대한 안보적 우려를 가지고 있었음에도 불구하고 중국과의 경제적 협력 중요성 때문에 중국을 과도하게 자극하지 않고 중·인 사이 벌어지는 국경 분쟁 역시 갈등을 관리하는 선에서 현상유지를 선호했다. 당시만 하더라도 중국과 인도 사이 국경분쟁은 오랫동안 지속되어 온 만성적 문제였으며 크고 작은 충돌 발생 시 분쟁을 관리하고 신뢰구축 조치를 위해 국경 협정들이 체결되었다. 또한, 중국이 서태평양과 남중국해에서 공세적 행위를 확대하였음에도 불구하고, 인도는 중국의 공세성이 인도 주변 지역이나 인도양에까지 확산될 것이라고 인식하지 않았다. 따라서 인도는 브릭스(BRICS: Brazil·Russia·India·China·South Africa), 상하이 협력기구(SCO: Shanghai Cooperation Organization), 러·인·중(RIC: Russia·India·China) 등의 다자협의체를 통해 중국을 관리하고 중국과의 협력을 발전시켜 중국을 외교적으로 얽매어(enmesh) 간접적으로 견제하고자 했다. 이러한 맥락에서 2005년 이후 점진적으로 발전해 온 미국과 인도 간 협력은 상대적으로 제한적이었으며, 인도는 미국의 협력 요구에 전적으로 응하지 않았다. 예를 들어, 2015년 미·인 공동선언문 안에 남중국해 문제에 대해 중국을 특정하지 않고 원론적 입장의 내용만을 담았다.[13] 또한, 인도는 남중국해 분쟁에 대한 국제중재재판소의 2016년 결정을 중국이 거부한 것에 대해 언급을 자제하였으며 미국이 남중국해 공동경비 훈련을 제안했을 때도 소극적으로 대응하였다.

하지만, 도크람 군사 대치 이후 인도는 중국의 부상이 수정주의적이고 팽창주의적 성격을 띤다고 인식하기 시작하였다. 다만 실질적으로는 중국에 대한 견제를 위해 미국 주도의 쿼드 협의체에 참여하고 전략적 가치를 공유하는 다른 유사입장국(like-minded countries)과 외교안보 협력을 강화하지만, 공식적으로는 중국을 완전히 배척하거나 견제하지 않는다는 메시지를 발신하였다.[14] 따라서 중국에 대한 군사적 견제를 공개적으로 표명하는 것을 자제하고 안보적 성격이 강한 트럼프 행정부의 자유롭고 개방적인 인태전략(FOIP: Free and Open Indo-Pacific)과 달리 포용적(inclusive) 인도·태평양 비전을 강조하였다. 인도는 인도·태평양 비전이 특정 국가를 배제하는 배타적 개념이 아닌 포용성을 강조하고 제휴와 자율성 간 균형을 유지하는 것이라고 지속적으로 강조함으로써 미국 주도의 반중 연합 전선에 어느 정도 거리를 두고 있다는 것을 부각시켰다. 모디 총리는 2018년 6월 싱가포르에서 개최된 아시아안보대화(일명 샹그릴라 대화)에서 인도·태평양 비전을 발표하였으며, 인도는 평화, 존중, 국제법에 대한 존중과 대화를 통해 지역 안정과 평화를 협력해 나갈 것이라고 강조하였다.[15] 모디 총리의 인도·태평양 비전은 인도·태평양지역이 공동 발전과 번영 추구를 위한 자유롭고 개방적이고 포용적인 지역이 되는 것으로 기반으로 하고 있다.

인도가 쿼드 주도의 인도·태평양 협력에 적극적으로 참여하게 된 가장 큰 요인은 2020년 6월 중·인 국경 충돌이었다. 이는 1975년 이래 처음 중·인 군대 사이 발생한 유혈 출동이었다. 곧바로 인도 내 대중들은 물론 정책 엘리트들 사이에서조차 반중 감정이 격화되었으며, 인도는 더 이상 기존 대중국 전략을 고수하기가 어려운 상황이 되었다. 일례로, 국경 충돌 발생 이후 실시된 여론조사에서 응답자의 약 60% 이상이 중국에 대한 인도정부의 강경 대응을 요구하였다. 이에 인도는 중장기적인 국방력 강화를 위한 군사 현대화 추진에 보다 집중하기 시작하였다. 그 예로 국경 충돌 이후 인도는 바로 프랑스와 구매 계약을 맺은 라팔(Rafale) 전투기를 조기 양도받았으며, 미국 주도의 쿼드 협력에도 적극 동참하였다. 또한, 다른 여타 협력국과의 다층적인 정치외교 및 군사안보 협력을 강화하고 양자 및 소다자 협력 네트워크도 확대하였다.

2) 외교·전략 협력

인도·태평양 협력에서 인도의 외교·전략 협력은 초기 중국에 대한 과도한 자극을 우려해 인도·태평양 협력의 기능적 기제인 쿼드 협력에 다소 소극적으로 참여하고 쿼드의 안보적 색채를 약화시키려고 하는 등 자제된(low-key) 입장을 분명히 하였다. 따라서 그동안 인도는 중국을 자극하고 자국의 전략적 자율성을 약화할 것을 우려해 쿼드 협의체 협력 수준 격상에 동의하는 것을 주저해 왔다. 그러나 쿼드 협력 강화에 대한 인도의 조심스런 입장은 중국의 일대일로 추진을 통한 인도 주변국에 대한 영향력 확대, 중국-파키스탄 전략 협력 강화, 국경 지역에서 중인 군사 충돌 등으로 인해 상당히 변화했다. 특히 쿼드 안보 협의체의 협력 수준을 장관급으로 격상하고자 하는 미국과 일본의 요구를 계속해서 거부하다가 2019년 9월 유엔총회 계기에 가진 첫 장관급 회담에서 수락하였다. 쿼드 장관급 회담이 일회성에 지나지 않을 것이라는 일부 예상과 달리 2020년 일본 동경에서 단독 회담으로 개최되었다. 무엇보다도 쿼드 협의체가 정상급으로 격상되어 2021년 3월, 9월, 그리고 2022년 5월에 연달아 정상회담이 개최됨에 따라 쿼드 내에서 이탈 가능성이 가장 높았던 '가장 약한 고리(the weakest link)'인[16] 인도가 쿼드 협력 강화와 발전에 있어 중추적 역할(pivotal role)을 하고 있다.

인도·태평양에 있어 인도의 이러한 전향적인 입장 변화는 인도 내 전략적 환경에 대한 인식 변화에 기인한다. 현 상황에서 중국을 견제하기 위한 중요한 협력 파트너 선택에 대한 인도 내 전략 커뮤니티의 인식을 통해 잘 알 수 있다. 인도 전략 커뮤니티는 글로벌 이슈 해결에 있어 인도의 가장 중요한 파트너로 미국(75%)을 선택하였으며 이는 다른 협력 파트너인 러시아(12%), 일본(6%) 등에 비해 월등히 높다.[17] 하지만 미중경쟁 심화에 직면할 경우 인도가 미중 사이에서 미국과 더 협력하는 것(43%)보다 등거리(equidistant)를 유지해야 한다는(54%) 의견이 조금 더 높다. 또한, 인도의 젊은 세대는 국제사회의 주요국들 중 미국을 가장 신뢰하고 있다. 2021년 8월 인도 옵저버 재단(Observer Research Foundation, ORF)에서 발간한 여론조사에 의하면, 조사에 참여한 인도 젊은이들의 약 77%가 미국을 가장 신뢰한다고 응답하여, 중국을 신뢰한다는 11%의 응답과는 현저히 대비된다.[18] 향후 10년 후 인도의 주요 협력 파트너기 어느 국가가 될 것인가에 대한 질문에도 응답자의 약 78%가 미국을 선택하였다. 그리고 미중 사이에서 인도의 선택을 묻는 질문에는 응답자의 62%가 미국을 선택하여 중립을 선택한 32%보다 높으며 중국을 선택한 1%와 비교가 되지 않을 정도이다.

또한, 과거 인도는 미국, 일본 등의 쿼드 참여 확대와 수준 격상 요구에 대응하고 미국이 주도하는 의제에 따라가는 편이었으나 최근 쿼드 의제 선정과 정책 방향성에 있어 자국의 의견을 반영하려는 노력을 강화하고 있다. 이러한 맥락에서 안보적 성격에서 출발한 쿼드가 공급망, 글로벌 보건 및 백신 공급, 디지털 경제, 기후변화 등의 비안보적 의제를 다루는 인도·태평양의 포괄적 국제협력 플랫폼으로 진화하고 있다.

그 외에도 인도는 인도·태평양에서 다층적 협력(multi-aligned co-operation) 연대를 강화하기 위해 양자뿐만 아니라 소다자 협력을 강화하고 있다. 예를 들어, 인도는 2018년 미국과 외교국방장관 2+2 회담을 출범시키고 정례적으로 대화 채널을 유지하고 있으며 일본, 호주 등과도 2+2 대화 플랫폼을 운영하고 있다.[19] 또한, 인도는 쿼드 외에 호주·인도·인도네시아 삼자 협력, 미국·일본·인도 삼자 협력, 호주·인도·일본 삼자 협력, 인도·프랑스·호주 삼자 협력 등 인도·태평양에서 다양한 소다자 협력을 확대해 나가고 있다.

3) 군사·안보 협력

인도·태평양에서 인도는 미국, 일본, 호주 등 쿼드 협력국을 중심으로 한 전략적·외교적 관계 강화에 박차를 가하는 것은 물론 역내 다양한 유사입장국과의 군사·안보 협력 역시 꾸준히 강화하고 있다.

인도는 그동안 추진해 오던 미국과의 국방협력을 더욱 강화하여 군사정보호협정(GSOMIA: General Security of Military Information Agreement, 2002), 군수교류양해각서(LEMOA: Logisitics Exchange Memorandum of Agreement, 2016), 주요방위파트너 지위 획득(Major Defense Partners, 2016), 통신 호환성 및 보안 협정(COMCASA: Communication Compability and Security Arrangement, 2018), 군사지리정보 공유협정(BECA: Basic Exchange and Cooperation Agreement for Geo-spatial Cooperation, 2020) 등 주요 국방협정들을 체결하였다. 인도는 미국과 다양한 합동 군사훈련을 통해 양국의 신뢰 수준을 향상시키고 군사 분야에서 신기술에 대한 이해와 숙련도를 강화해 유사시 작전 수행 효율성을 증대시켜 나가고 있다. 양국 군사훈련은 해양안보, 해양영역인식, 인도적 지원, 재난구제, 해적 소탕, 대테러, 초국가적 이슈에 대한 공동 협력을 포함하고 있다. 특히 2020년 11월 실시한 말라바 해군 훈련에서는 인도가 미국 MQ-9 리퍼 무장 Sea Guardian 드론 2대를 임대해 운용 훈련을 실시하였는데, 대잠 작전에 투입되는 등 실질적 상호운용성을 강화시켰다. 이외에 인도는 미국과 미·인 특수부대 훈련인 Vajra Prahar, 미·인 공군 훈련인 Red Flag, Cope India, 미·인 육군 훈련인 Yudh Abhas, 미·인 해군해병 훈련인 Shatrujeet, Habu Nag 등의 연합 군사훈련을 정기적으로 실시하고 있다.

인도는 미국뿐만 아니라 다른 쿼드 국가들과의 국방협력 강화를 위한 다수의 국방협정을 체결하여 파트너국들과의 상호운용성을 강화하고 자국군의 작전 능력을 배양하고 있다. 구체적으로, 인도는 인도·태평양에서 일본과 높은 수준의 안보 협력을 증진하고 있다. 2008년 안보 협력 공동선언과 안보 협력 선진화를 위한 2009년 실행계획 이후 인·일 국방장관들이 정기적으로 상호방문하여 연례 국방장관 대화를 개최하고 있다. 인도 공군과 일본 항공자위대 간 연합훈련을 실시하고, 2012년부터 일본 해상자위대와 인도 해군이 인도-일본 해상훈련을 실시하고 있다. 대표적인 것이 2020년 실시된 말라바 해군 훈련이며, 양국 육군도 연합 야외기동훈련인 FTX Japan을 실시하고 있다. 인도는 일본과 주요 군사방위 분야에서 협정을 체결함으로써 양국 간 안보 관계를 더욱 확대해 나가고 있다. 양국은 2015년 군사기밀정보보호협정(Agreement on Security Measures for the Protection of Classified Military Information)과 국방장비 및 기술 이전(Transfer of Defense Equipment and Technology) 등 2개의 핵심 방위협정을 체결하였다. 인도는 2019년 12월 일본과 외교국방 장관 2+2회담을 처음 개최하고 이를 계기로 양국 방위훈련 및 상호군수지원협정(ACSA: Acquisition and Cross-Serving Agreement)을 체결하였다.

인도는 호주와도 주요 영역에서 군사안보 협력을 강화해 오고 있는데, 전략 대화, 정보교류, 상호운용성 증대를 위한 합동 군사훈련, 군사교류 및 훈련, 방산 통상과 기술협력 등을 강화하고 있다. 인도는 2020

년 6월 모디 총리는 당시 모리슨 호주 총리와 화상 정상회의를 개최하고 양국 간 상호군수지원협정(MLSA: Mutual Logisitics Support Agreement)을 체결하고 인도·태평양에서 해양안보 협력을 위한 비전을 공유하기로 하였다. 인도는 호주와 군사 교류 활성화 사업으로, 호주 고위급 장교는 인도 국방대, 국방연수대학, 해군국가수로연구소에서 연수를 하는 한편, 인도 군인은 호주지휘참모대학, 호주 국방대 등에서 연수 기회를 가진다. 인도는 호주와 양자 및 다자 차원의 연합 군사훈련을 실시하여 지상, 공중, 특히 해상에서 상호운용성 발전을 강화했다. 2015년부터 2년에 한 번씩 양국 간 주요 훈련인 AUSINDEX가 열리고 있는데, 2019년 훈련의 경우 호주 사상 최대 규모의 병력을 참가시켰으며, 4척 해군 군함, 호주 육군, 호주 함정의 첸나이와 비자카파 정박, 정교한 대잠 작전을 위해 양국의 P-8 해상 초계기와 잠수함 등이 참가하였다. 또한, 인도는 호주와 양차 차원에서 육군 훈련인 Austrahind, 해군 훈련인 Kakadu 등을 정기적으로 실시해 왔으며, 2020년 11월 미·인·일 연합 해군 훈련인 말라바 훈련에 호주를 참가시킴으로써 쿼드 4개국 연합훈련을 실시하였다. 인도는 호주와의 연합훈련을 통해 C-17 전략수송기, C-130 수송기, P-8 포세이돈 대잠 초계기, Chinook 수송헬기 운용 훈련을 경험했으며, 호주로부터 공중조기경보기에 관한 브리핑을 전달받았다.

인도는 쿼드 협력국들 이외 유럽 내 유사입장국과의 군사안보 협력을 강화하고 있다. 예를 들어, 프랑스와는 1998년 전략적 파트너십 체결 이후 지속적으로 협력을 강화해 왔으며, 특히 방산 분야 협력에 상당한 발전이 있었다. 인도는 프랑스와 군사 교류, 군사훈련, 무기 수입 등 다차원적 국방협력을 추진하고 있다. 인도와 프랑스는 2001년부터 Exercise Varuna 해군 훈련을 실시하고 있고, 2004년부터 Exercise

Garuda 공군 훈련, 2011년부터 Exercise Shakti를 정기적으로 실시하고 있다. 특히 2018년 3월에는 장관급 수준에서 연례 국방대화를 신설하여 2018년 10월부터 실시해 오고 있다. 인도와 프랑스는 2018년 10월 상호군수지원협정(Agreement for the Provision of Reciprocal Logistics Support)을 체결하였다. 무엇보다도 인도는 프랑스로부터 핵심 무기를 수입하고 있는데, 특히 공군력과 해군력 증강을 위해 중요한 협력을 하고 있다. 2016년 프랑스로부터 라팔기 36대 구매를 결정하고 2019년 이후부터 양도를 받기 시작하였고 잠수함 구매와 기술 이전을 위한 협력도 진행하고 있다.

마지막으로, 인도는 2021년 출범한 미·영·호의 오커스(AUKUS)와는 직접적 연관이 없으나 이 안보 협의체가 인도·태평양의 안보 상황에 상당한 영향을 미칠 것으로 예상되기 때문에 이에 대해 주시하고 있다. 2021년 미·영·호의 오커스 안보 협의체 출범에 대해 일단 환영하는 입장을 가지고 있다. 오커스 출범 발표에 앞서, 당시 호주가 사전에 인도에게 결성 사실을 통지하였다. 그럼에도 불구하고 자칫 오커스의 등장이 그동안 인도가 점진적으로 적극 참여해 온 쿼드의 중요성을 약화시키면서 인도에 부정적인 외교안보적 결과를 초래할 수 있다는 우려 역시 존재한다. 원칙적으로는, 쿼드 협력국인 호주가 미국과 영국으로부터 최고 품질의 핵잠수함 기술을 전수받음으로써 인도·태평양에서 중국에 대한 군사적 억지력을 강화하게 되어 환영하는 입장이다. 오커스 협정이 인도와 인도·태평양 파트너들에게 유용하다고 인식하고, 특히 이것이 중국을 억제하려는 의도를 분명하게 선언함으로써 중국에 대응하는 인도의 옵션을 확장한다고 인식한다. 무엇보다도 이 협정은 인도와 프랑스 사이 보다 많은 전략적인 협력의 기회를 열어줄 수도 있다고 인식한다. 다만 오커스 결성이 결국 동인도양에서 핵 공격 잠수

함의 혼잡으로 이어질 수 있다는 우려를 가지고 있으며, 이것이 인도의 지역적 주도권을 약화시킬 수도 있다는 것이다. 인도 내에서 오커스 안보 협의체 결성이 잠재적으로 서태평양을 불안정하게 만들 수 있고 중국의 무모한 도발을 불러일으킬 가능성을 배제할 수 없다는 부정적 인식 또한 존재한다. 오커스가 분명 해양에서 중국에 대한 억지력을 향상시킬 수 있는 긍정적 효과가 있다 하더라도 이것이 히말라야에서 인도의 전략적 도전인 중국의 안보 위협을 완화하지는 못한다고 생각한다.

4) 경제 및 비안보 협력

인도·태평양에서 인도의 협력 네트워크는 외교·안보·군사·국방 분야 이외에도 경제와 비안보적 영역에서 미국 등 유사입장국들과의 관계를 발전시키고 있다. 지금까지 인도는 중국으로부터 수입이 많아 지속적인 무역적자를 경험해 왔다. 하지만, 최근 인도의 대중국 수입 비중은 점차 감소하는 양상을 보이고 있으며, 이는 인도정부의 국내 제조업 육성(Make-In-India) 정책과 중국에 대한 무역 의존도 완화를 위한 조치들에 영향을 받았다.이러한 인도의 탈중국 노력은 미국이나 여타 파트너국과의 경제협력 확대를 필요로 하고 있다. 미국은 2019년 인도의 1위 교역국으로 부상하였으며, 미국의 대인도 투자도 많이 증가하였다. 특히 미국 주도의 인태전략 추진과 함께 전통적인 경제 분야 협력을 넘어 디지털, 에너지, 인프라 등 새로운 분야에서도 협력이 강화되고 있다.

인도는 CPTPP, RCEP 등 다자무역협정에 참여에 상당히 소극적이고 자국의 시장 개방에 있어 보호무역주의적 경향을 보이고 있다. 다자무역협정에 대한 대안으로 양자무역협정 체결 확대에 심혈을 기울이고 있으며, 인도·태평양 내 중점 협력국들과의 다양한 형태의 양자 무역협정을 체결하거나 협상 중에 있다. 특히 2019년 11월 인도는 그간 RCEP 협상에 참여한 것과 달리 최종적으로 가입 협상에서 탈퇴하고, 양자무역협정 체결에 더욱 박차를 가해왔다.

인도는 영국, 호주 등과 자유무역협정 체결을 추진하고 있다. 특히 인도는 완전한 자유무역협정 체결에 앞서 조기 수확(early harvest) 접근 방식을 통해 일부 재화와 서비스에 대한 무역을 즉시 개방하여 협상 진행 과정에서 시장을 완전히 개방하기까지 상당한 시간을 제공하는 것을 선호한다. 모디 인도 총리는 당시 모리슨 호주 총리와 화상회담에서 2022년 4월 임시 자유무역협정에 서명하고 연말까지 완전한 협정 체결을 약속하였다. 인도는 호주와의 경제협력을 통해 에너지 수요를 충족시키고 IT, 엔지니어링 및 기타 서비스 분야의 숙련된 자국 전문가들에게 기회를 줄 수 있게 된다. 인도는 호주와 쿼드 협의체와 공급망 회복 이니셔티브(Supply Chain Resilience Initiative)와 같은 이니셔티브로 연결되어 있어 무역협정 차원에서 협력은 양국 전략적 관계를 보다 강화하는 기회를 만들고자 한다.

인도는 현재 영국과의 자유무역협정 체결을 위한 협상을 진행 중이며, 협정 타결 시 인도 농산물에 대한 더 많은 시장 접근을 확보하고 IT, 간호, 교육 및 건강관리와 같은 서비스 분야 수출을 확대할 수 있게 된다. 인도는 섬유, 가죽 및 보석류와 같은 노동 집약적 산업 부문에서 관세 인하를 추구하며, 영국과의 자유무역협정을 통해 더 큰 시장을 확보하게 된다. 또한, 인도는 최근 EU와도 자유무역협정 체결을 위한 협상에 심혈을 기울이기 시작했으며, 협정 체결을 통해 인도는 공급망 확보를 포함하여 재화와 서비스 수출을 확대하고 다변화할 수 있게 된다.[20] 아직까지 인도와 EU 사이에는 지난한 협상이 남아 있긴 하지만,

인도·EU 간 자유무역협정 추진은 최근 인도·태평양의 급격한 진영 간 대립 속에서 양측 모두 중국에 대한 과도한 의존을 완화할 적절한 대안으로 서로를 인식하게 된 결과로 나타난 것이다.

이 밖에도, 인도는 최근 아랍에미리트와 자유무역협정을 체결하여 발효하였다. 인도와 아랍에미리트 간 포괄적 경제파트너십 협정(CEPA)이 2022년 5월 1일 발효되어 인도는 아랍에미리트 시장에 섬유, 농업, 건조 과일, 보석 등 약 6,000여 개 제품에 대한 무관세 수출을 확대할 수 있게 되었다. 인도 입장에서는 아랍 에미리트가 중동, 북아프리카, 중앙아시아 및 서부 사하라 아프리카 시장 진출을 위한 교두보 역할을 하기 때문에 인도에게 상당한 경제적 이익을 가져다줄 것으로 인식한다.[21)]

이상에서 살펴본 바와 같이, 인도가 최근 중점을 둔 양자자유무역협정 체결 확대는 중국에 대한 인도의 경제적 의존도를 완화하고 전략적으로 협력이 필요한 파트너들과의 경제협력 확대를 통해 인도의 전략적 자율성 강화를 꾀하고자 하는 의미가 담겨 있다.

인도는 미국이 인도·태평양에서 다자무역협정 대신 추진하기 시작한 새로운 경제협력 플랫폼에 참여하기로 결정함으로써 미국의 쿼드 협의체에 이어 경제 분야에서도 미국과의 협력을 강화하고 있다. 인도의 입장에서는 중국의 영향력이 강하게 된 RCEP 가입을 탈퇴하는 대신에 경제적 측면에서 중국 견제를 위해 출범된 인도·태평양경제프레임워크(Indo-Pacific Economic Framework)에 분야별 선택적 참여(pick-and-choose)를 통해 국제 경제 질서 재형성에 주도적 역할을 할 수 있게 되었다.[22)] 인도는 IPEF에 가입함으로써 미래 세계 경제 질서를 주도하게 될 반도체, 청정에너지, 데이터 경제, 전자 상거래 등 첨단 미래 산업 분야와 경제 활동에 대한 규칙과 표준을 설정하는 데 기여할 수 있고, 이는 인도·태평양에서 인도가 안보 분야뿐만 아니라 경제 분야에서도 강대국으로 부상할 수 있는 기회를 제공하게 된다.

인도는 2021년 10월 인도, 이스라엘(India·Israel, I2), 미국, 아랍에미리트(US·UAE, U2)의 외교장관들이 회담을 갖고,[23] 중동 및 서남아 지역의 무역, 기후변화, 에너지 협력, 및 해양안보에 관한 협력을 논의하였다. 특히 코로나19 팬데믹과 우크라이나전쟁으로 인한 글로벌 원유 가격 인상, 글로벌 식량 공급망 위기, 각국의 인플레이션 증가로 인해 경제적 협력 중요성이 강조되면서 아랍에미리트와 이스라엘이 중요한 허브 역할을 하는 중동, 서남아 등 지역에서 새로운 쿼드(West Asia Quad) 협력 플랫폼을 출범하게 되었다.[24]

3. 도전 요인과 향후 전망

1) 향후 전망

인도는 2020년 라다크에서 벌어진 국경 충돌로 인해 중국의 수정주의 의도를 재확인하였으며, 이는 중국에 대한 위협 인식과 접근법을 변화시키는 중요한 전환점이 되었다. 특히 인도·태평양 협력의 중추적 기제인 쿼드 발전에서 있어 인도가 중추적 역할을 할 것이다. 이에 인도는 중국 견제를 강화하기 위해 미국과의 안보 협력관계를 보다 발전시키고 쿼드에 보다 적극적 참여할 것으로 예상된다. 하지만, 그 범위와 수준은 인도의 전략적 자율성에 큰 영향을 주지 않는 선에서 이루어질 가능성이 높다. 따라서 쿼드 협력을 나토 수준의 동맹 네트워크로 격상시킨다든지, 미국과 군사안보 동맹 체결까지 확대되지는 않을 것이다.

그런데, 최근 우크라이나전쟁으로 인해 러시아에 대한 대응에 있어 미국, 일본, 호주 등 다른 쿼드 회원국과 인도가 보여준 외교적 대응의 차이는 쿼드 내 내재된 전략적 차이를 표면화하였다. 미·일·호는 중국 견제라는 확고한 전략목표로 인해 인도의 역할이 더욱 중요하다는 것을 인식하고 인도의 대러시아 협력을 당분간 수용할 것이며, 인도 역시 내륙에서 중국과 파키스탄을 견제하기 위해 러시아와의 전통적 전략 협력을 중단하지는 않을 것이다. 이에 미국 등은 인도에게 러시아와의 관계를 중단하라고 압박하는 것이 오히려 인도의 쿼드 협력에 역효과를 불러 올 수 있다는 것에 주목한다. 따라서 인도가 러시아로부터 디커플링할 수 있게끔 여건 조성이나 방산 역량 강화를 위해 협력을 확대할 것으로 전망된다.

인도는 냉전 시기 미국에 대한 신뢰성 문제를 경험했기 때문에 미국에 대해 여전히 의구심을 가진다. 따라서 인도는 중국 위협 인식을 공유하는 여타 주요국들과의 다층적 안보 협력을 강화할 것이다. 미국, 일본, 호주 등 쿼드 국가들과의 양자·소다자 협력을 확대함은 물론 영국, 프랑스 등 유럽국가, 베트남, 싱가포르 등 동남아시아 국가들과의 안보 협력도 더욱 강화할 것으로 예상된다. 중국의 공세성에 대응하고 남아시아·인도양에서 주도권을 유지·강화하기 위해 다양한 유사입장국가과의 포용적 안보 및 경제협력을 확대할 것이며, 그러한 차원에서 쿼드, 쿼드 플러스(워킹그룹), IPEF, I2U2 등의 협력 플랫폼을 전략적으로 활용할 것으로 전망된다.

2) 도전 요인

향후 인도가 미국 주도의 인도·태평양 연대에 협력하는 데 있어 몇 가지 도전 요인이 있다. 우선 외부적 요인으로는 인도의 대러시아 의존으로 인한 미국과의 신뢰성 및 전략적 접합점 문제이다. 국내적 요인으로는 인도의 국내정치로 인한 미국과의 불편한 관계 가능성과 미국 국내정치 변화로 인한 미국의 대중국 견제 전략의 일관성 문제가 있다.

첫째, 우크라이나전쟁에서 보여주듯이 인도와 러시아의 외교안보 협력관계 지속이 지금 당장에는 큰 문제가 되지 않고 있으나, 미국·중국·러시아 간 경쟁 관계가 심화될 경우 인도와 미국을 포함한 쿼드 국가들과의 협력관계에 균열이 생길 위험성이 존재한다. 특히 6월에 열린 나토정상회의에서 미국을 포함한 서방 지도자들은 새로운 나토 전략 개념이 채택하였다.[25] 여기서 중국을'구조적 도전(structural challenge)'로 규정한 것은 인도 입장에서 고무적인 것이지만 러시아를 '가장 심각한 직접적 위협(the biggest direct threat)'으로 적시하여 강력히 맞서겠다고 강조한 것은 향후 인도에게 상당한 전략적 부담으로 작용할 것이다. 무엇보다도 인도가 중국을 견제하기 위해 미국뿐만 아니라 러시아에도 군사안보적으로 의존하고 있어 미국은 인도가 부조화스런 정책적 조합을 하고 있다고 판단하고 있다. 일부에서는 인도의 양면적 행동으로 인해 쿼드 협의체의 동력이 약화될 가능성을 우려하여 인도를 대신할 제3의 파트너를 고려할 필요가 있다고도 지적한다.[26] 또한, 쿼드의 안보적 기능이 점차 약화되기 때문에 인도·태평양에서 안보 연대는 미·일·호 삼자협력 중심으로 가야 한다는 의견이 제기되고 있다.[27] 인도는 러시아로부터 S-400 미사일 체계를 구매하고 일부 인수하였으며 무기 수출을 위한 공동생산을 진행하고 있어 미국이 적대국으로부터 무기 구매를 금지하는 제재법인 CAATSA(Countering America's Adversaries Through Sanctions Act)에 위배된다는 문제가 여전히 남아 있다.

둘째, 바이든 행정부의 인권 및 종교·소수자 차별 철폐 강조로 인한 미·인 간 불협화음 가능성을 배제할 수 없다. 바이든 행정부가 민주주의와 인권 존중의 원칙을 강조하고, 인종 및 종교적 차별과 이민자·소수자 차별 철폐 등을 중심으로 한 정책을 추진하고 있어, 모디 인도정부의 카슈미르 주 자치권 지위 박탈과 무슬림 차별이 향후 미·인 관계의 발전에 하나의 도전이 될 가능성이 있다. 특히 바이든 행정부가 중국 신장 위구르 무슬림 인권 탄압을 강하게 비판하고 탄압 관리에 대한 제재를 가하고 있는 상황에서 인도 내 차별에 대해서도 묵인할 수 없는 딜레마에 처해 있어 양국 간 긴장 요소로 작용할 수 있다. 한 예로, 미국국제종교자유위원회(UCIRF: US Commission on International Religious Freedom)는 미국 국무부가 인도를 2020년에 종교적 자유를 가장 침해한 국가 리스트(CPCs: Countries of Particular Concern)에 포함하도록 권고하였다. 이 위원회는 미국 행정부가 심각한 종교적 자유의 침해를 이유로 인도 개인과 단체에 표적 제재(targeted sanctions)를 가할 것을 제안하였다. 또한, 미국 행정부가 쿼드 장관 회담과 같은 양자 및 다자간 포럼에서 종교 간 대화와 모든 공동체 권익을 촉진할 것을 권고하고 미국 의회에는 관련하여 청문회의 개최, 서한 작성 및 의회 대표단 구성과 같은 미·인 양자 차원에서 이 문제를 제기하도록 권고하였다.

4. 시사점과 정책 제언[28]

윤석열정부가 2022년 5월 10일 출범하면서, 5년 동안 대한민국을 이끌어 가기 위해 110대 국정과제를 발표하였다. 이 중 인도·태평양 시대에 한국이 추진하게 될 외교정책에 대한 비전으로 '자유·평화·번영에 기여하는 글로벌 중추국가' 건설을 선정하였다. 이를 위해 함께 번영하는 지역별 협력 네트워크 구축, 능동적 경제안보 외교 추진과 국격에 걸맞은 글로벌 중추국가 역할 강화, 첨단전략 건설과 방산수출 확대의 선순환 구조 마련 등의 구체적 추진 방안을 제시하였다. 앞으로 한국정부가 글로벌 중추국가로 부상하기 위해서 꼭 필요한 협력 파트너 중 하나가 인도이다.

우선 바이든 미국 행정부가 발표한 인도태평양 전략에서 명확히 밝혔듯이 인도는 남아시아와 인도양에서 전통적으로 역내 주도권을 가지고 있는 국가(leading power)이다. 이런 인도와의 협력 강화는 인도양 지역에 대한 한국의 외교적 지평과 지역 협력 네트워크를 확충하는데 중요한 전략적 자산이 된다. 특히 함께 번영하는 지역별 협력 네트워크를 구축하기 위해서는 남아시아와 인도양에서 주도권을 가지고 있는 인도를 한국 외교의 지역 협력 거점 국가로 삼아 단기적 성과에 대한 기대보다는 중장기적 관점에서 대인도 정책을 추진하는 것이 바람직하다. 무엇보다도 인도는 남아시아를 넘어 인도양, 중동, 유럽 등 지역의 주요국들과 파트너십을 맺고 있을 뿐 아니라 환인도양연합체(IORA), 벵골만 기술경제협력체(BIMSTEC), 남아시아지역협력연합(SAARC), 인도태평양해양이니셔티브(IPOI)등 여러 다자 포럼이나 협의체를 주도하고 있어 한국에게 역내 관여를 위한 교량 역할을 해줄 수 있다.

인도·태평양 지역의 주요국들이 인도의 전략적 가치를 고려해 지난 몇 년 동안 인도와의 협력 강화에 공을 들여온 것과 비교할 때, 한국은 인도와의 관계 발전에 상당히 뒤처져 있다. 따라서 한국은 앞으로 인도와의 전략적 협력 강화를 위해 많은 노력을 쏟아부어야 할 것이다.

윤석열 대통령은 대통령 당선 이후 이루어진 나렌드라 모디 인도 총리와 전화 통화에서 향후 인도와 우호 관계 증진과 더불어 녹색 신산업, 첨단기술 분야, 공급망 구축 등의 분야에서 협력 강화 필요성에 대해 의견을 같이 하였다. 또한, 2023년 한·인도 외교관계 수립 50주년을 맞아 현재 '특별전략적 동반자 관계'를 더욱 발전시켜 나가길 희망하며 인도·태평양지역에서 양국이 세계 평화와 번영을 위한 전략적 협력 역시 강화하자는 데 의견을 같이 하였다.

둘째, 한국 신정부가 인도·태평양 전략 추진과 함께 쿼드 협의체에 참여하는 방안을 긍정적으로 고려하고 있다고 알려진바, 현시점에서는 우선적으로 쿼드 내 이슈별 워킹 그룹에 참여하는 방안을 모색할 필요가 있다. 쿼드는 12개 분야에 대한 워킹그룹[29] 결성을 구상하고 있으며 한국 역시 국익에 도움이 되면서 역내 책임 있는 국가로 역할을 할 수 있는 분야들에 적극 참여하여야 할 것이다. 특히 인도적 지원/재난구호(HA/DR), 핵심 및 신기술(critical and emerging technology), 공급망 회복(supply chain resilience), 해양안보(maritime security) 등의 분야에서 인도와의 협력을 강화하는 방안을 모색할 필요가 있다.

셋째, 최근 경제안보가 국가안보로 중시되고 있어, 인도의 중요성은 날로 증가할 것이기 때문에 적극적으로 인도와 협력을 강화할 필요가 있다. 특히 첨단 기술, 공급망, 디지털 등의 분야에서 인도와의 협력이 필요하며, 글로벌 공급망 재구축 차원에서 인도를 핵심 제조업 기지 중 하나로 활용하는 방안도 경제안보를 강화하는 데 큰 보탬이 될 것이다. 정책적 차원에서 한국과 인도의 경제 협력 강화는 중국에 대한 과도한 경제적 의존을 어느 정도 줄여줄 수 있기 때문에, 한국 입장에서는 보다 많은 전략적 자율성을 확보할 수 있게 된다. 2022년 5월 23일 바이든 미국 행정부가 제시한 새로운 형태의 경제협력 플랫폼인 인도태평양 경제프레임워크(IPEF)가 출범하였다. IPEF는 4개의 축으로 구성되어 있고 각 회원국이 필요한 분야에 대해 선택적(pick and choose) 참여 방식으로 추진될 것이다. IPEF의 형식과 내용이 아직 구체화된 바가 없기 때문에 한국은 인도와 협력을 통해 구체적 추진 방향을 이끌어 갈 수 있는 분야를 모색할 필요가 있다.

넷째, 한국과 인도 양자 협력에서 가장 기회가 많은 분야 중 하나가 바로 방산 협력 분야이다. 우크라이나전쟁을 통해 미국 등은 인도의 러시아에 대한 과도한 군사 장비 및 무기 플랫폼 의존 완화를 시급한 문제로 생각하게 되었다. 이에 미국, 일본, 호주 등은 인도의 방산 역량 강화를 위해 지원할 것이다. 인도 역시 최근 저조한 전투 수행 능력의 러시아 무기 체계보다는 미국 등 서방 세계의 첨단 무기 체계와 해상 무기 도입을 더욱 필요로 할 것이다. 따라서 한국과 인도가 방산 분야에서 공동 협력한다면, 인도가 원하는 부분과 미국이 추구하는 바와 정책적 접점을 이룰 수 있어 한인도 양자 협력뿐만 아니라 한미동맹 강화 차원에서 도움이 될 것이다. 한국의 경우, 일전에 K-9 자주포를 수출한 전례가 있고 잠수함 및 군함 등 해상 무기 생산에 강점을 가진바, 인도와의 적극적 방산 협력을 통한 양국 간 전략적 관계를 강화할 필요가 있다. 특히 한국과 인도 국방장관회담을 통해 가이드라인을 설정한 바와 같이, 군사용 하드웨어 공동생산 및 수출, 정보공유 강화, 사이버 및 우주 분야에서 협력을 활성화할 필요가 있다. 인도가 현재 군사 장비를 러시아에 많이 의존하고 있지만, 인도 현지에서 무기를 생산하기 위한 이니셔티브로 '자립 인도(Atmanirbhar Bharat)' 정책을 추진하고 있다는 것을 주지할 필요가 있다.

향후 윤석열 새 정부는 현 국제정치에서 인도와 아세안이 가지는 전략적 가치의 차이를 분명하게 고려하여 인도와의 전략적 관계 발전에 중점을 둔 외교정책을 추진하는 것이 필요하다. 이를 위해 2023년 한-인도 외교 관계 수립 50주년을 계기로 양국 협력 수준을 획기적으로 끌어올릴 방안을 모색하여야 할 것이다. 2023년 한·인도 특별정상회담 개최 추진과 함께 향후 50년의 한·인도 관계 발전을 위한 로드맵을 수립하여 정상회담 계기에 발표하는 방안을 적극 검토할 필요가 있다. 또한, 한·인도 사이 원활한 전략적 소통을 위해 양국 국가안보실 대화 플랫폼 강화와 외교·국방장관 2+2회담 신설 등이 필요하다.

끝으로, 인도는 남아시아와 인도양에서 주도국가이며 국제정치 무대에서 전략적·경제적·외교적 존재감이 이전과 비교해 월등히 상승하고 있기 때문에, 글로벌 중추국가로의 발전을 꾀하는 한국은 인도·태평양 지역과 글로벌 차원에서 반드시 협력해야 할 파트너로서 인도를 바라보아야 할 것이다.

주

1) Kallol Bhattacherjee and Dinakar Peri, "Quad is a 'force for good', says PM Modi," *The Hindu* 24 May 2022. https://www.thehindu.com/news/national/quad-leaders-meet-in-tokyo-at-2nd-in-person-summit/article65455849.ece. *Remarks by President Biden, Prime Minister Kishida Fumio of Japan, Prime Minister Narendra Modi of India, and Prime Minister Anthony Albanese of Australia at the Second In-Person Quad Leaders' Summit*, 24 May 2022 (The White House). https://www.whitehouse.gov/briefing-room/speeches-remarks/2022/05/24/remarks-by-president-biden-prime-minister-kishida-fumio-of-japan-prime-minister-narendra-modi-of-india-and-prime-minister-anthony-albanese-of-australia-at-the-second-in-person-quad-leaders/
2) Quad Joint Leaders' Statement, 24 May 2022 (The White House). https://www.whitehouse.gov/briefing-room/statements-releases/2022/05/24/quad-joint-leaders-statement/.

3) T. Brajesh, "BRICS Beijing summit cements India's reputation as a benevolent state," *Sunday Guardian*, 25 June 2022, https://www.sundayguardianlive.com/world/brics-beijing-summit-cements-indias-reputation-benevolent-state.
4) S. Jaishankar, *The India Way: Strategy for an Uncertain World* (Harper Collins, 2020).
5) Armaan Bhatnagar, "Indi'a defence spending in 7 charts," *The Times of India*, 30 January 2021, https://timesofindia.indiatimes.com/india/indias-defence-spending-in-7-charts/articleshow/80600625.cms.
6) "Comparison of India and China Military Strengths," *Global Fire Power*, 2022, https://www.globalfirepower.com/countries-comparison-detail.php?country1=india&country2=china.
7) Dhruva Jaishankar, "Survey of India's Strategic Community," *Brookings India* 1 March 2019. https://www.brookings.edu/research/introduction-survey-of-indias-strategic-community/.
8) 조원득, "남아시아·인도양에서 중국의 부상과 인도의 대중국 전략 변화," IFANS 주요국제문제분석 2020-55. https://www.ifans.go.kr/knda/ifans/kor/pblct/PblctView.do?csrfPreventionSalt=null&pblctDtaSn=13748&menuCl=P01&clCode=P01&koreanEngSe=KOR&pclCode=&chcodeId=&searchCondition=searchAll&searchKeyword=%EC%A1%B0%EC%9B%90%EB%93%9D&pageIndex=1.
9) 조원득 (2020).
10) 조원득, "최근 인도의 외교적 행보와 신정부에 대한 시사점," 『IFANS FOCUS』, 2022. 05. 13. https://www.ifans.go.kr/knda/ifans/kor/pblct/PblctView.do?csrfPreventionSalt=null&pblctDtaSn=14001&menuCl=P07&clCode=P07&koreanEngSe=KOR&pclCode=&chcodeId=&searchCondition=searchAll&searchKeyword=&pageIndex=1.
11) Atman M. Trivedi and Rhone Grajcar, "Why India must rethink its stance on Ukraine," *The Hindustan Times*, 28 June 2022, https://www.hindustantimes.com/opinion/why-india-must-rethink-its-stance-on-ukraine-101656438231921.html.
12) "World increasingly becoming multipolar, says Jaishankar," *India Today*, 2 October 2019, https://www.indiatoday.in/india/story/s-jaishankar-multipolar-us-1605373-2019-10-02.
13) *US-India Joint Strategic Vision for the Asia-Pacific and Indian Ocean Region*, 25 January 2015 (The White House), https://obamawhitehouse.archives.gov/the-press-office/2015/01/25/us-india-joint-strategic-vision-asia-pacific-and-indian-ocean-region.
14) Rajesh Rajagopalan, "Evasive balancing: India's unviable Indo-Pacific strategy," *International Affairs* 96:1 (2020), pp. 75–93.
15) Ministry of External Afffairs, Government of India (2018. 6.1), "Prime

Minister's Keynote Address at Shangri La Dialogue."
16) Derek Grossman, "India Is the Weakest Link in the Quad," *Foreign Policy*, 23 July 2018, https://foreignpolicy.com/2018/07/23/india-is-the-weakest-link-in-the-quad/.
17) Dhruva Jaishankar (2019).
18) Harsh V. Pant, et. al, *The ORF Foreign Policy Survey 2021: Young India and The World* (ORF, 15 August 2021), https://www.orfonline.org/research/the-orf-foreign-policy-survey-2021-young-india-and-the-world/.
19) 인도는 쿼드 협력국 이외에 유일하게 러시아와 2+2 대화 채널을 구축하고 있다. "Explained: What is the '2+2' format of dialogue between India and US?" *The Indian Express*, 18 April 2022. https://indianexpress.com/article/explained/everyday-explainers/india-2-2-dialogue-talks-explained-7865401/.
20) irtika Suneja, "India. EU FTA: Round 1 talks conclude, next round in September," *The Economic Times*, 2 July 2022. https://economictimes.indiatimes.com/news/economy/foreign-trade/next-round-of-talks-for-india-eu-fta-at-brussels-in-september/articleshow/92621128.cms.
21) Kirtika Suneja, "India-UAE free trade pact comes into force," *The Economic Times*, 1 May 2022m https://economictimes.indiatimes.com/news/economy/foreign-trade/india-uae-free-trade-pact-comes-into-force/articleshow/91236888.cms.
22) Prashant Jha, "US designs 'flexible and inclusive' IPEF model; Delhi sees it in positive light," *The Hindustan Times*, 12 May 2022, https://www.hindustantimes.com/world-news/us-designs-flexible-and-inclusive-ipef-model-delhi-sees-it-in-positive-light-101652366380131.html.
23) 인도, 이스라엘, 미국, 아랍에미리트 4자 회담을 I2U2라고 부른다.
24) "US to launch West Asia Quad with India, Israel and UAE during Biden's visit," *Business Standard*, 15 June 2022. https://www.business-standard.com/article/current-affairs/us-to-launch-west-asia-quad-with-india-israel-and-uae-during-biden-s-visit-122061401466_1.html.
25) "나토 '中은 가치공유국 아니다' … 中 '아태 교란 행위 중단하라'," 『동아일보』, 2022년 7월 1일.
26) Richard Javad Heydraian, "South Korea emerges as Quad alternative to India," *Asia Times*, 6 April 2022, https://asiatimes.com/2022/04/south-korea-emerges-as-quad-alternative-to-india/. 하지만, 이러한 의견에 반대 논리를 제공하는 전문가들도 있다. Rahul Mishra and Peter Brian M. Wang, "Korea a good addition, but no substitute for India in Quad," *Asia Times*, 3 May 2022. https://asiatimes.com/2022/05/korea-a-good-addition-but-no-substitute-for-india-in-quad/.
27) Hayley Channer, "Trilateral – Not Quad – Is the Best Chance for Indo-Pacific Defense," The Diplomat, 16 June 2022. https://thediplomat.com/

2022/06/trilateral-not-quad-is-the-best-chance-for-indo-pacific-defense/.

28) 이 부분은 저자가 최근 작성한 "최근 인도의 외교적 행보와 신정부에 대한 시사점"(IFANS FOCUS 2022-16K)을 수정·보완하였음을 명시한다. https://www.ifans.go.kr/knda/ifans/kor/pblct/PblctView.do?csrfPreventionSalt=null&sn=&bbsSn=&mvpSn=&searchMvpSe=&koreanEngSe=KOR&ctgrySe=&menuCl=P07&pblctDtaSn=14001&clCode=P07&boardSe=.

29) 쿼드 워킹 그룹은 현재 12개 분야로 구성되며, 교육, 코로나19 백신 공급, 기후변화 대응, 질 좋은 인프라 구축, 인도적 지원/재난 구호, 우주, 핵심/신기술, 공급망 회복, 사이버 안보, 해양 안보, 대테러리즘, 허위정보 대응 등이다. Hayley Channer, "Roadmap to Quad Success: Practical recommendations for action and sustainability," *Indo-Pacific Insight Series* (Perth USAsia Centre, 2021), https://perthusasia.edu.au/getattachment/Our-Work/Roadmap-to-Quad-success-Practical-recommendations/PU-221-IPIS-16-2Pgr-WEB_0218.pdf.aspx?lang=en-AU&utm_medium=2-page-PDF-update&utm_campaign=QUAD.

참고문헌

조원득. "남아시아·인도양에서 중국의 부상과 인도의 대중국 전략 변화." 『IFANS 주요국제문제분석』 2020-55. https://www.ifans.go.kr/knda/ifans/kor/pblct/PblctView.do?csrfPreventionSalt=null&pblctDtaSn=13748&menuCl=P01&clCode=P01&koreanEngSe=KOR&pclCode=&chcodeId=&searchCondition=searchAll&searchKeyword=%EC%A1%B0%EC%9B%90%EB%93%9D&pageIndex=1.

______. "최근 인도의 외교적 행보와 신정부에 대한 시사점." 『IFANS FOCUS』 2022. 05. 13. https://www.ifans.go.kr/knda/ifans/kor/pblct/PblctView.do?csrfPreventionSalt=null&pblctDtaSn=14001&menuCl=P07&clCode=P07&koreanEngSe=KOR&pclCode=&chcodeId=&searchCondition=searchAll&searchKeyword=&pageIndex=1.

Bhatnagar, Armaan. "Indi'a defence spending in 7 charts." *The Times of India*, 30 January 2021, https://timesofindia.indiatimes.com/india/indias defence-spending-in-7-charts/articleshow/80600625.cms.

Bhattacherjee, Kallo and Dinakar Peri. "Quad is a 'force for good', says PM Modi." *The Hindu* 24 May 2022, https://www.thehindu.com/news/national/quad-leaders-meet-in-tokyo-at-2nd-in-person-summit/article65455849.ece.

Brajesh, T,. "BRICS Beijing summit cements India's reputation as a benevolent state." *Sunday Guardian*, 25 June 2022, https://www.sundayguardianlive.com/world/brics-beijing-summit-cements-indias-reputation-benevolent-state.

Channer, Hayley. "Roadmap to Quad Success: Practical recommendations for action and sustainability." *Indo-Pacific Insight Series* (Perth USAsia Centre, 2021), https://perthusasia.edu.au/getattachment/Our-Work/Roadmap-to-Quad-success-Practical-recommendations/PU-221-IPIS-16-2Pgr-WEB_0218.pdf.aspx?lang=en-AU&utm_medium=2-page-PDFupdate&utm_campaign=QUAD.

_____. "Trilateral – Not Quad – Is the Best Chance for Indo-Pacific Defense." *The Diplomat*, 16 June 2022. https://thediplomat.com/2022/06/trilateral-not-quad-is-the-best-chance-for-indo-pacific-defense/.

Grossman, Derek. "India Is the Weakest Link in the Quad." *Foreign Policy*, 23 July 2018, https://foreignpolicy.com/2018/07/23/india-is-the-weakestlink-in-the-quad/.

Heydraian, Richard Javad. "South Korea emerges as Quad alternative to India." *Asia Times*, 6 April 2022, https://asiatimes.com/2022/04/south korea-emerges-as-quad-alternative-to-india/.

Jaishankar, Dhruva. "Survey of India's Strategic Community." *Brookings India* 1 March 2019. https://www.brookings.edu/research/introductionsurvey-of-indias-strategic-community/.

Jaishankar, S. *The India Way: Strategy for an Uncertain World* (Harper Collins, 2020).

Jha, Prashant. "US designs 'flexible and inclusive' IPEF model; Delhi sees it in positive light." *The Hindustan Times*, 12 May 2022, https://www.hindustantimes.com/world-news/us-designs-flexible-and-inclusive-ipef model-delhi-sees-it-in-positive-light-101652366380131.html.

Mishra, Rahul and Peter Brian M. Wang. "Korea a good addition, but no substitute for India in Quad." *Asia Times*, 3 May 2022. https://asiatimes.com/2022/05/korea-a-good-addition-butno-substitute-for-india-in-quad/.

Pant, Harsh V., et. al,. *The ORF Foreign Policy Survey 2021: Young India and The World* (ORF, 15 August 2021), https://www.orfonline.org/research/the-orf-foreign-policy-survey-2021-young-india-and-the-world/.

Rajagopalan, Rajesh. "Evasive balancing: India's unviable Indo-Pacific strategy" *International Affairs* 96:1 (2020), pp. 75–93.

Suneja, Kirtika. "India. EU FTA: Round 1 talks conclude, next round in September." *The Economic Times*, 2 July 2022. https://economictimes.indiatimes.com/news/economy/foreign-trade/next-round-of-talks-for-india-eu-fta-atbrussels-in-september/articleshow/92621128.cms.

_____. "India-UAE free trade pact comes into force." *The Economic Times*, 1 May 2022m https://economictimes.indiatimes.com/news/economy/

foreign-trade/india-uae-free-trade-pact-comes-into-force/articleshow/91236888.cms.

Trivedi, Atman M., and Rhone Grajcar. "Why India must rethink its stance on Ukraine." *The Hindustan Times*, 28 June 2022, https://www.hindustantimes.com/opinion/why-india-must-rethink-its-stance-on-ukraine-101656438231921.html.

"나토 '中은 가치공유국 아니다' … 中 '아태 교란 행위 중단하라'." 『동아일보』. 2022년 7월 1일.

"Comparison of India and China Military Strengths." Global Fire Power, 2022, https://www.globalfirepower.com/countries-comparison-detail.php?country1=india&country2=china.

"Explained: What is the '2+2' format of dialogue between India and US?" *The Indian Express*, 18 April 2022. https://indianexpress.com/article/explained/everyday-explainers/india-2-2-dialogue-talks-explained-7865401/.

Ministry of External Afffairs, Government of India (2018. 6.1), "Prime Minister's Keynote Address at Shangri La Dialogue."

Quad Joint Leaders' Statement, 24 May 2022 (The White House). https://www.whitehouse.gov/briefing-room/statements-releases/2022/05/24/quadjoint-leaders-statement/.

Remarks by President Biden, Prime Minister Kishida Fumio of Japan, Prime Minister Narendra Modi of India, and Prime Minister Anthony Albanese of Australia at the Second In-Person Quad Leaders' Summit, 24 May 2022 (The White House). https://www.whitehouse.gov/briefing-room/speeches-remarks/2022/05/24/remarks-by-president-biden-prime-ministerkishida-fumio-of-japan-prime-minister-narendra-modi-of-india-and-primeminister-anthony-albanese-of-australia-at-the-second-in-person-quad-leaders/

US-India Joint Strategic Vision for the Asia-Pacific and Indian Ocean Region, 25 January 2015 (The White House), https://obamawhitehouse.archives.gov/the-press-office/2015/01/25/us-india-joint-strategic-vision-asia-pacificand-indian-ocean-region.

"US to launch West Asia Quad with India, Israel and UAE during Biden's visit." *Business Standard*, 15 June 2022. https://www.business-standard.com/article/current-affairs/us-to-launch-west-asia-quad-with-india-israeland-uae-during-biden-s-visit-122061401466_1.html.

"World increasingly becoming multipolar, says Jaishankar." *India Today*, 2 October 2019, https://www.indiatoday.in/india/story/s-jaishankarmultipolar-us-1605373-2019-10-02.

제2부

도전(挑戰)의 인태국가들

5장

중국의 인태전략:

환경인식과 주요 정책

이상국(한국국방연구원)

2010년대 이후 중국은 미국의 상대적 쇠퇴와 자국의 국력 성장을 배경으로 글로벌 강대국화를 겨냥한 국가전략을 지속적으로 발전시켜 왔다. 2012년 중국공산당(중공당) 제18차 전국대표대회(당대회)에서 중국은 '양개 백년 목표(两个一百年)', '중국의 꿈(中国梦)'을 새로운 국가전략목표로 제시하였다. 이 중 2개 백년 목표는 중공당 창당 100주년이 되는 2021년경까지 '전면적인 소강사회 실현(全面建成小康社会)', 중화인민공화국 건국 100주년이 되는 2049년경까지 '부강·민주·문명·조화의 사회주의 현대화국가 건설(建设富强民主文明和谐的社会主义现代化国家)'을 가리킨다. 그리고 2017년 중공당 제19차 당대회에서 중국은 기존의 국가발전전략을 보완한 가운데 2035년까지 사회주의 현대화국가를 기본적으로 실현하고 21세기 중엽까지 '사회주의 현대화 강국을 전면적으로 건설하는 것(全面建设社会主义现代

化强国)'을 새로운 국가전략목표로 제시했다. 이와 같은 중공당의 국가전략목표는 2018년 중화인민공화국의 헌법 개정을 통해 중국의 국가전략으로 공식화했다. 2018년 개정 헌법 서문은 '부강·민주·문명·조화·미려의 사회주의 현대화강국 건설(建成富强民主文明和谐美丽的社会主义现代化强国)', '중화민족의 위대한 부흥(中华民族伟大复兴)' 실현을 중국의 국가건설목표로 규정하고 있다.[1)]

이러한 상황에서 중국은 자국의 안보, 발전, 국가전략 실현을 목적으로 주변국 또는 중국 주변지역에 대한 정책을 의미하는 '주변정책(周边政策)'을 지속적으로 발전시켜왔다. 특히 2012년 18차 당대회 이후 중국은 앞서 언급한 중화민족 부흥, 글로벌 강국 전략적 목표를 달성하기 위해 대외전략을 새롭게 조정하고 이를 뒷받침하고 실현하기 위한 주변정책을 구체화하기 시작했다.[2)]

이러한 중국의 주변정책은 2010년대 이후 미국 등이 중국의 부상, 인도양·태평양지역의 정치경제적 중요성 증대 등을 배경으로 발전시켜온 '인도·태평양전략(이하 인태전략)'을 의식하고 또 여기에 대응하는 가운데 진화해 왔다. 따라서 중국의 주변정책은 강대국의 대외 경영이라는 측면과 지리적 범위의 유사성이라는 측면에서 미국의 인태전략에 비견된다. 이처럼 미국의 인태전략과 경합 과정에서 진화해 가고 있는 중국의 주변정책에 대한 분석은 학술적, 정책적으로 중요한 의미를 지니고 있다. 곧 미국 주도의 인태전략 배경 속에서 진행되는 중국 주변정책에 대한 분석은 중국의 대외정책뿐만 아니라 미중 전략경쟁을 이해하고 이러한 상황에 대한 대비책을 강구하는 데 기여할 것이다.

이러한 배경에서 본 연구는 다른 장(章)들과 균형을 맞추기 위해 미국 주도의 인태전략 요인을 고려하면서 시진핑 시기 중국의 주변정책에 대한 분석 작업을 진행한다. 본 연구는 이후의 장(章)에서 미국 주도의 인태전략을 포함한 인태 전략환경에 대한 중국의 인식, 미국의 인태전략에 대한 대응책 관점에서 본 중국의 주요 주변정책(외교, 경제, 안보), 중국의 인태 전략환경 전망과 예상 대응방향 전망, 이것이 한국의 안보에 갖는 시사점 등에 대해 논의한다.

1. 환경 인식과 대응기조

1) 중국의 부상과 전략환경 변화에 대한 평가[3)]

1990년대 냉전 해체 이후 중국은 주변국가의 관계를 정상화하기 시작했다. 1992년 중공당 제14차 당대회 보고는 건국 이후 중국이 주변국과 선린우호관계를 형성하기에 가장 좋은 시기로 평가하기도 했다. 이후 중국은 적극적으로 전략적 동반자 관계를 수립하고 경제 협력에서도 중요한 성과를 거두었다. 냉전해체 초기 중국은 러시아와 중앙아시아 인접국과 국경선 획정 협정을 체결하는 한편 1996년 변경 지역 군사 신뢰 및 군축 협정을 체결하고 1997년 상하이협력기구(SCO)를 조직하였다. 1997년 아시아 금융위기를 계기로 중국은 동남아시아 국가와의 관계 강화에 나서면서 동아시아 '10+3' 협력에 적극적으로 참여하고 있다. 동시에 2010년에는 중국-아세안 간 주유무역협정을 체결하는 등 중국은 주변국와 경제, 정치적으로 양호한 관계를 발전시켜왔다.

그러나 이러한 국제정치 환경은 2010년을 전후로 미국의 상대적 쇠퇴와 중국의 부상 추세가 선명해지면서 변화하기 시작했다. 2010년 이후 미국은 아시아 재균형 전략을 본격적으로 추진하면서 아태지역으로의 전략적 중심 이동을 강화하기 시작하는 한편 중국과 일본, 필리핀 등 간 영토 분쟁 문제에 적극적으로 개입하기 시작했다. 중국은 이러한 과정에서 점차 강대국 역내 전략경쟁 국면이 형성되고, 중국과 주변국 간 영토 및 해양 분쟁 모순이 심화하고, 역내 경제 협력이 점차 위협 받기 시작한 것으로 인식하게 되었다. 한편 2010년 중국은 일본을 제치고 역내 최대 경제대국으로 부상하는 한편 역내 상당수 국가의 중요 무역 파트너로 자리 잡았다. 이러한 상황은 다른 한편으로 중국에 대한 지나친 경제 의존에 대한 우려를 불러 일으키기 시작했다.

이러한 배경에서 중국은 이후 자세히 논의할 것처럼 2013년 주변외교업무회의를 계기로 새로운 주변전략-지리적 범위에서는 주로 인도양과 태평양 일대를 포괄함에 따라 중국식의 인태전략을 발전시켜 나가기 시작했다.

한편 앞서 언급한 국제정치 환경의 변화, 중국의 국력 성장에 대한 자신감을 배경으로 2010년 이후 중국 내부에서는 중국의 기존 주변정책에 대한 평가와 새로운 정책 수립을 둘러싼 다양한 논의를 촉발하였다. 이러한 논의에는 중국의 주변 개념에 대한 인식 조정이 포함되고 이는 이후 중국식 인태전략을 발전시키는 데 주요한 기초가 되고 있다. 구체적으로 이 시기 중국 학자들은 전통적인 주변 개념을 넘어선 '대주변(大周边)' 개념을 제시하기 시작했고, 이후 중국의 주변정책에 사실상 채택되었다.[4)]

치화이가오(祁怀高) 등 중국 전략가들에 따르면,[5)] 중국의 대주변 개념은 소주변(小周边)에 상대적인 개념으로 소주변은 일반적으로 중국 영토 영해와 직접적으로 인접하고 있는 국가나 지역을 가리킨다. 여기에는 러시아, 몽골, 등 동북아시아, 동남아시아, 남아시아, 중앙아시아 국가들이 포함된다. 대주변 개념은 전통적인 지리 범위를 초월한 개념으로 중국이 해상과 육상에서 동일한 전략이익을 추구하는 국가와 지역을 가리킨다.

중국의 대주변 범위는 중국의 지전략, 중국의 국가능력과 주변에 대한 영향력, 비용 대비 효과를 고려해 설정된 가운데 중국의 대주변은 동북아시아, 동남아시아, 남아시아, 중앙아시아, 서아시아, 남태평양 6개의 판으로 구성된다. 이 중 동북아시아, 동남아시아, 남아시아, 중앙아시아 4개판은 중국과 육상 또는 해상으로 직접 연결되어 있어서 자연스럽게 중국 주변의 범주에 포함된다. 서아시아지역은 중국 서부 주변이 전략적 연장지역으로서 해당 지역의 정세는 중국의 에너지 안보, 중국 서부 변경 지역의 안정과 서부 발전과 연결되어 있기 때문에 대주변 범위에 포함된다. 남태평양지역은 중국의 동남부 주변의 전략적 연장지역으로 호주와 뉴질랜드는 해당 지역의 리더 국가로 중요한 의미를 지니고 있다.

중국의 전략가들에 따르면 중국 주변정책의 기본 방향은 '해상 돌파(海上突破)', '적극적 서진(积极西进)'으로 규정할 수 있다. 이 중 해상 돌파는 해양 영토분쟁에 대응하는 과정에서 외부의 강대국과 일부 이웃국가들의 연합 해상 봉쇄를 돌파해 서태평양의 기초를 견고하게 한 가운데 남태평양과 동인도양 국가들과의 관계를 지속적으로 발전시키기 위한 것이다. 둘째 적극적인 서진 정책은 남아시아, 중앙아시아, 중동 등 서부 지역을 중국의 전략적 종심구역화, 경제전략지대화함으로써 중국의 평화적 부상을 위한 전략공간의 확대를 실현하기 위한 것이다. 중국 전략가들은 적극적 서진 사고는 기본적으로 중국 내부 경제의 재균형 요구에서 출발한 것으로 미중관계의 균형에 유익하다는 입장이다. 이와 함께 중국의 서부지역 국가들의 경제적 이해관계가 확대되면서 강대국의 다자간 협력에 참여함으로써 국제적 지위 향상에도 도움을 줄 것이라는 입장이다.

중국 국책연구기관인 중국현대국제관계연구원(中国现代国际关系研究院)의 천샹양(陈向阳)의 분석에 따르면 대주변 개념은 2014년 중국 리더십의 아시아안보관(亚洲安全观), 아시아태평양의 꿈(亚太梦) 제시 등에서 확인할 수 있는 것처럼 점차 중국의 대외정책에 반영되기 시작했다.[6)]

이처럼 2010년대 초반 중국은 대주변 개념을 수용하고 이를 기반으로 새로운 주변정책을 발전시키기 시작했다. 그리고 대주변 개념의 지리적 범위는 미국의 인도·태평양의 지리적 범위와 상당 정도 중복됨으로써 이 대주변 개념은 중국식 인태전략의 이론적 기초로 평가할 수 있다.

2) 미국 등의 '인태전략' 발전 추세에 대한 평가

중국의 전략가들에 따르면, 중국의 부상과 미국의 상대적 쇠퇴를 계기로 '인태' 개념이 부상하면서 점차 인태전략이 형성되기 시작했다. 이들 전략가들에 따르면 2010년을 전후해 세계전략의 중심이 동쪽으로 이동하고 미국이 아태 회귀 정책(pivot to Asia)을 천명하면서 인도와 인도양 전략의 중요성이 상승했다. 이들 요인으로 인태는 새로운 지경(地經), 지정(地政), 지전략(地戰略) 개념으로서 호주, 미국, 인도 등 국가의 학계와 정계에서 본격적으로 사용되기 시작했다. '인태' 담론 환경에서 중국의 지역 영향력이 인위적으로 약화하는 한편 중국의 해양활동이 다른 국가들에 의해서 특별히 주목 받게 되었다. 이 과정에서 일부 국가는 중국을 겨냥한 해상안보협력과 소다자 협력기제를 적극적으로 모색하기 시작했다. 그러나 2010년대 초기 해당 지역 국가들이 자국의 이익 추구 노력이 앞서면서 인태 프레임을 활용한 일부 국가의 중국 견제 노력은 큰 성과를 거두지 못했다.[7] 이후 2013년 앞으로 자세히 논의할 '일대일로(一带一路)'–'실크로드 경제벨트(丝绸之路经济带)'와 '21세기 해상 실크로드(21世纪海上丝绸之路)' 건설이라는 지역 경영 구상의 공개, 곧 중국의 대주변전략 구체화를 배경으로 인태 개념이 더욱 큰 지정학적 함의를 지니기 시작했다. 구체적으로 일본, 미국, 호주, 인도의 전략가와 정책결정자들이 아시아·태평양(아태) 개념이 아닌 인도·태평양(인태) 개념을 본격적으로 사용하기 시작했다. 이와 함께 과거 인태 개념이 주로 지리적 범위를 강조하는 것이었다면 2016년 일본의 아베(安倍) 총리가 인태 개념에 '전략'적 성격을 첨가하면서 인태는 강대국 간 전략경쟁 차원으로 발전하게 되었다. 이후 인태전략은 미국과 일본이 적극적으로 추진하는 지역전략으로 발전하였고 여기에 인도와 호주가 결합하는 국면이 형성되었다. 이에 따라 2017년 트럼프 미국 대통령은 국가안보전략보고에서 미국은 일본, 호주, 인도와의 4자 협력을 강화해 갈 것이라는 입장을 천명했다. 이에 따라 미국, 일본, 호주, 인도 4개국을 핵심으로 한 인태전략이 구체화해 가면서 중국의 일대일로 구상(대주변 전략)과 경쟁하는 구도가 형성되었다. 중국 전략가들은 이처럼 트럼프 집권 이후 미국과 일본의 전략적 합의 수준이 크게 제고되고 인도와 호주가 여기에 적극적으로 참여하고 있는 것으로 분석하고 있다.[8]

중국 전략가들은 인태 또는 인태 지역이 인태전략 개념으로의 업그레이드는 미국, 일본 등의 국가가 지역과 글로벌 차원에서 중국의 부상에 대한 우려에서 비롯된 것으로 중국과의 전략경쟁(심지어는 전략적 대립)을 공식화하는 것으로 인식하고 있다. 이에 따라 인태전략은 본질적으로 가치 등을 이유로 외교적으로는 중국을 고립시키고 군사

동맹이나 협력국가를 활용해 중국을 군사적으로 견제하는 한편 경제적으로는 중국과 경쟁하기 위한 종합적 성격의 대중국 전략설계로 평가되고 있다.[9)]

중국 전략가들에 따르면 미국 등의 인태전략은 분명한 한계를 지니고 있다. 첫째, 인태전략의 핵심 구성요소인 '자유(민주, 인권 등의 가치관)'은 본질적으로 이데올로기에 기초한 진영 구분 전략으로 실제 실천 과정에서는 '고립', '억지', '간섭' 정책의 형태로 표출될 것이다. 둘째, 미국·인도·일본·호주 4개국을 통합한 안보협력 국제기구인 쿼드(QUAD)는 전적으로 중국을 겨냥한 것으로 역내 국가 간 협력과 상생을 방해하고 강대국 간 대립과 충돌을 야기하는 등 시대적 추세에 맞지 않는다. 셋째, 미국의 인태 지역 정책에 대한 일관성에 대한 역내 국가들의 신뢰 부족이다. 대표적인 예는 환태평양경제동반자협정(TPP: Trans-Pacific Strategic Economic Partnership)으로 2015년 10월 7일, 미국, 일본, 오스트레일리아, 캐나다, 페루, 베트남, 말레이시아, 뉴질랜드, 브루나이, 싱가포르, 멕시코, 칠레가 TPP 협정을 타결시켰지만 트럼프 집권 이후 미국은 자국 산업 보호 등을 이유로 2017년 1월 23일 탈퇴하였다. 이러한 이유로 인도는 한편으로는 쿼드에 적극 참여하면서도 중국과의 관계에도 적극적인 자세를 유지하고 있다.[10)]

3) 인태지역에 대한 정책 기조[11)]

2012년 제18차 중공당 대회 이후 중국의 리더십은 앞서 언급한 국제정치 환경의 변화, 자국 국력 성장과 영향력에 대한 자신감, 대주변 개념 채택 등 대외전략 조정의 필요성에 대한 일련의 판단에 근거해 주변정책도 조정이 필요하다는 인식에 도달하였다. 구체적으로 2013년 중국 시진핑(习近平) 국가주석과 리커창(李克强) 총리는 잇따라 중앙아시아와 동남아시아 국가를 방문하고 이들 국가들과의 새로운 관계 설정에 대한 정책을 발표하였다. 2013년 9월 시진핑 주석은 방문국인 카자흐스탄에서 중앙아시아와의 '이익공동체(利益共同体)' 구축과 관계의 전면적 제고를 제안하였다. 같은 해 10월 시진핑 주석은 인도네시아 국회를 예방하고 중국-아세아 간 운명공동체(中国-东盟命运共同体) 건설을 제안하였다. 그리고 같은 달 중국 리더십은 건국 이후 최초의 주변 대외정책 관련 전문회의인 중앙주변외교업무좌담회(周边外交工作座谈会)를 개최하고 중장기 주변 대외전략에 대해 논의하였다. 그리고 이러한 논의 과정을 거쳐 중국은 점차 주변정책, 주변지역전략의 전략목표, 구현목표, 기본방침, 주요 실행 계획을 마련하고 지속적으로 발전시켰다. 부언하면 2013년 중앙주변외교업무좌담회상의 시진핑 총서기 연설(为我国发展争取良好周边环境)을 놓고 볼 때 주변 운명공동체 건설에 대한 구상을 포함해 중국의 주변국정책의 핵심적인 내용은 해당 좌담회를 통해 결정된 것으로 판단된다. 다만 주변 운명공동체 건설에 대한 구체적인 표현은 2014년 11월 중앙외사공작회의(中央外事工作会议)상의 시진핑 총서기의 발언에서 공식 확인되고 있다.

(1) 전략목표

중국 리더십은 주변외교, 주변정책의 조정과정에서 전략목표를 분명히 하였다. 다시 말해 중국의 주변정책의 목표는 양 개 백년 목표(两个一百年) 달성 – 2021년경까지 '전면적인 소강사회 실현', 2049년경까지 사회주의 현대화 강국 건설, 중화민족의 부흥임을 공식화하였다. 중국은 주변 국가와의 관계를 전면적으로 발전키시고 선린/친선을 공고히 하고 호혜 협력을 심화함으로써 중국의 발전을 위한 '중요 전략 기회기(重要战略机遇期)'를 보호/유지하고, 국가주권/안보/발전이익을 수호하겠다는 것이다. 이러한 차원에서 주변국과 정치관계를 발전시키고 경제적 유대를 공고히 하고 안보 협력을 전면적으로 심화하고 인문 연계를 더욱 긴밀히 하겠다는 것이다.

(2) 정책 구현목표[12)]

중국 리더십은 주변국과 공동 노력을 통한 주변 운명공동체(周边命运共同体) 건설을 주변정책과 주변외교의 구현목표로 제시하고, 이는 글로벌 차원의 인류 운명공동체(人类命运共同体) 건설에 앞서 추진되어야 한다는 입장을 제시하였다. 중국은 중국의 꿈(中国梦)과 주변국의 아름다움 생활(美好生活)에 대한 소망을 결합하고 지역 발전 구상을 상호 연계시킴으로써 운명공동체 의식이 주변국가에 뿌리내리게 하겠다는 것이다.

중국의 운명공동체 개념은 복잡시스템(complex systems) 관점에서 전체론적 사고(holism)를 강조하고 상생 공영의 관계를 숭상하며, 항구적 평화와 공동 번영을 주장하고 있다. 중국의 운명공동체 개념에 따르면 한 국가의 운명은 자국 국민이 결정해야 하며 세계의 미래와 운명은 각국이 공동으로 결정해 나가야 한다는 것이다. 각 나라는 자국의 이익을 추구하는 동시에 반드시 타국의 이익도 고려해야 하고, 자신의 발전을 도모하는 동시에 타국의 발전도 고려해야 한다.

중국에 따르면 운명공동체 건설은 이익공동체와 책임공동체 건설을 전제로 한다. 이익 공동체는 유관국들이 각국의 비교 우위와 경제적 상호 보완을 발전의 추동력으로 전환시키고 상호연결과 무역투자 편리화 등 깊이 있는 국제 경제협력을 통하여 세계 경제의 성장점을 구축함으로써 궁극적으로 호혜 상생의 목적을 실현하는 것을 가리킨다. 책임공동체 건설의 경우 운명공동체 실현과정에서 관련 국가나 기들이 각각 서로 다른 이익에 대한 욕구가 있을 수 있고, 동시에 각종 예측불허의 난제들과 조우할 수 있다는 점을 고려해야 한다는 것이다. 이러한 상황에서 참여하는 모든 기구나 국가들이 반드시 지혜를 모아야 하고, 공동으로 직면하는 각종 도전에 대비하며, 힘을 합쳐서 존재하는 리스크를 해소해야 하고, 이에 따른 책임도 함께 저야 한다는 것이다. 물론 각 나라의 참여 정도에는 차이가 있고 또 참여방식도 다르기 때문에 져야할 책임도 각각 다를 수 있다.

(3) 정책 기본방침

중국은 주변외교, 주변국 대외정책의 기본방침으로 친(亲)/성(诚)/혜(惠)/용(容)의 주변외교 이념 견지, '이웃과 잘 지내고 이웃을 동반자로 하며(이린위선[与邻为善], 이린위반[以邻为伴])' 이웃과 화목하게 지내고 이웃을 안정하게 하며 이웃을 잘 살 수 있게 하는 방침 견지를 내세우고 있다. 여기서 친/성/혜/용은 주변국과 선린우호 관계를 형성하고 주변국을 성심성의로 대하고 중국의 발전으로 주변국에도 혜택이 미치도록 하고 더욱 개방적이고 적극적인 자세로 지역 협력을 촉진하겠다는 것이다.

(4) 주요 정책방향

중국의 주변정책은 평화/안정, 협력/상생 구도 형성, 소프트 영역 교류 활성화 등에 중점을 두고 있다. 우선 평화/안정 수호 문제와 관련하여 중국은 주변의 평화와 안정 실현이 주변정책의 중요 목표임을 분명히 하고 있다. 둘째, 호혜/상생 구도 형성 측면에서 중국은 지역 경제

협력 기제의 적극적 참여, 인프라 상호연계 가속화, 실크로드 경제벨트와, 21세기 해상 실크로드 건설, 지역 경제 통합 신구도 형성을 강조하고 있다. 셋째, 소프트 영역 교류 활성화 차원에서는 주변국에 대한 홍보, 공공외교, 민간외교, 인문 교류 강화를 강조하고 있다.

2. 주요 대응정책

그 동안 중국 전략가들의 미국 등의 인태, 인태전략과 중국의 대응방향에 대한 논의 내용을 놓고 볼 때,[13] 중국의 인도양·태평양지역에 대한 정책과 전략은 중국의 글로벌 강대국화라는 국가전략목표를 실현하기 위한 차원에서 진행되어 왔다. 이러한 이유에서 중국의 전략은 미국 등의 인태전략의 진화과정을 의식하는 가운데 진행되어 왔다. 다만 2022년 미국의 인태전략이 범정부 차원의 개념으로 공식화하기 전까지 중국의 인태 지역에 대한 정책의 주요 내용은 기본적으로 기존의 대주변 정책이 미국 등의 요인을 고려하는 가운데 인도양·태평양 지역에 적용된 것이다.

1) 외교정책

2012년 제18차 당대회 이후 시진핑 시기 발전, 추진되어 온 중국의 대외정책과 주변정책은 2017년 중공당 제19차 당대회를 계기로 다시 한번 공식화하였다.[14] 중공당 제19차 당대회에서 중국은 2020년까지 '전면적 소강사회 실현(全面建成小康社会)', 2035년까지 사회주의 현대화의 기본 실현, 2049년까지 사회주의 현대화 강국의 전면 건설을 강조하였다. 다시 말해, 중국은 21세기 중엽까지 글로벌 초강대국의 점진적 실현을 도모하겠다는 것으로, 물질·정치·정신·사회·생태·문명 등의 현대화의 전면적 제고, 국가 거버넌스 체계의 현대화 실현, 선도적인 종합 국력과 국제 영향력 확보, 전체 인민의 '공동 부유'를 기본적인 실현을 주요 목표로 제시하고 있다.

그리고 이러한 목표 달성을 위해 중국은 중국의 대외정책(외교정책)의 사명을 '중국 특색의 대국 외교'의 실현으로 정하고 중국 인민의 복지뿐만이 아니라 시대 발전과 세계 인류 진보에 대한 기여를 주요 활동 내용으로 선정하였다. 나아가 이러한 사명을 다하기 위한 중공당 외교의 중심 임무로 '상호 존중(相互尊重)', '공평 정의(公平正义)', '협력 상생(合作共赢)'의 신형 국제관계 형성과 '항구적 평화', '보편 안보', '공동 번영', '개방 포용', '청결 미려(美麗)'의 세계-인류 운명공동체 건설을 강조하고 있다. 여기서 보편 안보는 공동·종합·협력·지속가능한 안보의 관념에 기초하고, 대화를 통한 분쟁 해결을 가리킨다.

중국은 이러한 임무 실현을 위해 글로벌 동반자관계의 적극적 발전, 대외 개방의 국가 기본 정책 견지, '공동 상의'·'공동 건설'·'공동 향유'의 글로벌 거버넌스 실현을 중국 대외정책의 주요 전략 방향으로 제시하고 있다. 이 가운데 '글로벌 동반자관계의 적극적 발전' 차원에서는 '강대국 협력 협조 추진', 미-중-러 삼각관계에 초점을 둔 '총체 안정과 균형 발전의 강대국 간 관계의 틀 구축', 친성혜용(亲诚惠容), 이린위선(与邻为善)·이린위반(以邻为伴)의 주변국 정책, 정확한 의리관(正确义利观), 진실친성(真实亲诚)에 기초한 개도국 정책으로 세분된다. 중국은 대외 개방의 국가 기본 정책 견지 차원에서 발전도상국 원조 강화와 다자간 무역체제 지지와 함께 '일대일로(一带一路)' 건설의 적극적 추진을 강조하고 있다. 아울러 중국은 '공동 상의'·'공동 건설'·'공동 향유'글로벌 거버넌스 실현을 강조하고 있고, 이 중 공동 상의는 각국이 공동 협상과 교류 심화로 상호 신뢰를 강화하고 국제정치 분쟁과 경제적 갈등을 공동 협상으로 해결하는 것을 가리킨다. 그리고 공동 건설은 각국이 공동 참여와 협력 건설 방식으로 발전 기회를 나누고 공동 이익을 확대함으로써 상호 호혜의 이익 공동체를 형성하는 것을 뜻한다. 마지막으로 공동 향유는 각국이 평등 발전과 이익의 공동 향유로 세계 각국과 '인민'이 모두 평등한 발전 기회를 누리고 세계 경제 발전성과를 공동으로 향유하는 것을 의미한다.

한편 제19차 당대회 보고는 '신시대 중국 특색 사회주의사상과 기본방략(新时代中国特色社会主义思想和基本方略)' 가운데 하나로 주변 운명공동체 건설의 진화 형태이자 글로벌판인 '인류 운명공동체(人类命运共同体)' 건설 추진 견지를 공식화하고 있다. 중국은 중국인과 세계인의 꿈은 서로 통하고 중국의 꿈은 국제환경과 안정적인 국제질서를 떠나서는 존재할 수 없다면서 중국은 지속적으로 평화발전의 길, 호혜와 상생의 개방 전략을 견지하겠다는 입장이다. 그리고 정확한 의리관, 공동/종합/협력/지속가능한 신안보관을 견지해 나감으로써 인류 운명공동체 건설에 기여하겠다는 것이다. 그리고 2022년 현재 중국의 인류 운명공동체 건설 구상은 지리적 측면에서는 아시아 운명공동체, 중국-아세안 운명공동체, 중국-중앙아시아 운명공동체 중국-아프라키아 운명공동체, 중국-아랍 운명공동체, 중국-남태평양 운명공동체 구상으로 진화하고 있고, 영역 측면에서는 정치공동체, 안보공동체, 경제공동체, 발전공동체, 인문공동체, 생태공동체, 해양공동체, 사이버공간 공동체, 보건건강공동체 등으로 세분화되어 있다.[15)]

중국의 이와 같은 주변 운명공동체 건설 구상은 동남아시아와 서남아시아 국가들의 호응 속에 일정한 성과를 거두고 있다. 예를 들면,

2016년 3월 란창 메콩 협력 사업에서 양국 리더 회의는 '산야선언(三亚宣言)'이라는 공동 문건을 발표하였는데 이 선언은 평화 번영의 란창-메콩 운명공동체 건설을 강조하였다. 이후 중국은 파키스탄, 캄보디아, 라오스, 미얀마 등과 운명공동체 건설에 관한 행동계획과 협력 문건에 서명하였다.[16] 그리고 2021년 12월 개최된 장관급 회담인 '중국-아프리카 포럼(中非合作论坛-达喀尔行动计划 2022-2024)'도 중국-아프리카 전면적 협력 동반자 관계의 부단한 제고와 함께 더욱 긴밀한 중국-아프리카 공동체 건설, 사이버공간 운명공동체 건설 등에 합의하였다.[17]

2) 경제정책

중국 전략가들에 따르면 중국의 주변정책이 추구하는 주변 운명공동체 건설은 복잡시스템 엔지니어링(complex systems engineering) 성격을 지니고 있다. 이에 따라 중국은 지역경제협력 강화를 통한 주변국가와의 상호작용과 상호 상생의 구도 심화를 도모하고 있다.

2013년 주변외교업무좌담회를 계기로 마련된 중국의 주변경제전략에 따르면 중국은 호혜 상생의 구도 형성 차원에서 경제, 무역, 과학기술, 금융 등 제반 자원을 통합적으로 운용하고 비교우위의 관점에서 주변국가와 호혜 협력의 심화 영역을 발굴하고 지역경제협력에 적극적으로 참여하는 정책을 마련하였다. 이러한 정책은 아래와 같은 세부정책으로 구분되고 있다. 첫째 중국은 관련 국가와의 공동 노력으로 기초 인프라의 연계 가속화, '실크로드 경제벨트', '21세기 해상 실크로드' 건설을 추진한다는 구상을 마련하였다. 둘째, 중국은 주변(주변국, 주변지역)을 기초로 자유무역전략을 추진해 무역과 투자 협력 공간을 확대하면서 지역경제 통합이라는 신구도를 형성하겠다는 입장을 정하였다. 셋째, 중국은 지역 금융 협력을 강화해 금융안전 네트워크를 개선한다는 구상을 마련하였다. 넷째, 중국은 자국의 연해 및 국경지역 개방을 통해 이들 지역과 주변국 간 호혜 협력 관계를 발전시킨다는 계획을 수립하였다. 그리고 이러한 구상은 실제 아래와 같은 영역에서 구체적인 정책으로 계승되었다.[18]

(1) '일대일로' 건설을 통한 복합적 상호연계 강화

중국의 전략가들에 따르면 일대일로 이니셔티브는 중국이 추진하는 인류 운명공동체와 주변 운명공동체 건설을 위한 주요 플랫폼의 성격을 지니고 있다. 일대일로의 첫째 협력 파트너는 주변국가로 실크로드 경제벨트는 6개의 중요 경제협력회랑을 통과하고 21세기 해상실크로드는 여러 개의 선로(線路)로 분리되면서 중국과 주변국가 간 이익을 상호 연계시킨다. 중국은 인프라, 곧 하드 연결을 중요 방향으로 규칙과 표준, 곧 소프트 연결을 중요 지렛대로 주변국가와 일대일로 건설을 통해 협력하고 공동발전을 모색한다는 것이다. 중국은 주변지역의 철로, 고속도로, 항공, 항구, 전력, 통신 건설을 고도로 중시하고 육상/해상/공중/네트워크 복합형 상호연계 구도의 개선을 추진하고 있다. 2021년 다수의 일대일로 중요 인프라 프로젝트가 완성되었다. 여기에는 중국-미얀마 철도 연결, 중국-파키스탄 경제회랑 송전 사업 등이 포함된다.

소프트 연결 측면에서 중국은 공동 상의/공동 건설/공동 향유의 건설 원칙을 견지하고 주변국가와 적극적으로 정책 소통과 규칙 협조를 강화하기 위해 노력하고 있다. 2013년 이후 일대일로 이니셔티브는 인도네시아가 제기한 글로벌 해양 축(Global Maritime Axis) 구상, 아세안이 발표한 '2025 아세안 연결 마스터플랜(the Master Plan on ASEAN Connectivity 2025)', 러시아가 주도하는 유라시아경제연합(EEU: Eurasian Economic Union), 베트남이 제기한 '2개 회랑 1개 원(两廊一圈, two corridors one circle)', 몽골이 제기한 '초원의 길'(草原之路) 등 주변지역 국가의 발전계획과 상호연계를 실현하였다.

한편 중국은 2021년까지 147개 국가, 32개 국제조직과 200여건에 이르는 일대일로 협력문건에 합의하였고, 이중 중국-파키스탄 경제회랑, 중국-라오스 철도, 중국-태국 철도, 부다페스트-베오그라드 철도, 자카르타-반둥 고속철도 등은 대표적인 사업이다.[19)]

(2) 양자 또는 지역 자유무역협정을 통한 자유무역 촉진

최근 국제적 차원에서 다자간 무역협정 체결이 어려움을 겪으면서 양자 또는 지역 자무유역협정이 발전하고 있다. 중국은 양자 차원에서 2022년 6월 현재 약 20개 주변국가 또는 지역 조직과 자유무역협정을 체결하였고, 파키스탄, 아세안, 뉴질랜드와는 자유무역협정 업그레이드판을 체결하였다. 지역 차원의 경우 중국이 주도적으로 아세안과 공동으로 추진해 온 역내포괄적경제동반자협정(RCEP)은 2022년 1월

표 5.1 중국의 자유무역협정 추진 동향

기체결	협상중	검토중
RCEP, 캄보디아, 모리셔스, 몰디브, 조지아, 호주, 한국, 스위스, 아이슬란드, 코스타리카, 페루, 싱가포르, 뉴질랜드, 칠레, 파키스탄, 아세안, 홍콩, 마카오	GCC, 노르웨이, 한중일, 스리랑카, 이스라엘, 팔레스타인, 몰도바, 파나마 (개선협상) 한국, 페루	콜롬비아, 피지, 네팔, 캐나다, 방글라데시, 몽골, 파푸아뉴기니, 스위스 (개선검토) 스위스

출처: "中国-马尔代夫自由贸易区." (검색일: 2022. 6. 17), http://fta.mofcom.gov.cn/maldives/maldives_special.shtml

정식 발효됐다. 2020년 중국과 RCEP 회원국간 무역 규모는 중국 대외무역 총액의 1/3에 이른다. 회원국 사이에는 90% 이상의 화물 무역이 비관세 적용을 받고 서비스 무역 투자 영역에서 외자에 대한 대외개방이 크게 확대될 전망이다.

(3) 다자 기구를 통한 사회 인프라 융자 중심의 협력 추진

아시아인프라투자은행(亚洲基础设施投资银行, AIIB)은 중국이 처음으로 주도해 설치한 다자간 개발 융자기구로서 인프라 융자 네트워크 개선에 집중해 아시아 지역의 인프라 건설과 상호연계, 나아가 주변국가/아시아/글로벌 협력 추진을 위한 것이다. 시진핑 주석은 아시아인프라투자은행은 회원국 간 공동발전을 촉진하고 인류 운명공동체 건설을 위한 새로운 플랫폼이 되어야한다고 지적했다. 6년간의 건설과 발전을 거쳐 아시아인프라투자은행은 지속적으로 확대, 발전해 2022년 2월 현재 회원국은 105개에 이르고 총 168개의 프로젝트를 비준했으며 투자금액은 총 340억 달러에 에른다. 중국측은 이를 통해 주변국가와 아시아의 경제 발전에 이바지한 것으로 평가하고 있다. 특히 2020년 4월 아시아인프라투자은행은 신종 코로나 위기 회복기금(新冠肺炎危机恢复基金)을 설치하였다. 이 기금은 회원국의 공중위생, 경제발전 등의 긴급한 융자 지원을 위해 마련됐다. 2022년 3월까지 아시아인프라투자은행은 신종코로나 위기 회복기금에서 46개 프로젝트, 총 115억 달러 이상의 융자를 비준하였다.

(4) 주변국가와 소지역(subregion) 협력 전개

인도차이나 반도에서 란창-메콩강 지역국가들은 란칭-메콩강 국가운명공동체를 제기하고, '3+5' 협력 프레임을 확정하였다. '3+5' 협력

프레임은 정치-안보, 경제/지속가능한 발전, 사회-인문 3대 협력을 지렛대로 상호연계, 생산능력, 국제경제, 수자원, 농업 빈곤감소 5개 기능을 우선 방향으로 하는 협력 프레임을 가리킨다. 남아시아 아대륙(subcontinent)에서는 중국과 파키스탄이 중국-파키스탄 경제회랑 건설을 중심으로 과다르(Gwadar)항, 에너지, 인프라 건설, 산업협력을 중점으로 한 '1+4'협력 구도를 형성하고 있다. 중앙아시아 지역에서 중국은 상하이협력기구(SCO)의 틀 내에서 보건건강공동체, 안전공동체, 발전공동체, 인문공동체 등 중요 이셔티브를 제기하고 각 영역의 협력을 도모하고 있다.

3) 안보정책

2017년 제19차 당대회 보고에서 중국은 신안보관의 수립, 다른 국가의 이익의 희생을 대가로 자기의 발전을 추구하지 않음, 자기의 정당한 권익을 결코 포기하지 않고 어떤 누구도 중국이 자신의 이익이 손상되는 것을 용인할 것이라는 환상을 가져서는 안 됨, 중국은 영원히 패권이나 확장을 추구하지 않고 세계 평화의 건설자이자 글로벌 발전의 공헌자, 국제 질서의 수호자 역할을 수행할 것 등을 강조하였다.[20] 이 가운데 신안보관은 2014년 5월 아시아 교류 및 신뢰구축회의(CICA) 제4차 정상회의에서 시진핑에 의해 처음으로 공식 제기된 '신아시아 안보관(新亚洲安全观)'에서 기초하고 있다. 곧 시진핑은 이 회의에서 '공동 건설·공유·상생'의 아시아 안보를 실현하기 위해 '공동·종합·협력·지속 가능한 아시아 안보관'을 내용으로 한 아시아 신안보관을 수립하자고 제안했다. 이 안보관에는 특정 국가의 안보 희생을 대가로 한 다른 국가의 안보 실현 반대, 아시아 국가에 의한 아시아 안보 등이 포함된다. 한편 최근 중국은 주변 운명공동체와 인류 운명공체의 기본 요건으로 상호간의 핵심이익과 중대한 관심사항에 대한 존중과 지지를 요구하고 있다.

시진핑 시기 중국은 글로벌 초강대국의 점진적 실현에 걸맞은 강군(强军) 건설을 주요 국가 목표로 설정한 가운데 중국군의 전략목표에 '글로벌 배경 하의 정보화 국부전쟁 승리, 세계 일류의 군대 건설', 총체국가안전(总体国家安全) 실현을 위한 전쟁·전쟁 외 군사작전(MOOTW) 임무 수행, 해외이익 수호 등을 포함시키고 있다. 그리고 최근에는 대만 문제 등과 관련하여 중국군의 전략능력 제고를 강조함으로써 유사시 대만 문제의 물리적 해결 가능성도 열어놓고 있다. 이와 함께 최근 중국은 해외이익 수호를 명분으로 군사력의 해외운용에도 적극적인 관심을 보이고 있고 미국을 대신해 역내 안보 공공재를 제공하는 문제에 대한 논의를 강화해 가고 있다.[21]

3. 도전 요인과 향후 전망

1) 미국의 역내 주도권 유지 공세 심화[22]

2022년 4월 시진핑 국가 주석의 중국 보아오포럼(博鳌亚洲论坛) 개막식 연설과 같이 중국의 리더십은 중국과 세계가 '세계의 변화(世界之变)', '시대의 변화(时代之变)', '역사의 변화(历史之变)' 상황에 놓여 있는 것으로 평가하고 있다.[23] 곧 100년만에 국제 정치경제의 중심이 서구에서 아시아로 변화하고 있고 서구 국가들이 무시하기 힘들 정도로 신흥국가들의 역량이 크게 성장하고 있으며 중화민족의 부흥이 가능한 시대에 접어들고 있다는 것이다. 이에 따라 향후 일정 시기 국제 정세가 크게 불안정해지면서 각종 새로운 문제와 도전이 있을 것으로 예상하고 있다.

(1) 미국 주도의 인태전략 심화

중국의 전략가들에 따르면 미국의 바이든(Joe Biden)정부는 기본적으로 트럼프(Donald Trump)정부 시기의 대중국정책을 계승하면서도 중국의 발전과 경쟁력 약화를 위한 조치를 포함한 중국과의 전면적 경쟁 정책을 본격화하였다. 이에 따라 우선 중국을 겨냥한 각종 제약과 억지 조치가 취해졌고 과학기술, 공급망 영역에서 선택적 탈동기화 노력이 진행되고 있다. 둘째, 인태전략을 확대, 강화하고 미국·영국·호주 3개국 안보동맹체인 오커스(AUKUS), 미국/일본/인도/호주 4개국이 참여하는 비공식 안보협의체 쿼드를 본격화하고 중국이 제외된 인태경제프레임워크(IPEF)을 기획하였다. 셋째, 미국은 다수의 국가가 남중국해 문제에 개입하도록 유도하면서 대규모 군사연습을 조직하고 있다. 넷째, 대만 문제에서는 더 많은 동맹국과 파트너 국가들이 대만 당국과 관계를 확대하도록 유도하고 있다.

중국은 미국의 이러한 조치로 주변환경이 악화하고 있는 것으로 평가하고 있다. 미국이 동맹국, 준동맹국, 신뢰할 수 있는 우방국들로 이른바 대중국 연합전선 구축을 시도하면서 중국을 기술과 공급망에서 배제하고 중국을 약화시키기 위한 프로젝트를 추구하고 있다는 것이다. 중국 전문가들에 따르면 미국과 그 동맹세력이 중국 주변국가에 대한 원조를 증가하거나 압박하는 방식으로 자신들의 대중전략을 지지하거나 참여하도록 유도하고 있다. 이러한 상황에서 다수의 주변국가들은 미중 어느 쪽에도 서는 것을 피하려 하고 있으나 일부 국가들은 선택을 하지 않을 수 없는 모습도 출현하고 있다. 예를 들면, 네팔은 최근까지 일대일로 참여 등으로 중국과의 관계가 강화되는 상황이었지만 2022년 인태전략의 하나로 추진되고 있는 미국 해외 원조기구 밀레니엘 첼린지 코포레이션(MCC)의 인프라 투자 프로젝트를 승인하였다.

한편 중국 당국은 미국의 인태전략이 중국을 겨냥한 것으로 결국 실패할 수밖에 없을 것으로 평가하고 있다. 2022년 5월 중국 외교부장 왕이(王毅)는 중국-파키스탄 외교장관 회의에서 인태전략을 전면으로 비판하였다. 그에 따르면 미국의 인태전략은 국제적으로 특히 아태지역 각국의 경계와 우려를 낳고 있고 비단 '아태'라는 표현을 사용하려 하지 않을 뿐만 아니라 기존 아태지역의 효율적 협력 프레임워크, 역내 국가들이 그동안 이룬 수십 년간의 성과와 발전을 지우기 위한 것이다. 아태 지역 국가들은 특정 진영에 가담하기를 희망하지 않고 있고 이들의 주류적인 목소리는 상호 공존/협력/상생이다. 아태지역의 시대적 조류는 지역 통합, 아태 운명공동체(亚太命运共同体) 건설이다. 미국의 인태전략과 자유 개방 구호는 파트너를 끌어들여 소집단을 만들기 위한 것이고 중국 주변의 환경변화 시도는 중국 봉쇄가 목적으로 아태 국가를 경마잡이로 활용하려는 것이다. 왕이 부장에 따르면 특히 위험한 것은 미국이 대만 카드, 남중국해 카드를 적극 활용해 다른 지역, 나아가 아태지역에서 혼란을 도모하는 것으로, 미국의 인태전략은 대립 선동, 평화 파괴 전략으로서 필연적으로 실패하게 될 것이다.[24]

(2) 북대서양 조약기구의 글로벌·아태지역 확장 가능성 대두[25]

중국의 전략가들에 따르면 북대서양조약기구(NATO)는 냉전 이후에도 생존을 계속하기 위해서 새로운 '가치' 관념이나 전략대상을 생성하면서 새로운 위기를 조장해 왔다. 이와 관련 베이커(James Addison Baker III) 전 미국 국무장관은 일찍이 나토는 그 성격상 군사동맹을 넘어서 서구와 밀접히 관련된 가치관을 전파하는 중요한 기능을 지니고 있다고 주장했다. 예를 들면, 나토는 냉전 이후 민주/자유/인권이라는 미명 아래 일련의 대외 간섭활동을 전개하였다. 스웨덴과 핀란드 등 북유럽 국가들은 역사적으로 가치관이 반영된 대외정책을 중시해왔다. 따라서 이들이 나토에 가입하게 될 경우 나토의 대외정책에는 더욱 가치관 요인이 반영되거나 일정 정도 나토가 가치관을 명분으로 글로벌 차원에서 간섭행동을 강화할 가능성이 있다.

중국 안보 전문가들에 따르면 미국의 강대국 전략경쟁을 지원하기 위해서 나토는 최근 활동 영역을 확장해 왔다. 그리고 나토는 새로운 전략적 대상을 세우기 위해서 노력해 왔고 중요한 방향 가운데 하나는 아태지역 개입, 중국 억지이다. 만일 스웨덴과 핀란드가 나토에 가입할 경우 나토는 유럽의 지리적 확장의 극한에 이르게 되고 이렇게 되면 나토는 유럽 내 확장, 러시아 억지라는 지전략적 공간의 역할을 완성하게 된다. 이후 나토는 능력과 자원을 세계 기타 지역의 사무에 개입하고 새로운 전략적 대상을 물색하는 데 활용할 것이며 특히 미국의 인태전략에 집중적으로 참여하게 될 가능성이 있다. 이와 관련, 2022년 4월 스톨텐베르그(Jens Stoltenberg) 사무총장은 나토의 신전략구상 제정과 관련하여 처음으로 중국의 글로벌 무대에서 점진적 영향력 확대 확대와 협박성 정책을 검토할 예정이라고 밝혔다. 이와 함께 트러스(Liz Truss) 영국 외무장관은 나토는 당연히 글로벌화해야 하고 인태 지역의 위협을 선제적으로 예방하는 한편 일본, 호주 등의 협력국들과 태평양을 보호해야한다고 주장했다. 실제 나토는 현재 태평양국가들과 긴밀한 관계를 맺기 위해 노력하고 있다. 2022년 4월 일본, 한국, 호주, 뉴질랜드 국가의 외무장관이 나토 외교장관회의 참석하였다. 그리고 같은 해 6월 일본과 한국은 스페인 마드리드에서 개최된 나토정상회담에 참석하였다. 중국의 전략가들은 이러한 점을 놓고 볼 때 향후 나토는 진영 대립과 집단 대립의 관점에서 아태지역 문제에 개입하면서 향후 '아태' 지역 평화와 안정이 크게 위협받을 가능성이 있는 것으로 예상하고 있다.

한편 중국은 이와 같은 미국 주도의 대중국 압박에도 국제정치의 힘의 재분배 과정은 피할 수 없고 중화민족의 부흥, 중국의 글로벌 강국 실현은 시대적 추세라는 입장이다. 이러한 이유에서 중국 지도부는 현재 세계는 '백년만에 크게 변화하는 상황(百年大变局, 경제 정치의 중심의 아태지역으로의 이동)'에 있고 중화민족의 부흥은 되돌리기 어려운 국면으로 진입하고 있다는 입장을 공식화하고 있다.[26)]

2) 예상 대응

자국의 국력 성장에 대한 자신감과 미국의 대중국 압박 심화라는 위기감이 교차하는 상황에서 향후 중국은 '핵심이익' 수호, 글로벌 강국 건설, 주변/아태/글로벌 운명공동체 건설이라는 전략목표를 실현하기 위해 대외정책 제반 영역과 지역/국가별로 다양한 정책을 전개해 나갈 전망이다.

(1) 주요 영역별 정책 전망

향후 중국의 인태전략환경에 대한 대응 정책은 2022년 전국인민대표대회(전국인대)와 전국인민정치협상회의(전국정협) 회의, 이른바 '양회(兩會)' 기간 발표된 리커창(李克强) 총리의 정부공작보고(政府工作报告)를 통해 확인할 수 있다.[27] 구체적으로 정부공작보고에서 중국은 '독립 자주의 평화외교 정책 견지', '중단 없는 평화 발전의 길 견지', '신형 국제관계 건설 추동', '인류 운명공동체 건설 추동', '글로벌 발전 이니셔티브 구체화 추진', '전 인류 공동체 가치의 고취' 등을 주요 대외정책 추진방향으로 제시하였다. 이러한 중국의 대외정책에서 '글로벌 발전 이니셔티브 구체화 추진(推进落实全球发展倡议)', '전 인류 공동 가치의 고취(弘扬全人类共同价值)'는 2022년에 새롭게 추가된 내용이다.

최근 긴장이 고조되고 있는 양안(兩岸) 문제와 관련하여 2022년 중국의 정부업무보고는 '대만 업무에 대한 (기존) 국정방침 견지', '신시대 (중공)당의 대만문제 해결에 대한 총체 방략의 관철', '하나의 중국 원칙과 9·2 컨센서스(九二共識 92공식) 견지', '양안관계의 평화 발전과 조국통일 추진', '대만 분열 행위(行径, 방법, 방식)에 대한 결연한 반대', '외부세력의 간섭에 대한 결연한 반대'을 주요 대만정책으로 제시하였다. 이 중 '신시대 당의 대만문제 해결에 대한 총체방략의 관철(贯彻新时代党解决台湾问题的总体方略)'과 '외부세력의 간섭에 대한 결연한 반대(坚决反对外部势力干涉)'는 이번 정부업무보고에 처음 포함되었다.

경제 영역에서 중국의 미래 정책 방향은 대외무역 안정 보장, 적극적인 외자 이용, 고품질의 일대일로 건설, 양자/다자 경제협력 심화이다. 중국은 대외무역 안정 영역에서는 혁신 서비스 무역, 디지털 무역 장애물 제거 등이 포함될 예정이다. 양자/다자 경제협력 심화 차원에서는 RCEP 후속조치, 세계무역기구 개혁 등을 추진할 전망이다.

2022년 정부업무보고에 따르면, 올해 중국군의 주요 정책 방향은

'시진핑 강군 사상의 관철', '신시대 군사전략방침 관철', '건군 백년 분투 목표의 확고한 추진', '중공당의 영도와 건설의 전면 강화', '군사훈련과 전쟁 대비 전면 심화', '군사투쟁의 확고하고 민활한 전개', '국가주권/안보/발전이익의 수호', '현대 군사물류체계와 군대 현대 자산관리체계 건설의 가속화', 국방과 군대 개혁 지속 심화, '국방과학기술 혁신 강화', '신시대 인재 강군 전략 실시 심화', '의법치군(依法治军)과 엄격한 치군(从严治军) 추진', '군대의 고품질 발전 추진', '국방과학기술공업 배치 최적화', '국방동원체제 개혁의 완성', '전 국민 국방교육 강화' 등이다. 이중 '군사투쟁의 확고하고 민활한 전개', '현대 군사물류체계와 군대 현대 자산관리체계 건설의 가속화', '무기장비의 현대화 관리체계 구축', '국방과학기술 혁신 강화', '신시대 인재 강군 전략 실시 심화', '군대의 고품질 발전 추진'은 이번 정부업무보고에 새롭게 추가된 것으로 중국 군사 영역의 정책이 대폭 강화해 가고 있음을 보여주고 있다.

(2) 주요 지역/국가별 전망

우선 중국은 대미정책의 일환으로 대만 문제 등 핵심이익 문제에서 원칙적인 입장을 견지하면서도 미중 간 전략경쟁의 극단화를 예방하고 협력공간을 확대하기 위해 노력할 것이다. 특히 중국은 미국의 중간선거 상황을 미중 전략관계의 안정화를 위한 계기로 활용하려 할 것이다. 현재 미중은 정치, 경제, 사회, 군사 다양한 이슈에서 의견을 달리하면서도 여러 영역에서 대화와 협상의 여지를 두고 있다. 중국은 러시아-우크라이나전쟁(이하 러우전쟁) 발발을 계기로 EU의 대중 감정 악화와 NATO 확장 가능성을 견제하는 가운데 양측간 경제협력을 강조하고 EU의 전략적 자율성 제고를 격려할 것이다. 한편 러시아-우크라이나전쟁 발발 이후 러시아의 대중국 접근 노력이 강화될 것으로 예상되는 가운데 향후 양국 간 협력은 정치, 안보, 군사, 경제, 무역, 인문, 에너지 등 제반 영역에서 더욱 강화해 갈 전망이다.

중국은 미국 주도의 서구 공세에 대응하기 위해 브릭스(BRICS)와 개도국 주도의 글로벌 거버넌스 강화를 위해 더욱 노력할 것이다. 이와 관련 중국은 2022년 연초 신흥 시장 국가와 개도국과의 협력을 강화하기 위해 유엔 내부에 60여개 회원으로 구성된 '글로벌 발전 이니셔티브 친구 그룹(Group of Friends of The Global Development Initiative, 全球发展倡议之友小组)'을 발족하였다. 그리고 2022년 5월 중순 브릭스국가와 지역 강대국들의 외교장관이 참여한 브릭스 국가와 신흥시장/개발도상국 외교장관 화상회의를 개최하고 이들 국가간 협력 방향에 대해 논의하였다.

지역 차원에서는 아세안 간 대화기제 강화, 상하이협력기구(SCO)의 확장 등 지역 다자안보틀을 지속적으로 활용하면서 주변 지역 안정화를 위한 노력을 지속해 나갈 것이다. 중국은 대주변정책의 관점에서 아시아를 넘어 중동, 아프리카, 남태평양와의 관계, 교류, 협력 강화를 위해 노력할 것이다. 특히 중국은 개방과 다자주의를 강조하면서 역내포괄적경제동반자협정(RCEP) 출범에 적극적인 역할을 한 데 이어 포괄적·점진적 환태평양경제동반자협정(CPTPP)에도 적극 참여함으로써 새로운 개방 경제 모델 구축을 위해 노력할 전망이다.

이와 함께, 중국은 '일대일로'의 질적 발전을 통해 녹색/개방/청렴의 이념을 견지하고, 실용적 협력을 심화해 안전보장을 강화하고 공동발전을 촉진하는 한편 에너지, 환경 등 다양한 국제 거버넌스 기제에서 역할을 지속적으로 강화해 나갈 것이다.

(3) 한반도 정책 전망

중국의 대한반도정책은 한국의 대중 봉쇄 참여 예방, 한중 전략관계 안정화에 초점을 둘 것이다. 나아가 중국은 2022년 한중 수교 30주년을 계기로 한 경제/사회/고위층 교류 등 제반 영역에서 양국 관계의 심화、발전, 북한 비핵화를 핵심으로 한 한반도 비핵화 문제에도 관심을 기울일 것이다. 이러한 입장은 왕치산(王岐山) 중국 부주석이 한국 신정부 출범과 관련하여 한국을 방문하고 한중관계 발전을 위해 다섯 가지 방안을 공식 제안한 데서 확인할 수 있다. 왕 부주석의 공식 제안 내용은 아래와 같다. 첫째, 전략 소통과 고위층 교류 강화 및 각 방면과 각층의 대화 교류의 진일보한 전개, 둘째, 실질적 협력 심화, 발전 전략 연계 강화, 중점 영역과 제3의 시장 협력 심화, 양국 협력의 품질 제고 추진. 셋째, 지리적 인접성과 문화 및 인간적 관계의 긴밀성의 이점을 발휘해 수교 30주년과 한중문화교류의 해를 계기로 양국민의 우호에 유리한 활동 전개함으로써 양국관계 발전을 위한 긍정적 시너지 제공. 넷째, 국제사무에 대한 소통과 협조 강화, 다자주의와 자유무역 체계 보호로 지역과 글로벌 번영 촉진. 다섯째, 한반도 사무 협력 강화 및 민감한 문제의 합리적 처리. 마지막으로 한반도 문제의 경우 중국은 남북한 관계 개선 지지, 화해 협력 추진, 한국과의 소통 강화, 한반도 비핵화와 영구 평화 추진 희망.[28]

4. 시사점 및 정책 제언

1) 시사점

지금까지 살펴본 것처럼 미국 주도의 '인태전략'과 미중 전략경쟁 상황에서 중국은 기존의 글로벌 강대국 건설, 운명공동체 건설 노선을 지속할 전망이다. 이러한 상황은 향후 한반도 안보와 발전 환경에 다양한 영향을 줄 것이다.

우선 중국의 '운명공동체', '일대일로' 구상은 기본적으로 통상과 무역 영역을 뛰어넘어 경제, 정치, 사회, 문화 제반 영역에서 유관국가 간 연계와 상호작용을 강화함으로써 글로벌/지역 차원에서 새로운 발전 환경과 안보 환경을 형성하려는 전략의 산물이다. 다시 말해, 중국의 구상은 경제 영역을 중심으로 호혜적인 상호작용을 유도하고 이를 기초로 정치/사회/문화 영역으로 상호 이해와 연계를 점진적으로 확산하고 강화함으로써, 유관 국가 간의 상호 관계에서 지속적인 긍정적 피드백(positive feedback)을 이끌어내 전체 글로벌/지역 시스템 상에서 새로운 국제 안보와 국제 협력을 창발(創發, emergence)하려는 구상으로 풀이된다. 이와 같은 중국의 구상은 기본적으로 복잡 시스템 이론의 긍정적 시스템 효과(positive system effect) 이론에 기초하고 있는 것으로 평가된다. 실제 세계에서 이와 같은 긍정적 시스템 효과를 통해 열악한 환경을 극복하고 협력과 공생의 시스템을 구축한 사례로는 인도네시아 발리 원주민들의 계단 논 경작 시스템을 들 수 있다. 이들 원주민은 중앙통제 시스템 없이 수문학(hydrology)과 벼 농사에 능통한 사원(temple)이라는 종교 조직의 정직한 중재 아래 관개 시스템과 물리적인 분수계(分水界)를 통해 계단 논 지대의 항시적인 물 부족 문제를 해결하고 경작 시스템 내 모든 농민들이 상생하는 한편 인간과 자연의 공존을 가져오는 상호 협력적 경작 시스템을 오랜 기간 유지해 오고 있다.[29)]

한편 중국의 새로운 국제 안보와 협력 환경 형성 전략은 미국의 글로벌 및 인태전략과 경합관계에 있고, 미중 양국의 경합은 본질적으로 리더십 경쟁(또는 패권 경쟁)의 성격을 지니고 있다. 그리고 이러한 양국 간의 경쟁은 미국의 대중국 공세 속에 중국의 의도와는 무관하게 정치, 외교, 경제, 군사 등 제 방면에서 점차 심화해 갈 가능성이 있다. 이러한 상황은 경제, 안보 측면에서 한국에 상당한 부담으로 작용할 것이다.

2) 정책 제언

이와 같은 상황에서 한국은 무엇보다도 지속 가능한 발전, 한반도 안보와 평화 실현을 목표로 국가능력과 자율성 제고에 일차적인 관심을 두면서 대외전략을 전개할 필요가 있다. 그리고 한국은 이러한 전략적 관점에서 출발해 앞으로도 상당 기간 미국, 중국 등 주요 강대국과 상호신뢰와 안정적인 관계를 유지하기 위해서 기존보다 더욱 큰 지혜와 노력을 발휘해야 할 것이다. 한중 관계에 국한할 경우 한중 간의 지리적 근접성과 양국군의 높은 현대화 수준(군사력의 장거리 투사능력)과 미래 발전 전망, 양국 간의 높은 수준의 경제적 상호의존은 한국에 양국 전략관계의 안정적 관리를 요구하고 있다.

이를 위해서는 무엇보다도 한중 양국의 상호 존중과 상대방 관심사와 우려에 대한 이해와 배려가 필요하다. 중국은 한국의 우려(중국의 일방적인 북한 편들기), 한국은 중국의 우려(미국 주도의 대중국 봉쇄

전선 참여)에 귀 기울일 필요가 있다.

둘째, 미래 국제정치 환경의 불확정성, 중국의 대외전략의 성공 가능성을 놓고 볼 때 대중국 개입정책은 앞으로도 지속될 필요가 있다. 예를 들면, 중국의 일대일로, 주변정책의 진척에 동반한 중국군의 주변지역과 글로벌 존재감 강화 움직임과 관련해 국제 사회의 합리적 우려를 해소하기 위한 제도적 장치 건설을 포함한 다양한 대응 노력이 필요하다.

셋째, 한중 관계의 장기적인 안정 보장을 위해서는 민간 영역의 커뮤니케이션의 건전화에도 주목할 필요가 있다. 이는 한국과 중국 내 민족주의 감정의 격화와 상대국에 대한 부정적 인식의 심화가 장기적으로 한중의 정치적 신뢰를 약화시킬 수 있기 때문이다. 이러한 현상은 미중 전략경쟁을 배경으로 양국의 인터넷 매체를 주요 매개체로 미스인포메이션(misinformation, 과장되거나 잘못되거나 편집된 정보)의 확산 속에 현실에 실재하는 문제 이상으로 악화되어 가는 추세이다. 향후 이러한 상황이 고착화된다면 향후 양국 정부가 동원할 수 있는 정책의 선택지를 축소시키면서 양국의 전략공간 운용 능력을 약화시킬 수 있다.

마지막으로 한국은 미중 전략경쟁의 심화와 이에 따라 더욱 복잡해지는 국제정치 환경에서 장기적이고 전략적인 관점을 유지하면서 한국의 안보이익과 전략공간을 최대화하기 위한 다양하고 창의적인 정책 개발에 더욱 관심을 기울여야 할 것이다. 실제 현시점에서 미중 전략경쟁에서 지역과 국가별로 차이가 존재하긴 하지만 다수의 국가들은 특정 강대국을 선택하기보다는 자국의 이해관계를 우선시하면서 실용주의적 접근을 기본 전략으로 채택하고 있다.

주

1) “中华人民共和国宪法修正案 2018年 3月 11日 第十三届全国人民代表大会第一次会议通过),”『新华网』, http://www.xinhuanet.com/polit ics/2018lh/2018-03/11/c_1122521235.htm
2) 李开盛, “中国周边外交: 70年来的演变及其逻辑,”『国际关系研究』, 2019年 第4期
3) 다른 주석이 없는 경우 陈琪·管传靖, “中国周边外交的政策调整与新理念,”『当代亚太』, 2014年 第3期.
4) 张贵洪·余姣 “周边国际组织与中国的周边外交,”『武汉科技大学学报(社会科学版)』, 第24卷 第3期(2022).
5) 祁怀高, “构建面向未来十年的“大周边外交战略,”『世界知识』, 2014年第 4 期; 祁怀高·石源华, “中国的周边安全挑战与大周边外交战略,”『世界经济与政治』, 2013年 第 6 期; 陆忠伟等, “解读中国大周边,”『世界知识』, 2004年 第24期; 陈向阳, “中国推进‘大周边战略’正当时,” http://comment.cfisnet.com/2015/0116/1300445.html
6) 陈向阳 (2015).
7) 赵青海, “‘印太’概念及其对中国的含义,”『现代国际关系』, 2013年 第7期.
8) 吴兆礼, “印太战略的发展、局限及中国应对,”『新疆师范大学学报(哲学社会科学版)』, 第39卷 第5期(2018).
9) 吴兆礼 (2018).
10) 吴兆礼 (2018).
11) 다른 주석이 없는 경우 “习近平在周边外交工作座谈会上发表重要讲话强调: 为我国发展争取良好周边环境,”『人民日报』(2013年 10月 26日); “习近平出席中央外事工作会议并发表重要讲话,”『新华网』(2014年 11月 29日),http://www.xinhuanet.com/politics/2014-11/29/c_1113457723.htm; “五年来, 习近平这样谈周边外交,”『新华网』(2018年 10月 25日), http://www.xinhuanet.com/politics/xxjxs/2018-10/25/c_1123609951.htm
12) 중문번역연구원, 『중국 키워드』(파주: 경지 출판사, 2019), p. 39.
13) 韦宗友, “美国在印大地区的成略调整及其地缘成略彩响,”『世界经济与政治』 2013年 第10期; 陈邦瑜·韦红, “试论‘印太时代’及中国的战略应对,”『印度洋经济体研究』, 2015年 第2期; 夏立平·钟琦, “特朗普政府‘印太战略构想’评析,”『现代国际关系』, 2018年 第1期; 吴兆礼, “印太战略的发展, 局限及中国应对,”『新疆师范大学学报』哲学社会科学版) 第39卷 第5期(2018).
14) “习近平在中国共产党第十九次全国代表大会上的报告,”『求是网』(2017年 12月 3日), http://www.qstheory.cn/llqikan/2017-12/03/c_1122049424.htm
15) 赵鸿燕, “践行人类命运共同体理念的中国担当,”『光明网』2022年 1月 26日, https://guancha.gmw.cn/2022-01/26/content_35478478.htm
16) 刘卿, “新时代中国周边外交的理论创新与实践,”『国际问题研究』2022年 第2期.
17) “中非合作论坛—达喀尔行动计划(2022–2024),” 2021–12–02, https://www.mfa.gov.cn/wjbzhd/202112/t20211202_10461174.shtml

18) 다른 주석이 없는 경우 伏瞻, "引领区域经济合作新实践深入构建周边命运共同体,"『当代世界』, 2022年 第4期.
19) 赵鸿燕 (2022).
20) 杨洁篪, "深入学习贯彻党的十九大精神 奋力开拓新时代中国特色大国外交新局面,"『求是』(2017年 11月 30日).
21) 陈翔, "周边区域安全公共产品供需变迁及中国应对,"『社会主义研究』, 2020年 第4期.
22) 张蕴岭, "综合视角下的中国周边环境与周边关系,"『当代世界』, 2022年 第4期.
23) "习近平在博鳌亚洲论坛2022年年会开幕式上的主旨演讲," 2022-04-21 https://www.fmprc.gov.cn/web/zyxw/202204/t20220421_10671052.shtml
24) "美国'印太战略'必然是一个失败的战略,"『外交部网』(2022年 5月 22日), https://www.fmprc.gov.cn/wjbzhd/202205/t20220522_10690865.shtml
25) 崔小涛, "除了控制欧洲,美国鼓动瑞芬'入约'还有这些图谋,"『新华网』(2022年 5月 16日), http://www.news.cn/world/2022-05/16/c_1128655035.htm
26) "许其亮代表在分组会上发言强调 推动国防和军队建设高质量发展 以实际行动迎接党的二十大胜利召开," 81.cn (2022年 3月 7日), http://www.81.cn/yw/2022-03/07/content_10138116.htm
27) "李克强作政府工作报告," CRNTT.com (2022年 3月 5日).
28) "王岐山出席韩国新任总统尹锡悦就职仪式,"『新华网』(2022年5月10日), http://www.news.cn/world/2022-05/10/c_1128638020.htm
29) 존 밀러,『전체를 보는 방법: 박테리아의 행동부터 경제현상까지 복잡계를 지배하는 핵심 원리 10가지』(서울: 에이도스, 2017).

참고문헌

밀러, 존.『전체를 보는 방법: 박테리아의 행동부터 경제현상까지 복잡계를 지배하는 핵심 원리 10가지』. 서울: 에이도스, 2017.

중국번역연구원.『중국 키워드』. 파주: 경지 출판사, 2019.

刘卿. "新时代中国周边外交的理论创新与实践."『国际问题研究』. 第2期 (2022).

伏瞻. "引领区域经济合作新实践深入构建周边命运共同体."『当代世界』. 第4期 (2022).

祁怀高. "构建面向未来十年的"大周边外交战略."『世界知识』. 第 4 期 (2014).

祁怀高·石源华. "中国的周边安全挑战与大周边外交战略."『世界经济与政治』. 第 6 期 (2013).

杨洁篪. "深入学习贯彻党的十九大精神 奋力开拓新时代中国特色大国外交新局面."『求是』(2017年 11月 30日).

吴兆礼. "印太战略的发展、局限及中国应对."『新疆师范大学学报 (哲学社会科学版)』. 第39卷 第5期 (2018).
李开盛. "中国周边外交: 70年来的演变及其逻辑."『国际关系研究』. 第4期 (2019).
李克强. "李克强作政府工作报告." CRNTT.com. 3月 5日 (2022).
张蕴岭. "综合视角下的中国周边环境与周边关系."『当代世界』. 第4期 (2022).
陈琪·管传靖. "中国周边外交的政策调整与新理念."『当代亚太』. 第3期 (2014).
陈邦瑜·韦红. "试论'印太时代'及中国的战略应对."『印度洋经济体研究』. 第2期 (2015).
陈翔. "周边区域安全公共产品供需变迁及中国应对."『社会主义研究』. 第4期 (2020).
韦宗友. "美国在印大地区的成略调整及其地缘成略彩响."『世界经济与政治』. 第10期 (2013).
夏立平·钟琦. "特朗普政府'印太战略构想'评析."『现代国际关系』. 第1期 (2018).

"美国'印太战略'必然是一个失败的战略,"『外交部网』(2022年 5月 22日). https://www.fmprc.gov.cn/wjbzhd/202205/t20220522_10690865.shtml
"习近平在周边外交工作座谈会上发表重要讲话强调: 为我国发展争取良好周边环境."『新华网』(2013年 10月 25日). http://www.xinhuanet.com//politics/2013-10/25/c_117878897.htm
"习近平在中国共产党第十九次全国代表大会上的报告."『求是网』(2017年 12月 3日). http://www.qstheory.cn/llqikan/2017-12/03/c_1122049424.htm
"习近平出席中央外事工作会议并发表重要讲话,"『新华网』(2014年 11月 29日). http://www.xinhuanet.com/politics/2014-11/29/c_1113457723.htm
"王岐山出席韩国新任总统尹锡悦就职仪式,"『新华网』(2022年 5月 10日). http://www.news.cn/world/2022-05/10/c_1128638020.htm
"除了控制欧洲,美国鼓动瑞芬'入约'还有这些图谋."『新华网』(2022年 5月 16日). http://www.news.cn/world/2022-05/16/c_1128655035.htm

6장

러시아의 인태전략:

전략적 이익과 실현 전망

신범식(서울대 정치외교학부)

전통적인 대륙국가 러시아는 해양에 대한 진출을 염원해 왔지만 그 바다로의 길은 험난했다. 그럼에도 불구하고 태평양 연안에까지 영토를 확장한 이후 지속적으로 아시아와 태평양 지역을 향한 관심을 내려놓은 적은 없는 것 같다. 소련 말기에도 고르바초프 서기장의 블라디보스토크 선언(1986)이나 크라스노야르스크 선언(1988)을 통해 이 지역에 대한 적극적 관심을 표명한 바 있다. 소련이 붕괴하고 등장한 러시아는 한동안 해양에서의 영향력 신장에 힘을 쓸 여력이 없었다. 하지만 푸틴 대통령이 등장한 이후 러시아는 아태지역에 대한 관심과 더불어 실제적인 아태지역 정책을 추진하게 되었다. 2012년 블라디보스토크에 APEC 정상회의를 유치하면서 이 도시를 러시아가 '아시아로 낸 창'으로 설정하고, 본격적인 극동지역 개발을 시작했다. 이른바 러시아의 '신동방정책'에 본격적인 시동이 걸리게 된 것이다. 푸틴 대통령은 이를 통해 아태지역에 대한 국가적 이익을 발굴하고, 지역 정책 발전의 비전을 구체화하면서 역내 국가들과의 관계를 강화하고, 아시아/아태 국가의 일원으로 인정받기 위한 다양한 노력을 기울여 왔다. 특히 러시아의 극동 지역을 개발하여 아태지역으로의 통합을 이루는 것이 러시아의 미래를 위한 중차대한 프로젝트라는 인식과 열망은 러시아가 아태지역 국가들과 관계를 강화하기 위해 2015년부터 개최해 온 동방경제포럼(Eastern Economic Forum)을 통해 잘 드러나고 있다.

하지만 2022년 우크라이나전쟁을 일으킴으로써 아태지역과 관련된 국가발전의 벡터를 어떻게 끌고 갈 수 있을지에 대한 해답을 변화된 환경 속에서 찾아야 할 것으로 보인다. 우크라이나전쟁 이후 러시아는 크게 두 가지 외교·안보적 도전에 직면하게 될 것으로 예상된다. 이와 관련하여 러시아는 자국의 외교안보적 무게 중심을 다시 유럽으로 이동시켜야 하는가라는 중요한 질문에 답하여야 할 것으로 보인다. 러시아가 우크라이나전쟁에서 승리하거나 혹은 패배하거나 어느 쪽이든 유럽에 대한 러시아의 안보 이슈가 지니는 중요성은 과거보다 높아질 것이 분명하다. 특히 유럽의 안보질서가 재편되고 조정과 타협이라는 복잡한 과정을 거치면서 다양한 과제와 갈등이 양산될 것으로 예상된다. 이를 통해 러시아의 외교안보적 무게 중심은 유럽 측으로 더욱 편중될 것이며, 향후 러시아의 아태지역에 대한 관심은 크게 줄어들 것이라는 예측은 논리적으로 자연스럽다.

하지만 어떤 결과이든 전쟁 이후에도 지속될 것이라고 예상되는 대러시아 경제 제재 및 그로 인한 경제적 한계를 타개하기 위하여 러시아는 중국이나 인도 등 아시아 국가들과의 협력이 필요할 것이라는 관측도 만만치 않다. 특히 유럽 국가들이 미국 주도의 대러시아 경제 제재에 대부분 참여하고 있는 상황은 러시아의 외교안보적 벡터의 전환이 불가피할 것이라는 예측에 힘을 실어준다. 이렇게 될 경우에 러시아와 중국 및 러시아와 인도 간의 전략 협력이 미국이 주도하는 인태전략에 대하여 어떤 영향을 미치며 지역 질서에는 어떤 영향을 미칠 것인가에 대한 답을 찾아야 할 것이다. 과연 우크라이나전쟁 이후 러시아의 아태지역에 대한 기존 정책이 지속될 것인지, 아니면 부상하고 있는 인도의 중요성과 러시아-인도 전략협력의 강화에 따라 러시아의 인태지역에 대한 새로운 정책적 접근이 시도될지 궁금해진다. 과연 러시아의 아태지역 및 인태지역에서의 전략적 이익은 구조적 변화를 경험할 것인가, 만약 그렇다면 그것은 어떤 구조적 압력으로 촉발되는 변화인가, 그리고 그에 따라 러시아의 아태/인태 정책은 어떤 방향으로 변화할 것인지에 대한 답을 찾아가도록 할 것이다.

1. 대외정책 기조와 전략적 지향

러시아의 아태/인태전략을 살피기 전에 우크라이나전쟁 이후는 러시아의 외교가 직면하게 될 심각한 도전과 그에 대한 대응 노력의 방향에 대해서 살펴볼 필요가 있다. 이번 전쟁에서 드러난 바와 같이 러시아는 국가적 정체성의 정의와 지정학적 사고에 입각한 국경 관리로 인해 탈소비에트 공간과 해당 지역의 중요성에 집착하고 있음을 보여주었다. 이런 러시아의 태도는, 한편으로 서방 국가들과의 관계나 글로벌 거버넌스의 구조에서 미국 중심의 세계질서를 이완시키려는 대단히 야심찬 대외정책을 추구하는 모스크바의 대외적 역량에 직접적으로 제한을 가하고 있으며, 다른 한편으로는 구소련 지역에서 서방의 도전에 대응하는 전략적 경쟁으로 인해 러시아는 군비 증강의 필요에 자주 발목을 잡히면서 내부적 역량을 강화하는데 필수적인 국가 '현대화(modernizatsiya)' 전략의 실현에 필요한 중요한 재원을 낭비하게 되었다.[1)]

2014년 크림 합병 이후 제기되어 온 이와 같은 도전과 관련하여 러시아의 대외정책을 지탱해 온 핵심적 동학은 다음과 같은 네 종류의 계기에 의존하는 기조를 보이고 있다.

첫 번째는 교섭력(bargaining power)의 확대 및 활용이다. 서구의 도전과 관련하여 러시아 대외정책의 목표는 유럽과 미국과의 관계에서 러시아가 귀중한 파트너가 될 수 있거나 역으로 아시아·태평양지역으로 선회할 수 있음을 내비침으로서 대서방 교섭력을 확보하려는 전략을 활용해 왔다.[2)] 러시아의 대외정책결정자들은 서구와 협력하는 과정에서 자국이 미국이나 EU와 동등한 수준으로 대우받고자 하는 의지와 함께 국제관계에 대한 러시아식의 사고방식을 세계적으로 촉진하길 원하는 열망을 중심으로 단결하였다.[3)] 한편으로 러시아는 서방 국가들과 역사적으로 강한 유대관계를 구축하면서 서방 국가들의 가치관과 이해관계를 인정하였으나, 다른 한편으로 러시아적 가치 체계는 서방과 문화적으로 구별된 상태로 보존되었다. 이러한 러시아적 가치에 대한 집착의 배경은 동방 정교의 영향에 따른 정신적 자유와 강력한 보호자 역할을 통해 내부의 적과 외부의 위협으로부터 국민과 사회를 지키려는 국가관에 기초하고 있다.[4)] 따라서 2014년 크림반도사태 이후에도 러시아는 독일을 비롯한 몇몇 서방 국가들의 비난에 반박·대응하면서 동시에 긴장을 완화하려는 노력도 병행하였던 것이다.[5)]

두 번째는 성장기회(growth opportunities)의 발굴이다. 2014년 이후 서방 국가들에 의한 대러 경제제재가 본격화되면서 러시아는 그같은 조건 하에서도 경제 발전을 달성하기 위하여 수출 경로를 다양화하고 다양한 국제적 협력기구에 참여하거나 후원하는 방향을 꾸준히 모색하기 시작했다.[6] 특히 아시아·태평양지역 국가들이 2008년 경제 위기를 통해 '신자유주의적이며 자본주의적인 세계화의 폐해'를 인지하게 되면서 이러한 위기의 재발을 방지하고자 '일정 정도의 규제'를 부활시켰다는 사실은 러시아에게 기회로 작용하게 된다.[7] 이러한 맥락에서 2012년 블라디보스토크에서 진행된 APEC 정상회담은 러시아에게는 아시아·태평양지역으로의 경제적 통합을 통해 극동 러시아 지역의 발전을 구체화한 기념비적 사건이라 할 수 있을 것이다. 그리고 '아세안의 길(ASEAN way)'을 벤치마킹하여 '상하이 정신(Shanghai spirit)'을 강조하게 된 중국과 함께 러시아가 대안적 발전을 옹호하기 시작한 것도 아시아·태평양지역의 지역주의에 대한 러시아의 새로운 접근 방식의 구체적인 사례로 볼 수 있을 것이다.[8]

세 번째는 내부 결속(internal cohesion)의 도모이다. 이는 경제적 원동력이 빈약한 상태에서 긍정적 어젠다로 여론을 환기하여 경제적 그리고 물적 대가보다 정치적이고 프로파간다적인 이득이 더 큰 상황을 만들고자 하는 노력을 의미한다.[9] 러시아의 정책결정자들은 2014년 크림반도사태가 일어나기 전부터 러시아는 서구식 국가 건설 및 운용을 따르지 않고 유럽과 아시아 그 어느 쪽에도 속하지 않는 고유하고 독립적인 유라시아 문명권을 대표한다고 공표해왔다.[10] 그러한 측면에서 2012년 대통령에 재선되면서 집권3기를 시작하게 된 푸틴 대통령의 지지층이 민족주의와 '전통적 가치' 그리고 반(反)서구적 정서에 기반을 두었기에 수정주의적 국가전략을 추구하게 된 러시아가 '특권적 이익 지대(privileged zone of interests)'에서 무력을 동원할 가능성이 훨씬 더 크고 우크라이나의 전략적 중요성이 서방보다는 러시아에게 훨씬 더 컸다는 사실을 미국을 위시한 서방이 간과하였다는 점

에 주목할 필요가 있다.[11)]

네 번째 동학은 국제적 지위(global status)의 확보이다. 러시아는 G8에서 퇴출당한 후 러시아의 국제적 중요성을 세계가 인지할 수 있도록 만들고 이를 통한 가시적인 명성을 획득하는 것을 국가 이익의 주요 목표로 설정하였다.[12)] 이는 러시아가 소련의 핵무기와 유엔 안보리 상임이사국 지위를 모두 승계하였음에도 서구 주도의 엘리트 기구들에 초대받지 못하는 상황이 지속되면서 미국의 세력 확장을 저지하고 러시아의 국제적 지위를 강화하기 위해 외교적 연대를 구축하여 미국에 대항하는 '사회적 경쟁 전략(a social competition strategy)'을 도입하였다는 사실과 맥을 같이 한다.[13)] 유라시아경제연합(EAEU)은, 서구에 의한 각종 제재로 인해 외부로부터의 투자 등이 제한되면서 러시아정부의 수익이 꾸준히 감소하는 상황에서 국익과 경제 안보의 보호를 목적으로 러시아가 대외적 협력을 통해 국가의 주권을 수호하고 국익을 신장하기 위해 노력한 대표적인 프로젝트라고 할 수 있을 것이다.[14)]

이같은 노력을 통해 러시아는 서방의 제재를 견디며 러시아의 다소 고립적이며 독자적인 발전 노선을 모색해 왔던 것이다. 문제는 서방의 제재에 대항하여 기울인 이와 같은 노력이 아태지역을 향한 러시아 대외정책에서도 동일하게 영향을 미칠 수밖에 없다는 점일 것이다.

동일한 맥락에서 러시아의 아태지역에 대한 전략적 지향을 정리해 보면 다음과 같다. 첫째, 교섭력의 관점에서는 아시아·태평양지역의 안정화를 목표로 하는 러시아의 태도를 지적할 수 있다. 이러한 입장에서 볼 때 러시아의 아시아·태평양 전략은 러시아와 미국 그리고 중국 사이에서 적절한 권력의 분배를 목표로 삼자 협상을 바탕으로 한 새로운 형태의 안보대화를 작동하는 형태의 아시아·태평양 지역 버전의 헬싱키 프로세스를 구축하는 것이 그 주요 목적이라고 할 수 있다.[15] 2012년 5월 '러시아의 대외정책 실행에 관한 행정명령'에 의하면 러시아는 자국의 장기적인 발전과 경제의 현대화 그리고 세계시장에서 동등한 파트너로서의 지위를 강화시키는 데 유리한 외부환경을 조성하는 것을 대외정책의 목표로 삼고 있음을 알 수 있다. 이를 위해 러시아는 브릭스(BRICS)나 상하이협력기구(SCO) 등 국제협력체를 통한 다자협력외교를 적극 활용하고, 독립국가(CIS) 국가들 간의 다자협력과 통합의 과정을 발전시키며, 유럽연합과는 경제 현대화를 위한 파트너관계를 바탕으로 협력관계를 증대시키고, 미국과는 평등과 내정불간섭의 원칙 하에서 안정적이고 예측 가능한 호혜적 협력을 증대시켜 나가야 한다는 점을 강조하고 있다.[16] 동아시아 지역에서 러시아가 견지하고 있는 지역적 힘의 균형(regional balance of power)의 구도에서 러시아의 힘이 상대적으로 미약하다는 점에서 러시아는 동아시아에서 미국의 존재를 '필요악'으로 여기고 있는 것으로 보인다.[17] 하지만 동시에 러시아가 미국의 대러 유화정책의 채택 여부에 따라 미국과 협력하여 중국의 역내 세력이 과도하게 확장되는 것을 견제할 수 있는 가능성도 배제할 수 없다.

둘째, 성장 기회의 관점에서는 중국을 비롯한 아시아·태평양지역 국가들과의 협력 가속화를 살펴볼 수 있다. 2012년 다시 대통령에 선출된 푸틴은 같은 해 2월 '러시아와 변화하는 세계'라는 주제로 차기 정부의 정책방향을 발표했는데, 여기서 푸틴이 언급한 아시아·태평양 지역의 역할은 우선, 중국의 경제성장과 관련하여 푸틴은 중국의 경제성장이 러시아에 위협이 되기는 하지만, 오히려 중국의 경제성장으로 인해 생겨나는 극동과 시베리아 경제의 회복과 발전가능성에 러시아가 주목해야 한다고 언급하였고, 다음으로, 중국과의 협력은 지속될 것이며 중국과 세계질서의 비전을 공유함으로써 공동으로 지역 및 세계 문제를 해결하고 유엔 안보리, 상하이협력기구(SCO) 등 국제기구와 다른 다자간 협력도 지속할 것이며, 또한, 새로운 아시아의 통합 인프라를 만들기 위해 2012년 9월 블라디보스토크에서 열리는 APEC을 적극 준비함으로써 시베리아와 극동의 발전에 이바지할 것이라는 기대를 피력하였다.[18] 한마디로 아태지역 국가들과의 협력으로 미래적 국가발전의 동력을 확보하고자 하는 것이다.

셋째, 내부 결속을 강화하고자 하는 차원에서 러시아의 아시아·태평양 정책은 국토의 균형적인 발전 목표와 긴밀한 연관성을 지닌다. 이와 관련하여 러시아는 아시아·태평양지역으로의 천연자원 수출을 통해 극동 러시아 지역의 일자리 창출과 인프라 향상을 끌어내고 해당 지역에서의 인구 이탈을 차단하여 서구 시장에 집중된 러시아의 수출 구도의 다변화를 추구한다.[19] 특히 극동 러시아 지역에서 생산된 공산품 중 5%만이 러시아 서부와 중부 지역에 판매된다는 점은[20] 극동 러시아 지역과 나머지 지역 간의 통합 수준이 매우 낮다는 사실을 보여준다.[21] 이외에도 극동 및 시베리아 지역의 인구 유출, 중국인에 의한 지역 경제활동의 잠식 가능성 그리고 국가로부터 무시당하는 소외감에 익숙해진 지역의 엘리트들과 대중의 불만이 장기적으로 분리, 독립에 대한 열망으로 전화될 수 있다는 우려 등과 같은 요인은 해당 지역에 대한 모스크바의 관심을 높이게 된 원인이었다.[22]

넷째, 국제적 지위 확보를 위해 러시아는 아시아·태평양지역에 대한 정치적 영향력 강화를 꾀한다. 특히 '신동방정책'으로 통용되는 아시아·태평양을 주목하는 대외정책 역시 2012년 5월 푸틴의 세 번째 집권을 전후해 본격화되었는데, 신동방정책은 러시아가 중국, 한국, 일본 등 동북아 주요국을 포함한 아시아·태평양 지역 국가와의 경제 및 외교적 협력을 강화하여 동시베리아 및 러시아 극동지역의 발전을 촉진시킴으로써 대내적인 균형발전을 이룩하겠다는 것이다.[23] 러시아 정부가 이처럼 신동방정책을 입안하고 추진하는 배경에는 첫째, 정치적으로는 동북아에서 강대국 혹은 역내 이해당사국으로서의 위상을 제고하는 것을 목표로 하며, 둘째, 세계 경제의 축이 동북아로 이동하고 있다는 판단 하에 이 지역과의 교류를 통한 경제적 유인이 그 배경으로 작동하고 있으며, 셋째, 동북아에서 러시아의 에너지 교역을 확대하고 물류체계를 재편함으로써 새로운 질서의 수립을 시도하려는 것이다.[24] 아시아·태평양지역에서 미국과 중국이 영향력을 두고 벌이는 지정학적이고 지경학적인 경쟁과 관련하여 러시아는 미국과 중국 모두를 경쟁자로 여기며, 동시에 모두 협력이 가능한 상대로 보면서 기회주의적인 역할 확장을 노리고 있는 것이다. 특히 중국에 의존하기를 거부하는 태평양지역의 국가들과 대화 채널을 구축하려고 하는 시도가 곧 아시아·태평양지역에 대한 러시아 대외정책의 주요한 기회적 요인으로 작용하게 되었다는 점이 흥미롭다.[25]

그렇지만 이런 노력이 장기화될 수밖에 없는 상황에서 푸틴3기 이후 열정적으로 추구해 온 신동방정책에 대한 변화와 대유라시아(Greater Eurasia) 정책의 조정이 필요하게 되었다.

2. 전략적 기회 및 도전 요인

상술한바와 같이 러시아가 아태 지역에서 가지는 전략적 이익을 실현하기 위한 주요한 정책적 목표와 기회를 정리해 보면 다음과 같이 간략히 정리될 수 있을 것이다.

우선, 2000년 이후 아시아·태평양지역에 대한 러시아의 대외정책이 목표로 하는 것은 첫째, 세계경제의 중요한 성장의 3대축 중의 하나인 아시아 지역과 경제적 협력의 달성, 둘째, 아세안(ASEAN)과 아태경제공동체(APEC) 등 지역기구나 지역 다자협력체와의 파트너십 구축 및 강화, 셋째, 아시아·태평양지역으로 러시아의 에너지 자원 수출, 넷째, 아시아·태평양지역에서 주요 강대국으로써의 지위 회복, 다섯째, 단극질서의 틀 속에서 러시아의 지역적 영향력을 제한하고자 하는 미국의 영향력에 대응하는 중국과 긴밀한 협력 체제의 구축, 여섯째, 아시아·태평양지역에 속하는 본국 영토의 안정과 인접한 지역의 안정성 확보 등이다.[26]

하지만 이러한 아태지역에 대한 러시아의 정책적 목표는 변화하는 국제적 및 지역적 환경의 변화에 따른 변화가 필수적이다. 중국의 급속한 부상에 따라 아시아에서의 미국의 정책은 오바마 행정부 이후 재균형화(re-balancing) 혹은 아시아 중시(Pivot to Asia) 정책의 기조를 강화하게 되었고, 이는 점차 중동·서아시아 지역에서의 미군의 역할을 축소하면서 동아시아의 주요 동맹국인 일본과 한국 그리고 호주와의 관계를 강화하면서 동시에 이를 인도와의 전략적 협력으로 연결하는 새로운 전략으로 전화되어 왔다. 쿼드(QUAD)로 불리는 미국-일본-호주-인도의 전략대화는 다분히 아시아 지역에서 중국의 부상에 대응하는 미국의 대표적인 전략으로 인식되었고, 이 안보대화체는 점차 한국 등의 지역 중견국들을 포괄하는 '쿼드 플러스'로의 발전을 모색하고 있는 상황이다. 이처럼 기존 미국의 아태지역전략이 수정되어 그 중심축이 인태전략으로 전화해 가는 상황에서 러시아의 아태지역에 대한 전략도 이에 대응하여 조정이 불가피한 상황이 되었다. 러시아가 아시아·태평양지역에서 주요한 지역 세력으로서의 위상을 확보하기 위해서는 러시아가 기존에 이 지역에서 가지고 있던 관계망 이외에도 동남아시아와 남아시아의 주요국들과의 관계를 한층 더 강화해야 하는 과제를 수반하게 된다. 나아가 러시아의 역내 이해상관자로서의 확장된 관계망을 구축하기 위해서 러시아는 인도·태평양지역에서 역량 있는 전략적 행위자로 발전할 원동력인 필요한 자본과 기술을 경제적으로 부유하고 기술적으로 발전된 아태/인태지역 국가들로부터 이전받을 수 있어야 한다.[27] 이같은 러시아의 전략적 필요는 기존 러시아의 대아시아 정책의 중심적 기조로서 신동방정책이 가지고 있었던 무게 중심을 '대유라시아(Greater Eurasia)' 전략으로 점차 조정하도록 만들었다.[28] 대유라시아 전략에 따라 러시아가 인도양과 남중국해 주요국과의 관계에서 수반되는 국가이익의 민감도가 더욱 증가하게 된 것이다. 이처럼 조정된 러시아와 인도양 및 남중국해에서의 전략적 이익의 중요성 증대는 기존 동중국해 및 동해 그리고 북극해 등지에서 러시아가 가지고 있던 이익과 목표의 조정 및 연계에 대한 전략적 사고를 수반하게 되었다. 이러한 변화를 통하여 기존 러시아의 아태지역에 대한 정책은 인태지역을 포괄하는 유라시아 주변의 보다 광범위한 지역에 대한 정책과의 연관성 속에서 확장적으로 이해되고 대유라시아 전략이라는 틀 속에서 통합적으로 이해되게 된 것이다. 이러한 조정의 주요한 측면들을 살펴보려면, 다음과 같은 점을 주목해 볼 필요가 있겠다.

첫째, 인도양의 중요성의 부상이다. 냉전 당시 소련은 해군의 중요성에 근거하여 인도양에 주목한바 있으나, 소련 해체 이후 러시아가 바라보는 인도양의 중요성은 크게 두 가지로 구분할 수 있는데 이는 러시아와 인도가 공유하는 전략적 목표의 근거한다. 우선, 러시아와 인도 양국은 모두 인도양 지역에서 미국 혹은 중국이 주도적 위치를 점하고자 하는 시도에 일정하게 균형을 유지할 필요가 있으며, 중국의 부상에 대해서도 마찬가지이다. 또한 러시아와 인도는 세계질서에서 다극 체제를 구축하고자 하는 목적을 공유하는 파트너로서 양국이 인도양과 유라시아를 연결하는 다양한 프로젝트들 및 역내 다양한 이슈들과 관련된 전략적 협력을 유지하게 되었다는 점이다.[29] 이처럼 인도는 부상하는 중국으로부터의 위험을 러시아와의 전략적 협력 속에서 헤징하면서, 동시에 유라시아의 발전 동력과의 연계에 대해서도 러-중-인 전략적 삼각협력틀 속에서 구현하기 위한 중요한 국가적 이해를 가지고 있다. 인도에게 러시아는 중요한 전략적 동반자인 것이다.

둘째, 남중국해와 관련된 러시아의 중간국적 입장도 주목해 볼 필요가 있다. 2016년 헤이그 상설중재재판소(PCA)가 중국에 불리한 판결을 내림에 따라 베이징은 남중국해에 대한 중국이 가지는 권리의 정당성에 관한 국제적인 지지를 모색하였고, 몇몇 중국 국영 언론들은 같은 해 5월 24일 타슈켄트에서 개최된 SCO 외교장관회담에서 SCO 회원국들이 "국제법에 기반한 해양 질서와 법의 원칙을 보전해야 할 필요성"을 강조하고 "분쟁은 당사국 간의 타협적인 협상과 협약을 통해서 평화적으로 해결되어야 한다"는 의견의 일치가 있었다는 점을 근거로 러시아와 상하이협력기구 회원국들이 남중국해 문제와 관련하여 중국을 지지한다고 보도하였다. 하지만 SCO의 이런 결의는 러시아가 외부 세력의 간섭 없이 분쟁 당사국 간의 해결을 지지하였다는 점에서는 중국의 주장에 동조하는 것으로 보일 수 있지만 남중국해가 중국이나 그 어떠한 국가의 배타적 영해라는 주장에 동조한 것으로 보기는 어렵다.[30]

도리어 러시아는 남중국해에서 국제적 협력과 타협이 이루는 안정의 기조가 유지되는 가운데 자국의 이익을 구현할 수 있는 기회들을 탐색하고 있는 입장에 가깝다고 보여진다. 2008년 10월 페트로베트남(PetroVietnam)이 남중국해의 베트남 주장 영해에 속한 4개의 블록(129~132블록 그리고 156-9블록과 베트남 해안 사이 지역)에 대한 시추권을 러시아 가즈프롬(Gazprom)에 넘긴 사실은 러시아가 남중국해의 가스전에 가지는 이해관계를 단적으로 보여준다고 하겠다.[31)]

그럼에도 불구하고 러시아는 남중국해 분쟁과 관련해서 여전히 '친(親)중국'적인 형태를 보인다고 할 수 있는데, 이는 주요 국제적인 이슈들에 대한 러시아와 중국의 위치가 유사하다는 정치적 동질성 때문이기도 하지만 러시아와 중국의 무역량이 러시아와 ASEAN의 무역량보다 5배 가까이 더 많다는 경제적인 요인도 존재하는 것으로 추측해 볼 수 있다.[32)]

흥미로운 점은 러시아는 국제법과 과학적 전문성을 바탕으로 한 과학 외교(scientific diplomacy, научная дипломатия)를 통해 북극해와 남중국해에서의 분쟁 해결에서 중국 그리고 미국을 상대로 한 레버리지(leverage)를 확보하고자 한다는 것이다. 특히 러시아는 북극해와 남중국해에서 모두 환경친화적 이니셔티브를 제시하고 환경 보호를 위한 방안을 제시하고 있는데, 이를 통하여 러시아는 해당 공해(international water)로 진출하기 위한 발판을 마련하기 위한 노력도 기울이고 있는 것이다.[33)]

셋째, 러시아의 대유라시아(Greater Eurasia) 전략의 일환으로 유라시아 주변 해양에서의 러시아의 영향력 유지를 위한 노력은 극동과 남중국해를 연결하는 유라시아 동쪽 해양에서도 강화되고 있는 것이 관찰된다. 2019년 7월, 러시아와 중국은 처음으로 자국 영토 바깥에서 합동으로 공군 훈련을 개시하였다. 러시아와 중국의 장거리 폭격기들이 전투기들 및 정찰기들과 함께 편대를 이루어 동중국해와 동해 일대로 정해진 항로를 따라 비행을 실시하였는데, 이 과정에서 러시아의 비행기가 한국과 일본의 방공식별구역(ADIZ)을 무단 진입한 것은 물론이고, 독도 주변에서는 한국의 영공을 침범한 것과 관련된 시비도 있었다. 러시아와 중국의 이러한 행동은 양국이 한국-미국-일본으로 연결되는 군사적 공조체제에 대하여 분명 최대치의 군사적 공조의 가능성을 과시하는 효과(demonstration effect)를 도출하기 위한 것이었다는 관측들이 나오고 있다.[34] 세르게이 쇼이구(Sergey Shoigu) 러시아 국방부 장관은 이러한 러시아와 중국의 합동 정찰비행이 '러시아와 중국은 (이미) 상호 간 전략적 동반자관계를 구축하기 시작했고, 이에 양국이 자국의 안보를 확실히 지키고자 협력하고 있다는 것을 모두에게 알리고자 하였다'는 점에서 미국과 그 아시아 동맹국들에게 전하는 신호임을 확실히 하였다.[35]

동해에서의 양국 합동 정찰비행이 보여준 군사적 공조의 효과에 기대해 보자면 우크라이나전쟁에서 중국이 러시아의 군사작전에 대하여 보여주는 미지근한 태도가 잘 부합되지 않는 측면이 있을 수 있다. 하지만 양국은 동북아시아에서 미국의 동맹체제가 강하게 결집되는 것에 대해서 분명한 신호를 보내면서, 유라시아의 남부 및 동부 해양에서 러시아가 중국과 함께 일정한 견제와 균형을 위한 행동에 같이 나설 수 있음을 보여주었고, 이는 우크라이나전쟁 이후에도 일정한 정도의 의미를 가지는 것으로 볼 수 있다. 이러한 점에서 대만이나 한반도 등지에서 무력 충돌이 발생할 경우 러시아의 직접적인 군사적 개입의 가능성을 낮게 보았던 기존 예측은 변화하는 상황 속에서 달리 해석될 필요성이 점차 커지고 있다.

3. 향후 전망과 주요 관찰점들

첫째, 러시아와 인도의 관계는 우크라이나전쟁 이후에 더욱 주목할 필요성이 높아지는 강대국관계 중 하나이다. 우크라이나전쟁이 발발 후 미국이 주도한 대러시아 경제 제재에 인도가 참여하지 않고 있다는 점은 시사하는 바가 크다. 사실 국제적 주요 현안에 대해서 인도는 러시아와 같거나 유사한 태도를 보이고 있음에 유의할 필요가 있다. 특히 주목할 점은 서방과의 관계에 있어서 양국이 가진 공통된 목적들인데, 무엇보다 서방 선진국들이 대부분 속해 있는 미국 주도의 헤게모니적 단극체제의 지향과 그것이 가하는 압박에 대하여 양국은 타협하지 않는다는 점이 그러하며, 동시에 서방과의 관계에서 필요에 따라 일정 부분 중요한 전략적 협력을 유지해야 할 필요성이 있다는 점 등도 그러하다.[36]

러시아와 인도의 관계는 인도의 정치적 변화와 러시아의 체제 전환을 초월하여 항상 친밀한 우호적 관계를 탈냉전 시기 유지해 왔다. 이러한 유대 관계의 저변에는 중앙아시아 지역에 대해 양국이 가지는 상호양립 가능한 전략적이고 지정학적 이해관계가 놓여있다. 첫째, 중앙아시아의 안정과 기존 이해관계 구도의 관리에 대한 상호 양해가 있다. 인도의 입장에서 중앙아시아는 새롭게 등장한 확장된 이웃이며, 러시아는 '구소련 공화국들(near abroad)'이 자리한 이 지역을 자국의 핵심적 이익의 장(場)으로 여긴다. 이런 중앙아시아에 중국이나 서방과 같은 새로운 행위자들의 등장은 지역의 세력균형을 변화시켜 안정을 헤칠 수 있으며, 이는 러시아나 인도 양국의 이익에 부합하지 않는다. 특히 아프가니스탄과 파키스탄 접경지대는 국제 테러 단체들의 활동 본거지로 부상하였는데, 이는 지역 안정에 심각한 위협이 될 수 있다. 특히 미군 철수 이후 아프가니스탄의 장래가 이 지역에 어떤 영향을 미칠지 러시아뿐만 아니라 중국은 물론 인도도 깊은 관심을 가지고 있다. 이런 상황에서 지역의 안정과 새로운 이웃과의 관계 강화를 위해 인도는 중앙아시아 정책을 가속화하고 있으며, 중앙아시아에서 점 더 적극적인 역할을 수행하기를 바라고 있다.

러시아의 관점에선 자국의 핵심적 이익이 달려 있는 남부벨트의 핵심적 지역에서 분쟁을 방지하고 지역 안정을 위한 중요한 파트너로서 인도와의 협력은 중국의 적극적 확장정책과 다른 결을 가진 유용한 파트너의 등장을 의미할 뿐만 아니라 이 지역에서의 좀 더 안정적인 미래적 세력균형을 형성하기 위한 중요한 자산이 될 수 있다는 판단을 하고 있는 것으로 보인다.[37] 러시아의 전략적 계산에 의하면, 남아시아 지역에서의 정치적 불안정성과 분쟁은 중앙아시아를 비롯한 이웃 국가들뿐만 아니라 단기적으로나 장기적으로나 러시아의 이해관계와 국제 안보에도 불안정성과 분쟁 가능성을 자극할 수 있기 때문에, 인도와의 전략적 협력을 통한 지역의 안정적 관리는 러시아의 안보적 이해에도 기여한다고 판단하였다.[38]

러시아와 인도의 관계에서 특히 국방 분야에서의 협력은 물론 가장 핵심적인 사안이다. 러시아는 인도의 가장 큰 무기 공급국일 뿐 아니라 인도와 러시아의 안보 협력은 합동 연구와 설계 개발 그리고 공동 생산까지 다양한 범위의 활동들을 포괄한다.[39] '러시아의 국가안보전략 2021'과 같은 문건에서 보듯이 러시아에게 인도와의 안보 협력은 점차 그 중요성을 더해가고 있다. 2021년 12월 화상 회담을 통하여 모디 총리와 푸틴 대통령은 인도의 S-400 방공체제 현대화, 5세대 스텔스 전투기 공동개발, 러시아의 해군기지 설치 관련 협력 강화 등과 같은 중요한 안보협력 논의를 발전시켜 가고 있음을 보여주었다.

또한, 중국에 대해 인도가 느끼는 안보적 위협은 러시아와의 전략적 협력에 의하여 상쇄되고 있는 측면이 있으며, 러-중-인 전략적 협력의 삼각관계의 작동에서 러시아의 역할이 중요하기 때문에, 인도의 입장에서 러시아의 안보적 효용은 매우 크다고 할 수 있다. 러시아의 설득과 외교의 결과물로 인도와 파키스탄이 상하이협력기구에 참여하고 있다는 점은 이런 측면을 잘 드러내 준다고 볼 수 있다. 물론 인도·태평양지역에서 인도가 미국과의 협력을 하고 있다는 점이 러시아와의 관계에 부정적 효과를 줄 수 있지만, 흥미롭게도 인도가 미국과의 협력을 필요로 하는 정확히 같은 이유에서 러시아와의 협력도 중요하기 때문에, 인도는 이 양방향으로의 전략적 협력을 동시에 추진하고 있다. 따라서 인도는 이중 어느 한쪽과의 협력을 위해 다른 쪽과의 협력을 포기하는 선택적 대외 안보전략을 구사할 가능성은 적어 보인다.

이같은 인도의 입장은 경제 관계에서도 유사하게 발현되고 있다. 우크라이나전쟁으로 인한 대러시아 경제 제재에 대해 인도가 취하는 입장은 유동적일 수 있다. 특히 러시아에 대한 거대한 경제 제재와 국제결제망(SWIFT) 체제에서의 퇴출 등과 같은 조치는 향후 러시아가 인도를 비롯한 신흥국가들과의 경제적 관계를 증진하고자 하는 시도에 부정적 영향을 미칠 수 있지만,[40] 러시아 및 중국이 함께 만드는 다양한 우회적 결제 체제의 구축이 이를 돌파할 가능성도 있다. 중요한 것은 인도가 러시아와의 전략적 협력관계를 불투명하게 관리하기보다 이를 유지·발전시키려는 의지를 유지할 경우에 이는 향후 국제질서에서 유의미한 세력분산의 한 계기가 될 수 있을 것이라는 점에서 러시아-인도 전략협력이 인태지역에 미칠 영향을 잘 관찰하는 것이 필요해 보인다.

둘째, 러시아의 베트남을 비롯한 동남아국가들과의 관계에 대한 관찰도 필요해 보인다. 1975년 베트남전쟁의 종결은 소련에게 정치적이고 이데올로기적인 승리를 안겨주었고, 1979년 베트남이 캄보디아를 침공했을 때 소련이 베트남을 재정적으로 지원하면서 소련과 베트남의 관계는 냉전 이후까지 돈독한 우방관계를 유지하게 되었다. 물론 베트남의 캄보디아 침공시 소련의 베트남 지원은 캄보디아를 비롯한 몇몇 동남아시아 국가들과 소련의 관계를 긴장 상태로 이끌었으나, 베트남과 라오스 등 소련의 마르크스주의 이데올로기를 공유하였던 우방국들이 러시아가 동남아 지역에서 '집합적 관계(collective relationship)'를 구축할 수 있도록 지원함으로써 소련의 동남아에서의 입지는 나쁘지 않았다.[41)]

탈냉전기 러시아의 입장에서 베트남과 체결한 '보편적 전략적 동반자 관계'는 유라시아주의적인 차원에서 발현되어 온 대유라시아(Greater Eurasia) 전략을 실현함에 있어서 한층 더 중요해진 해양 전략적인 고려와 관련되어 발전해 왔으며, 이는 중국에 대한 러시아의 과도한 의존을 자제하면서 해양에서 중요한 우방 및 그 영토 내 해군 기지를 사용할 수 있게 된다는 점에서 러시아에게 베트남은 매우 중요한 우방이 되었다.[42)]

러시아가 동남아시아 국가들 사이의 내부적 분쟁이나 갈등에 대해 중립적인 태도를 견지하고 있다는 점은 가장 큰 강점으로 들 수 있는데, 이는 러시아가 미국과 중국처럼 동남아시아 지역을 경쟁의 장으로 여기는 국가들과 엮이지 않고 포괄적인 관계 구축이 가능하게끔 해주었다.[43)] 푸틴 집권 이후 아시아·태평양지역과의 통합에 대해 러시아의 관심이 증가한 것은 사실이지만, ASEAN으로 대표되는 동남아시아 지역에 대한 러시아 정책결정자들의 관심이 일관적이지 않다는 것이 확실한데, 이는 2005년 12월 13일 ASEAN-러시아 간 최초의 정상회담이 개최된 후 2010년이 되어서야 두 번째 정상회담이 개최되었다는 점을 근거로 하여 분명히 할 수 있다.[44] 그럼에도 불구하고 러시아는 동남아 지역에 대한 자국의 영향력 확장의 기회를 십분 활용할 의지가 있으며, 이러한 의지는 우크라이나전쟁 이후에도 변화가 있을 것 같지는 않다. 다만 러시아가 자국 영향력을 확장할 수 있는 수단을 얼마나 현실적으로 확보할 수 있는가가 그 실현 정도를 결정하는 척도가 될 것이다.

정리해 보자면, 여느 주요 세력 국가들과 마찬가지로 러시아는 국제적인 주요 해상로에 영향력을 미치고 이익을 창출할 수 있는 행위자로 발돋움하기를 원한다. 더 큰 맥락에서 보자면, 동남아시아 지역에서 러시아의 영향력이 점점 커지는 것은 러시아-인도 관계에서 야기될 수 있는 러-인 간 관계의 침체를 극복해내기 위한 중요한 수단이 될 수 있다. 이를 통해 모스크바는 아시아와 인도양 지역에서 인도와 중국 간 분쟁이 발생하는 것을 사전에 방지하여 지역의 안정을 유지할 뿐만 아니라 그 과정에서 자국의 역할을 강화함으로써 위치권력을 강화하고 자국의 이익 창출을 지속할 수 있는 조건을 확보하기를 원한다고 볼 수 있다.[45]

셋째, 가장 중요한 지점은 역시 러시아와 중국관계가 동아시아에 미칠 영향일 것이다. 일단 아시아를 향한 러시아의 회귀는 밀접하게 경제적으로나 전략적으로 아시아에 연결된 유라시아 지역의 글로벌 세력으로 성장하기 위한 러시아의 새로운 세계전략의 통합적인 요인으로 이해되어야 한다.[46] 1997년 4월 러중 사이에서 표명된 '신(新)국제질서와 다극체제 구축에 대한 러시아-중국 연합 선언'은 러시아와 중국이 양국 관계를 발전시키려는 방향과 목적을 일찌감치 드러냈다는 점에서 중요성을 갖는다.[47] 미국 주도의 세계에 대한 견제를 일찍이 표명한 것이다. 이후 상하이협력기구(SCO)를 통해 중앙아시아 지역의 테러리즘과 '색깔혁명' 등 지역 정세를 불안정하게 하는 요인들에 대한 억압과 근절을 통해 정치 및 안보 분야에서의 본격적인 협력을 시작하게 된다.[48] 이후 양국은 그 관계가 편의의 동맹이라는 부정적 시각과 해석을 뒤로하고 전략적 협력관계를 꾸준히 발전시켜, 2010년에 들어서 양국관계는 역사상 유례없는 고도의 협력관계를 구축하게 된 것으로 상호 평가하게 되었다.

다만 대유라시아 전략 구상은 유라시아 대륙을 연결하고 통합을 이루겠다는 점에서 중국의 일대일로(一帶一路)정책과 유사성을 가지고 있지만 상호 경쟁적인 측면이 없는 것은 아니다. 다만 러시아의 재정적인 기여가 적다는 점에서 유라시아 국가들이 대유라시아(Greater Eurasia) 동반자관계를 일대일로의 대안으로 인식하는데 한계를 가진다.[49] 따라서 러시아는 이같은 중국과의 비대칭성이 부각되는 분야에서 자국의 열세를 극복하기 위한 다양한 노력을 모색하지만, 확실한 방법은 없어 보인다. 그럼에도 불구하고, 러시아는 자국의 강점인 무기판매를 비롯한 군사 분야와 에너지 및 식량 분야 및 외교 무대에서의 지원 등을 수단으로 자국의 위상을 극대화하는 정책을 지속함으로써 국제무대에서 중국에 대해 일방적으로 의존하는 한계에 완전히 사로잡히지 않기 위한 노력을 기울이고 있다.

특히 대만 문제와 관련하여 중국이 러시아의 지지를 매우 중요한 자산으로 간주하고 있다는 점은 러시아에게 중요하다. 푸틴은 꾸준히 '하나의 중국'정책을 지지해왔다. 2005년 러시아는 중화인민공화국의 반(反)분리법을 지지하는 성명을 발표하였으며 2006년에는 친중 성향의 첸수이비엔(Chen Shui-bian) 대만 대통령이 국가통합위원회와 국가통합을 위한 가이드라인을 폐기한 것에 대해 비난하였다. 이외에도 러시아는 수많은 양자 간 협약을 포함해 2001년 7월 16일 중국과의 선린우호조약을 통해 대만 문제에 대한 '하나의 중국' 정책을 강력하게 지지하였으며, 2016년 5월 차이잉원(Tsai Ing-wen) 대만 대통령 당선인의 취임식 바로 전날에 러시아 외교부는 '하나의 중국' 정책에 대한 지지를 다시 한 번 표명하였다.[50)]

이처럼 러시아는 1990년대 후반 이후 대만 독립의 정당성을 부정하는 입장을 꾸준히 고수해오고 있으며 중화인민공화국으로 대만이 평화적으로 통합되기를 옹호해왔다. 다만, 러시아는 양안 관계의 평화적인 해결을 지지하며, 대만 문제를 두고 그 인근 지역에서 발생하는 분쟁이나 군사 작전에 참여하겠다는 의지를 피력한 적은 한 번도 없다.[51)]

결국 러시아는 동중국해 문제와 관련해서 기본적으로 중국의 핵심적 이익이 걸린 지역임을 인정하면서, 중국의 입장을 지지하는 기본 방향을 견지하고 있으며, 다만 이 지역에서의 무력 분쟁 등에 대해서는 일정한 거리를 유지하고 있는 것으로 볼 수 있다.

끝으로, 러시아와 한반도 관계에 대해서 주목할 필요성이다.

한국과 미국 간의 동맹관계에도 불구하고, 2008년 한국과 러시아 사이에서 체결된 '전략적 동반자 협정' 이후 러시아는 한국과의 경제적 협력 등 협력관계에서 비롯되는 이익에 대해 환영하는 모습을 보였다.[52)] 2008년 이명박정부 시절에는 한국과 러시아 간 관계가 전략적 협력 동반자관계로 격상되었고, 박근혜정부 시절에는 유라시아 이니셔티브를 통해, 문재인정부에서는 신북방정책의 일환으로 러시아와의 연대를 강조하였다. 물론 양국 간 협력이 보편적인 전략적 동반자관계의 틀까지는 아직 미치지 못한다는 한계와 비판이 있으나, 두 나라의 교역과 투자 등 경제교류는 확대되어 온 측면이 있다. 한국과 러시아 모두 북한을 매개로 하는 협력이 당분간 그 공백을 메울 수 있다는 데에는 공감대가 형성되어 있었던 것으로 보인다.[53)]

또한, 러시아는 기본적으로 한반도의 안정과 평화에 대한 지지를 적극적으로 표명해왔다. 러시아는 한반도 평화프로세스와 관련하여 '북핵실험 중단·한미훈련 축소 → 평화협정 체결 → 동북아 다자안보 협정 체결'로 정리될 수 있는 3단계 로드맵을 제시하면서 한반도 평화프로세스에 대한 지지의 입장을 견지해 왔다.[54] 이같은 러시아의 입장은 러시아의 동북아 정책과 깊은 연관을 가진다. 러시아의 동북아 지역 정책은 동북아 국가들과 경제협력을 통한 공동번영과 북한 핵 문제를 해결하여 역내 군사적 안보적 신뢰 구축과 협력체제를 이루는 것을 골자로 하는 아시아판 헬싱키프로세스의 구축에 대한 정책적 지향과 관련이 깊다.[55] 하지만 이러한 러시아의 입장은 북한에 의한 핵 및 미사일 개발과 미중 전략경쟁 때문에 실현되기 어려웠다. 그럼에도 불구하고 러시아는 한반도의 평화와 안정을 보장할 다자적 해법과 세력균형에 대한 깊은 관심을 가지고 있다.

이같은 입장에서 러시아는 푸틴 대통령이 취임한 2000년 이후부터 동북아에서 강대국 지위 복귀와 다극체제 형성을 위한 지역 국가들과의 파트너십을 확보하기 위한 노력을 견지하여 왔으며, 한반도의 두 국가와 관련하여 '남·북 등거리 노선'을 견지하면서 제한적 관여를 시작하였다. 푸틴 대통령 3기가 시작된 2012년 이후, 강대국 지위 공고화를 위해 동북아에서 극동·시베리아 개발 지원을 확보하려던 러시아는 한반도에서는 전략적 안정과 경제적 이익 동시 확보를 위해 이전과 달리 적극적 관여를 시도하기도 했지만, 북핵문제와 미중 전략경쟁은 이런 러시아의 역할 확대를 용인하지 않았다.[56] 다만, 북핵 위기는 한편으로 러시아에게 안보·경제 차원의 이익을 해치는 요소로 작용하지만, 다른 한편으로는 러시아에게 좋은 지정학적 기회를 가져다주기도 하는데, 러시아는 북핵 문제를 포함한 한반도 문제의 최종적 해결은

'일괄타격' 방식이 되어야 한다는 입장을 취해왔고, 이는 러시아가 한반도의 비핵화 및 북한의 핵보유 불용, 정치적·외교적 해법, 그리고 6자회담을 기본으로 하는 다자적 방식을 통한 해결을 지향한다는 점을 유지함으로써 북핵문제 관련된 다자적 일괄타결법과 관련된 모델의 가능성을 지속적으로 견지하여 지역 안보를 위한 일정한 기준을 제시해 주기도 한다.[57)]

그러나 우크라이나전쟁이 이후 러시아가 이런 자국의 독자적 이익을 실현하는 정책적 지향을 유지할 수 있을지에 대한 다양한 의견들이 분출하는 가운데, 대유라시아(Greater Eurasia) 전략의 동쪽 방면에서 러시아의 전략적 독자공간이 축소되고 중국의 영향과 주도성에 대한 러시아의 의존이 강화될 것이라는 전망이 힘을 얻고 있다. 이는 우크라이나에서 분쟁이 일어나면서 유라시아 대륙의 서쪽에서의 긴장이 고조된 것과 연동하여 그 반대쪽 동쪽에서 긴장이 고조될 가능성에 대해서 더 많은 주의를 기울여야 할 필요성을 강변하고 있다 할 것이다.

4. 요약과 정책적 함의

본절에서는 러시아의 인태지역 전략에 대해 이해하기 위해서 러시아의 아태지역에 대한 전략이 점차 대유라시아(Greater Eurasia) 전략으로 발전되어 온 과정을 살펴보았고, 이를 통해 러시아의 인태전략의 전환과 강화는 미국의 아시아 재균형화 정책 및 아시아 중시 정책을 기초로 한 인태전략으로의 전환 과정과 일정 정도 연관이 있음을 알 수 있다. 이런 러시아의 인태지역 전략은 미중 전략경쟁에 의해서 크게 영향을 받을 수밖에 없으며, 러시아와 중국의 고도화되는 전략적 협력에 의하여 일정정도 기본틀을 부여받으며 한계를 가져온 것이 사실이다.

하지만 우크라이나전쟁 이후 유럽 방면에서 분쟁과 더불어 고조되는 긴장에 대응해야 하는 러시아의 입장에서 아태지역은 물론 인태지역까지 세력을 투사할 여력이 줄어들 것이라는 전망이 제기되는 가운데, 이 지역에서 러시아의 대중국 의존이 더욱 커질 것이라는 전망이 우세하다. 특히 대러시아 경제 제재 및 그로 인한 경제적 한계를 타개하기 위해 러시아의 대중국 의존 필요성은 더욱 커갈 것이라는 의견이 강하게 제기된다. 이는 인태지역에서의 러시아의 역할의 제한과 아태지역에서의 러시아의 역할 축소로 귀결될 것이라는 전망으로 연결된다.

하지만 러시아의 아태전략이 인태전략으로 발전되어 온 과정에서 우리가 살펴본 바, 러시아의 인도와의 협력은 중국과의 관계에 못지 않게 빠른 속도로 발전하고 있으며, 러시아가 아시아 국가들과 기존에 발전시켜온 다양한 협력의 고리와 영향력의 채널은 우크라이나전쟁 이후에도 여전히 중요한 기재로 작동할 가능성이 적지 않아 보인다. 특히 우크라이나전쟁이 이후 세계가 미국이 주도하는 자유주의 국제질서를 복원하기 위한 진영과 러시아와 중국이 추구하는 다극적 다지역질서를 지지하는 진영으로 나뉘어 대립하게 될 가능성이 커진다는 점에 주목할 필요가 있다. 특히 유럽 국가들이 미국 주도의 대러시아 경제 제재에 대부분 참여하고 있는 상황은 러시아의 외교안보적 벡터의 전환이 불가피할 것이라는 예측에 힘을 실어주기도 한다. 하지만 이는 대결 구도가 냉전 시기에 나타났던 양(兩)진영적 대립구도 간 대결로 귀결되기 보다는 양진영의 중간에 위치한 많은 수의 여타국가들(the Rest)의 존재에 의하여 좀 더 복잡한 동학을 빚어낼 가능성이 커 보인다는 점에서 신냉전이란 용어는 부적절할 수 있다.[58]

따라서 우크라이나전쟁 이후 세계질서의 변동과 관련하여 자유주의 국제질서와 다극적 지역질서가 혼재되면서 국제적으로 인도와 같은 중간국적 여타 국가들과의 협력의 네트워크를 구축하는 것이 매우 중요한 과제로 부상하게 것이며, 따라서 러시아는 기존에 구축해 온 자국의 자산을 쉽게 포기하지 않을 것으로 보인다. 따라서 러시아의 인태전략이 유럽에서의 손실을 보전하기 위해서라도 과거에 비해 더욱 적극적으로 추진될 가능성을 배제해서는 안 될 것이다. 최근 미국의 대러시아 제재의 실행과 이를 돌파하는 과정에서 러시아가 기존에 자국이 구축해 왔던 상하이협력기구(SCO)나 브릭스(BRICS) 등과 같은 다양한 네트워크를 적극적으로 활용하고 있는 모습을 통해 미래 세계질서는 양자택일적 내지 선택적 형태의 어떤 것이 되기 보다는 훨씬 더 복합적인 국면을 띠게 될 것이라는 예측의 단초를 찾아 볼 수 있다.

따라서 한국의 외교·안보 전략을 입안함에 있어서 국익을 정의하는 방식을 좀 더 복합적이고 다면적인 방식으로 구성해 가는 것이 중요하다. 미국과의 동맹을 근간으로 하되 러시아나 중국과 같은 동맹 외 강대국들과의 관계를 정리하기 보다는 다양한 관계망 속에서 상호작용의 채널을 발굴하고 발전시키는 것이 필요하다. 동시에 중간국적 여타 국들의 외교안보 전략이 보여주는 헤징 전략의 측면들을 활용하기 위하여 지정학적 중간국 외교의 특성을 십분 활용할 필요가 있다. 이처럼 외교·안보 전략에서 자국의 독특한 균형점을 정초하고, 이를 안정되게 지지받을 수 있는 국내정치적 기반을 확보하고, 이런 정책을 추진해 가는 다양한 중간국들 간의 상호 지지의 연대를 구축하는 것은 향후 한국의 평화와 번영을 위한 중요한 조건이 될 것이다.

▌주

1) Licínia Simão, "The Ukrainian conflict in Russian foreign policy: Rethinking the interconnections between domestic and foreign policy strategies," *Small Wars & Insurgencies*, 27-3 (2016), p. 495.
2) Anton Tsvetov, "After Crimea: Southeast Asia in Russia's Foreign Policy Narrative," *Contemporary Southeast Asia* 38-1 (2016), pp. 61-62.
3) Tobias Schumacher and Cristian Nitoiu, "Russia's Foreign Policy Towards North Africa in the Wake of the Arab Spring," *Mediterranean Politics* 20-1 (2015), p. 98.
4) Andrei Tsygankov, "Vladimir Putin's last stand: the sources of Russia's Ukraine policy," *Post-Soviet Affairs* 31-4 (2015), p. 287.
5) Marco Siddi, "German Foreign Policy toward Russia in the Aftermath of the Ukraine Crisis: A New Ostpolitik?," *Europe-Asia Studies* 68-4 (2016), p. 668.
6) Tsvetov (2016), p. 61.
7) Shaun Breslin, "Comparative theory, China, and the future of East Asian regionalism(s)," *Review of International Studies* 36 (2010), p. 714.
8) Natasha C. Kuhrt, "Russia and Asia-Pacific: From 'Competing' to 'Complementary' Regionalisms?," *Politics* 34-2 (2014), pp. 142-143.
9) Tsvetov (2016), p. 62.
10) Fiona Hill and Clifford G. Gaddy, *Mr. Putin: Operative in the Kremlin* (Washington D.C.: Brookings Institution Press, 2015), p. 263.
11) Taras Kuzio, "Ukraine between a Constrained EU and Assertive Russia," *Journal of Common Market Studies* 55-1 (2017), p. 104.
12) Tsvetov (2016), p. 62.
13) Deborah W. Larson and Alexei Shevchenko, "Status Seekers: Chinese and Russian Responses to U.S. Primacy," *International Security* 34-4 (2010), p. 78.
14) Аза А. Мигранян, "Потенциал развития экономического сотрудничества России со странами ЕАЭС и СНГ," *Проблемы постсоветского пространства* 7-3 (2020), p. 330.
15) Владимир Е. Петровский, "О Перспективах Трехстороннего Диалога 《Китай-США-Россия》," in *Китай в мировой и региональной политике: История и современность* (Москва: Институтa Дальнего Востока РАН, 2013), pp. 72-75.
16) 장덕준, "러시아의 신동방정책과 동북아," 『슬라브학보』 제29권 1호 (2014), pp. 235.
17) Paradorn Rangsimaporn, *Russia as an Aspiring Great Power in East Asia* (London: Palgrave, 2009), p. 109.

18) 이신욱, "신 푸틴시대 러시아 신동방정책과 전망: 러시아 에너지정책을 중심으로," 『평화학연구』 제14권 1호 (2013), p. 94.
19) Stephen Fortescue, "Russia's economic prospects in the Asia Pacific Region," *Journal of Eurasian Studies* 7 (2016), pp. 49–50.
20) Valery Kichanov and Varvara Kichanova, "Problems of the Development of the Infrastructure of the Far East (Russia)," *IERI Procedia* 8 (2014), p. 83.
21) Jacopo M. Pepe, "The "Eastern Polygon" of the Trans-Siberian rail line: a critical factor for assessing Russia's strategy toward Eurasia and the Asia-Pacific," *Asia Europe Journal* 18 (2020), p. 309.
22) P. A. Minakir and O. M. Prokapalo, "The Russian Far East: Economic Phobias and Geopolitical Ambitions," *Problems of Economic Transition* 59–10 (2017), p. 791.
23) 우준모, ""신북방정책" 비전의 국제관계이론적 맥락과 러시아 신동방정책과의 접점," 『국제지역연구』 제21권 5호 (2018), p. 119.
24) 이신욱, "러시아 신동방정책과 북·러 경협," 『평화학연구』 제16권 3호 (2015), pp. 32–34.
25) Alexei Fenenko, "Difficulties of Political Diversification in the Asia-Pacific Region," https://valdaiclub.com/a/highlights/difficulties_of_political_diversification_in_the_asia_pacific_region/ (검색일: 2022. 6. 25).
26) Mateusz Daneilewski, "The Russian Pivot to Asia: Russian Foreign Policy in the Asia-Pacific," https://www.ipsa.org/wc/paper/russian-pivot-asia-russian-foreign-policy-asia-pacific (검색일: 2022. 6. 26).
27) Stephen Blank, "Is Russia a Great Power in Asia?," in Aharon Klieman (ed.), *Great Powers and Geopolitics: International Affairs in a Rebalancing World* (New York: Springer, 2015), pp. 169–170.
28) Marina Glaser (Kukartseva), Pierre-Emmanuel Thomann, "The concept of "Greater Eurasia": The Russian "turn to the East" and its consequences for the European Union from the geopolitical angle of analysis," *Journal of Eurasian Studies* 13–1 (2022), pp.3–15.
29) Nitika Srivastava, "Prospects for Russia-India Relations in the Indian Ocean Region," *Maritime Affairs: Journal of the National Maritime Foundation of India* 13–1 (2017), pp. 87–88.
30) Alexander Lukin, *China and Russia: the new rapprochement* (Cambridge: Polity, 2018), p. 134.
31) Bill Hayton, *The South China Sea: The Struggle for Power in Asia* (New Haven, CT: Yale University Press, 2014), pp. 141–142.
32) Andrey Dikarev and Alexander Lukin, "Russia's approach to South China Sea territorial dispute: it's only business, nothing personal," *The Pacific Review* 35–4 (2022), p. 629.
33) "Россия в Южно-Китайском море," Вестник Кавказа, 20 September 2020.

34) Artyom Lukin, "The Russia-China entente and its future," *International Politics* 58 (2021), p. 368.
35) "Не собирались задирать США: Шойгу объяснил полеты Ту-160," Газета.ru, 18 August 2019.
36) Sergey Lunev and Ellina Shavlay, "Russia and India in the Indo-Pacific," *Asian Politics & Policy* 10–4 (2018), p. 723.
37) Nirmala Joshi and Raj Kumar Sharma, "India-Russia Relations in a Changing Eurasian Perspective," *India Quarterly* 73–1 (2017), p. 37.
38) Petr Topychkanov, "Russian Policy on India and South Asia," https://carnegiemoscow.org/2013/02/27/russian-policy-on-india-and-south-asia-pub-51283 (검색일: 2022. 6. 26).
39) Harsh V. Pant, "India-Russia Ties and India's Strategic Culture: Dominance of a Realist Worldview," *India Review* 12–1 (2013), p. 7.
40) Riad Ajami, "Globalization in Retreat: Putin's War and It's Impact across the Globe and the Asia-Pacific Region," *Journal of Asia-Pacific Business* 23–2 (2022), p. 89.
41) Amanda Huan and Pushpa Thambipillai, "Russia and Southeast Asia: The road less traveled," in Gaye Christoffersen (ed.), *Russia in the Indo-Pacific: new approaches to Russian foreign policy* (London: Routledge, 2022), p. 203.
42) Evgeny Kanaev and Alexander Korolev, "Reenergizing the Russia-ASEAN Relationship: The Eurasian Opportunity," *Asian Politics and Policy* 10–4 (2018), p. 747.
43) Oanh Thi Hoang Nguyen, Ilia Aksenov, Nhuan Thi Phan and Tatyana Sakulyeva, "Russia's foreign policy priorities in the Asia-Pacific region," *Journal of Public Affairs* (2021), p. 7.
44) Elena S. Martynova, "Strengthening of Cooperation Between Russia and ASEAN: Rhetoric or Reality?," *Asian Politics and Policy* 6–3 (2014), p. 399.
45) Najimdee Bakare, "Contextualizing Russia and South Asia Relations through Putin's Look East Policy," *Journal of Asian and African Studies* 56–3 (2020), p. 679.
46) Alexander Korolev, "Russia's Reorientation to Asia: Causes and Strategic Implications," *Pacific Affairs* 89–1 (2016), pp. 59.
47) Lukin (2018), p. 100.
48) Charles E. Ziegler, "Russia and China in Central Asia," in James Bellacqua (ed.), *The Future of China-Russia Relations* (Lexington, Kentucky: University of Kentucky Press, 2010), p. 257.
49) 이상준, "유라시아 지역에서 러시아와 중국의 협력과 대립 가능성: 러시아 확대 유라시아 구상과 중국 일대일로를 중심으로," 『러시아연구』 29권 1호 (2019), pp. 229.
50) Sergey Vradiy, "Russia-Taiwan Relations: History and Perspectives," *Con-*

temporary Chinese Political Economy and Strategic Relations: An International Journal 3–1 (2017), p. 224.

51) Jeanne L. Wilson, "China, Russia, and the Taiwan Issue: The View from Moscow," in James A. Bellacqua (ed.), *The Future of China-Russia Relations* (Lexington, KY: University Press of Kentucky, 2010), p. 307.

52) Vasily Kashin and Alexander Lukin, "Russian-Chinese Security Cooperation in Asia," *Asian Politics and Policy* 10–4 (2018), pp. 614–632; Valery Denisov and Anastasia Pyatachkova, "Prospects for Normalization on the Korean Peninsula: A View from Moscow," *Asian Politics and Policy* 10–4 (2018), p. 698 참조.

53) 박정민, "남·북·러 경제협력 분석: 진단·예측·정책 제언," 『북한학연구』 제16권 2호 (2020), p. 121.

54) 홍완석, "한반도 평화 프로세스 구현에서 러시아 변수 고찰," 『슬라브학보』 제34권 1호 (2019), p. 246.

55) 김선래, "러시아의 공세적 동북아 외교안보정책과 對한반도 접근 전략," 『슬라브학보』 제36권 2호 (2021), p. 76.

56) 제성훈, "푸틴주의와 한반도: 2000년 이후 러시아의 한반도 정책 변화," 『슬라브학보』 제35권 1호 (2020), pp. 76–77.

57) 장덕준, "북한 핵문제에 대한 러시아의 입장과 대러 협력방안," 『중소연구』 제40집 (2)호 (2016), pp. 88–90.

58) 신범식, "우크라이나 전쟁과 국제정세 변동," 「이슈브리핑」 185호 (서울대학교 국제문제연구소, 2022).

참고문헌

김선래. "러시아의 공세적 동북아 외교안보정책과 對한반도 접근 전략." 『슬라브학보』 제36권 2호 (2021).

박정민. "남·북·러 경제협력 분석: 진단·예측·정책 제언." 『북한학연구』 제16권 2호 (2020).

신범식, "우크라이나 전쟁과 국제정세 변동." 『이슈브리핑』 185호, 서울대학교 국제문제연구소, 2022.

우준모. ""신북방정책" 비전의 국제관계이론적 맥락과 러시아 신동방정책과의 접점." 『국제지역연구』 제21권 5호 (2018).

이상준. "유라시아 지역에서 러시아와 중국의 협력과 대립 가능성: 러시아 확대 유라시아 구상과 중국 일대일로를 중심으로." 『러시아연구』 29권 1호 (2019).

이신욱. "신 푸틴시대 러시아 신동방정책과 전망: 러시아 에너지정책을 중심으로." 『평화학연구』 제14권 1호 (2013).

_____. "러시아 신동방정책과 북·러 경협." 『평화학연구』 제16권 3호 (2015).

장덕준. "러시아의 신동방정책과 동북아." 『슬라브학보』 제29권 1호 (2014).

_____. "북한 핵문제에 대한 러시아의 입장과 대러 협력방안." 『중소연구』 제40집 2호 (2016).

제성훈. "푸틴주의와 한반도: 2000년 이후 러시아의 한반도 정책 변화." 『슬라브학보』 제35권 1호 (2020).

홍완석. "한반도 평화 프로세스 구현에서 러시아 변수 고찰." 『슬라브학보』 제34권 1호 (2019).

Ajami, Riad. "Globalization in Retreat: Putin's War and It's Impact across the Globe and the Asia-Pacific Region." *Journal of Asia-Pacific Business* 23-2 (2022).

Bakare, Najimdee. "Contextualizing Russia and South Asia Relations through Putin's Look East Policy." *Journal of Asian and African Studies* 56-3 (2020).

Blank, Stephen. "Is Russia a Great Power in Asia?," in Aharon Klieman (ed.). *Great Powers and Geopolitics: International Affairs in a Rebalancing World*. New York: Springer, 2015.

Breslin, Shaun. "Comparative theory, China, and the future of East Asian regionalism(s)." *Review of International Studies* 36 (2010).

Daneilewski, Mateusz. "The Russian Pivot to Asia: Russian Foreign Policy in the Asia-Pacific." https://www.ipsa.org/wc/paper/russian-pivot-asia-russian-foreign-policy-asia-pacific (검색일: 2022. 6. 26).

Denisov, Valery, and Pyatachkova, Anastasia. "Prospects for Normalization on the Korean Peninsula: A View from Moscow." *Asian Politics and Policy* 10-4 (2018).

Dikarev, Andrey, and Lukin, Alexander. "Russia's approach to South China Sea territorial dispute: it's only business, nothing personal." *The Pacific Review* 35-4 (2022).

Fenenko, Alexei. "Difficulties of Political Diversification in the Asia-Pacific Region." https://valdaiclub.com/a/highlights/difficulties_of_political_diversification_in_the_asia_pacific_region/ (검색일: 2022. 6. 25).

Fortescue, Stephen. "Russia's economic prospects in the Asia Pacific Region." *Journal of Eurasian Studies* 7 (2016).

Glaser, Marina (Kukartseva), Pierre-Emmanuel Thomann. "The concept of "Greater Eurasia": The Russian "turn to the East" and its consequences for the European Union from the geopolitical angle of analysis." *Journal of Eurasian Studies* 13-1 (2022).

Hayton, Bill. *The South China Sea: The Struggle for Power in Asia*. New Haven, CT: Yale University Press, 2014.

Hill, Fiona, and Gaddy, C. G. Mr. Putin: Operative in the Kremlin. Washington D.C.: Brookings Institution Press, 2015.

Huan, Amanda, and Thambipillai, Pushpa. "Russia and Southeast Asia: The road less traveled." in Gaye Christoffersen (ed.). *Russia in the Indo-Pacific: new approaches to Russian foreign policy*. London: Routledge, 2022.

Joshi, Nirmala, and Sharma, R. K. "India-Russia Relations in a Changing Eurasian Perspective." *India Quarterly* 73–1 (2017).

Kanaev, Evgeny, and Korolev, Alexander. "Reenergizing the Russia-ASEAN Relationship: The Eurasian Opportunity." *Asian Politics and Policy* 10–4 (2018).

Kashin, Vasily, and Lukin, Alexander. "Russian-Chinese Security Cooperation in Asia." *Asian Politics and Policy* 10–4 (2018).

Kichanov, Valery, and Kichanova, Varvara. "Problems of the Development of the Infrastructure of the Far East (Russia)." *IERI Procedia* 8 (2014).

Korolev, Alexander. "Russia's Reorientation to Asia: Causes and Strategic Implications." *Pacific Affairs* 89–1 (2016).

Kuhrt, N. C. "Russia and Asia-Pacific: From 'Competing' to 'Complementary' Regionalisms?." *Politics* 34–2 (2014).

Kuzio, Taras. "Ukraine between a Constrained EU and Assertive Russia." *Journal of Common Market Studies* 55–1 (2017).

Larson, D. W., and Shevchenko, Alexei. "Status Seekers: Chinese and Russian Responses to U.S. Primacy." *International Security* 34–4 (2010).

Lukin, Alexander. *China and Russia: the new rapprochement.* Cambridge: Polity, 2018.

Lukin, Artyom. "The Russia-China entente and its future." *International Politics* 58 (2021).

Lunev, Sergey, and Shavlay, Ellina. "Russia and India in the Indo-Pacific." *Asian Politics & Policy* 10–4 (2018).

Martynova, E. S. "Strengthening of Cooperation Between Russia and ASEAN: Rhetoric or Reality?." *Asian Politics and Policy* 6–3 (2014).

Minakir, P. A., and Prokapalo, O. M. "The Russian Far East: Economic Phobias and Geopolitical Ambitions." *Problems of Economic Transition* 59–10 (2017).

Nguyen, O. T. H., Aksenov, Ilia, Phan, N. T., and Sakulyeva, Tatyana. "Russia's foreign policy priorities in the Asia-Pacific region." *Journal of Public Affairs* (2021).

Pant, H. V. "India-Russia Ties and India's Strategic Culture: Dominance of a Realist Worldview." *India Review* 12-1 (2013).

Pepe, J. M. "The "Eastern Polygon" of the Trans-Siberian rail line: a critical factor for assessing Russia's strategy toward Eurasia and the Asia-Pacific." *Asia Europe Journal* 18 (2020).

Rangsimaporn, Paradorn. *Russia as an Aspiring Great Power in East Asia*. London: Palgrave, 2009.

Schumacher, Tobias, and Nitoiu, Cristian. "Russia's Foreign Policy Towards North Africa in the Wake of the Arab Spring." *Mediterranean Politics 20-1 (2015).*

Siddi, Marco. "German Foreign Policy toward Russia in the Aftermath of the Ukraine Crisis: A New Ostpolitik?." *Europe-Asia Studies* 68-4 (2016).

Simão, Licínia. "The Ukrainian conflict in Russian foreign policy: Rethinking the interconnections between domestic and foreign policy strategies." *Small Wars & Insurgencies*, 27-3 (2016).

Srivastava, Nitika. "Prospects for Russia-India Relations in the Indian Ocean Region." *Maritime Affairs: Journal of the National Maritime Foundation of India* 13-1 (2017).

Topychkanov, Petr. "Russian Policy on India and South Asia." https://carnegiemoscow.org/2013/02/27/russian-policy-on-india-and-south-asia-pub-51283 (검색일: 2022. 6. 26).

Tsvetov, Anton. "After Crimea: Southeast Asia in Russia's Foreign Policy Narrative." *Contemporary Southeast Asia* 38-1 (2016).

Tsygankov, Andrei. "Vladimir Putin's last stand: the sources of Russia's Ukraine policy." Post-Soviet Affairs 31-4 (2015).

Vradiy, Sergey. "Russia-Taiwan Relations: History and Perspectives." *Contemporary Chinese Political Economy and Strategic Relations: An International Journal* 3-1 (2017).

Wilson, Jeanne L. "China, Russia, and the Taiwan Issue: The View from Moscow." in James A. Bellacqua (ed.). *The Future of China-Russia Relations. Lexington,* KY: University Press of Kentucky, 2010.

Ziegler, C. E. "Russia and China in Central Asia." in James Bellacqua (ed.). *The Future of China-Russia Relations*. Lexington, Kentucky: University of Kentucky Press, 2010.

Мигранян, А. А. "Потенциал развития экономического сотрудничест ва России со странами ЕАЭС и СНГ." Проблемы постсоветского прос транства 7-3 (2020).

Петровский, В. Е. "О Перспективах Трехстороннего Диалога《Китай

-США-Россия》." in Китай в мировой и региональной политике: История и современность. Москва: Института Дальнего Востока РАН, 2013.

"≪Не собирались задирать США≫: Шойгу объяснил полеты Ту–160." Газета.ru. 18 August 2019.

"Россия в Южно-Китайском море." Вестник Кавказа. 20 September 2020.

7장

북한의 인태전략:

북미관계와 북중러관계의 딜레마

조한범(통일연구원)

트럼프정부에서 구체화된 인태전략은 바이든정부에서 진화하는 양상을 보이고 있다. 고립주의적 경향의 트럼프정부와 달리 바이든정부는 '가치기반 국제주의'의 경향을 보이고 있다. 바이든정부는 동맹과의 연대를 강화하고 민주주의 진영의 협력체제를 강화해 중국과 러시아 등 권위주의 진영에 대응하겠다는 입장을 견지하고 있다. 러시아의 우크라이나 침공으로 민주주의 진영의 연대가 강화되고 있다는 점에서, 바이든정부의 '가치기반 국제주의' 외교도 탄력을 받을 개연성이 있다.

바이든정부는 쿼드(QUAD) 체제를 본격화하고 미국-영국-호주 간 군사협력체 오커스(AUKUS)에 이어 경제협력체 인도·태평양경제프레임워크(IPEF)를 출범시키면서 인태전략을 구체화하는 행보를 보이고 있다. 바이든정부는 한미일과 태국, 필리핀 등 아시아의 동맹관계를 강화하고 아세안과의 협력을 확대해 중국을 견제하는 행보를 가속화하고 있다. 인태전략의 구체화로 북한에 대한 압박도 강화될 개연성이 있다.

북한은 미국의 인태전략에 대해 중국과 대동소이한 입장을 보이며 북중러 연대에 주력하고 있다. 북한은 2019년 2월 하노이 북미정상회담 결렬 이후 핵능력 고도화에 주력하면서 북중 및 북러관계 개선 행보를 가속화하고 있다. 2013년 12월 북한 내 친중세력의 중심인 장성택 전 노동당 행정부장의 처형 이후 악화된 북중관계는 2018년 3월 김정은 위원장의 첫 방중 이후 완전하게 복원되었다. 현재 북중관계는 김정은 정권 출범 이후 최상의 상태에 있다. 북한은 우크라이나 사태와 관련해 일방적으로 러시아 편들기에 나서고 있다. 미국의 공세에 맞서 중국과 러시아는 새로운 포괄적 전략적 협력 동반자 관계를 지향하고 있다.

우크라이나 사태의 여파로 향후 민주주의 진영과 권위주의 진영의 대립구도가 강화될 가능성이 있다. 바이든정부는 한중일 협력체제의 강화를 통해 인태전략의 추진을 가속화할 것으로 전망되며, 한국의 새 정부는 한미동맹 강화, IPEF 참여, 쿼드 워킹그룹 가입 의사 표명 등 미국의 인태전략과 친화력을 보이고 있다. 미국의 인태전략에 대한 북중러의 대응체제도 강화될 것으로 전망된다. 향후 인태전략은 한반도 정세에 일정한 영향요인으로 작용할 개연성이 있으며, 북한의 대응도 예상된다.

그러나 역사적으로 북미관계는 양자적 성격이 강했다. 미국의 인태전략이 본격화하는 시점에서 북한은 북미관계 개선을 위한 파격적 행보에 나섰다는 점을 주목할 필요가 있다. 이는 북미관계 해결없이 김정은 정권과 북한경제의 미래가 불투명하기 때문이다. 2022년 5월 21일 한미정상회담을 통해 한미동맹은 글로벌 전략동맹으로 발전했으며, 인도·태평양지역에서 협력을 강화하기로 합의했지만 북한은 즉각적인 공식적 반응을 보이지 않았다. 인태전략의 전개에도 불구하고 향후에도 북미 양자관계는 북한의 대외전략에서 중요한 의미를 지니게 될 것이다.

1. 논의와 대응

1) 미국의 인태전략과 북한

탈냉전기 국제환경 변화를 배경으로 오바마정부는 아시아회귀(Pivot to Asia)를 본격화했다. 미국의 아시아회귀의 가장 주요한 목표는 부상하는 중국의 위협을 견제하고 아시아 지역에서 미국의 영향력을 유지하는 것이었다. 이 시기 북한은 핵무기 개발단계에 있었으며, 오바마정부는 대북제재 등 북한에 대한 압박기조를 중심으로 한 전략적 인내(Strategic Patience)를 대북정책 기조로 유지했다. 오바마정부에서 북미 비핵화 협상의 가시적 성과는 도출되지 않았으며, 2016년부터 북한은 핵·미사일 개발을 가속화했다.

탈냉전 이후 미국의 아시아전략은 중국에 대한 견제를 중심으로 점차 진화하는 양상을 보이고 있다. 트럼프정부는 2019년 1월 국방부 명의로 공개한 본문 54쪽 분량의 "인도·태평양전략 보고서(Indo-Pacific Strategy Report)"[1)]에서 중국, 러시아, 북한 등 세 국가를 특정해 도전요인으로 명시했다. 보고서는 중국을 수정주의(China as a Revisionist Power), 러시아를 해로운 행위자(Russia as a Revitalized Malign Actor), 그리고 북한을 불량국가(The Democratic People's Republic of Korea as a Rogue State)로 표현했다.

보고서는 5문단 39줄을 할애해 북한에 대해 비교적 상세하게 기술했으며, “(북한의)최종적이고 완전하게 검증 가능한 비핵화(FFVD)를 이룰 때까지 (미국) 국방부, 글로벌 시스템, 동맹 및 파트너”에게 안보적 도전으로 남을 것이라고 규정했다. 보고서는 북한의 핵·미사일 개발 동향, 인권침해, 무력도발, 대북제재 회피 등을 구체적으로 나열하고, 분명한 비핵화를 선택할 때까지 대북제재를 지속할 것이며, 한국, 일본, 동맹국들에 대한 위협을 억제하고 격퇴할 것임을 밝혔다.

트럼프정부 시기 북미관계는 인태전략 차원보다는 고조된 북핵 위기를 중심으로 양자관계의 성격이 강했다. 2017년 트럼프정부가 출범한 지 23일 만에 도발을 시작한 북한은 6차 핵실험을 단행하고 대륙간탄도미사일(ICBM)을 포함해 20여 발의 탄도미사일을 발사했다. 이로 인해 2017년 북미간 긴장은 최고조에 달했으며, 북한 문제는 트럼프정부에서 최대 대외 현안으로 다루어졌다. 2017년 8월 트럼프 대통령은 북한이 ‘화염과 분노(with fire, fury)’에 직면할 것이라고 경고했으며, 유엔 연설에서 김 위원장을 로켓맨이라 칭하고 ‘자살임무(on a suicide mission)’에 돌입했다고 비난했다. 2018년 1월 1일 김정은 위원장은 신년사를 통해 미국 본토 전역이 “우리의 핵 타격 사정권 안에 있으며 핵 단추가 내 사무실 책상 위에 항상 놓여 있다고”고 경고했으며. 2일 트럼프 대통령은 트위터를 통해 “더 크고 강력한 핵 단추”가 있다고 응수했다.

그러나 북미 간 극단적 대립은 2018년 극적으로 대화국면으로 전환했다. 트럼프정부의 대북정책은 위로부터(top-down)의 협상과 일괄타결식 해결을 지향하는 방식이었다. 2018년 개최된 싱가포르 북미정상회담은 사상 첫 양국 최고지도자 간 회동이라는 점에서 의미가 있다. 그 이전까지 북미 간 고위급 협상 채널은 차관보급 수준을 넘지 않았다. 2019년 2월 하노이 북미정상회담이 개최되었으며, 6월에는 판문점 북미정상회동이 성사되었다. 그러나 1년 동안 북미 정상 간 3차례의 만남에도 불구하고 구체적인 성과는 도출되지 않았다.

이는 북한 핵문제의 복합성에 기인한다고 볼 수 있으며, 따라서 정상 간 합의를 위해서는 밑으로부터(bottom up)의 준비된 협상이 필요했다. 그러나 트럼프-김정은 간 북미정상회담에서는 이 같은 문제가 간과되었다. 또한, 트럼프정부의 북미 비핵화 협상은 단계적인 스몰딜이 아닌 포괄적 일괄타결을 지향함으로써 한계를 보였다. 하노이 북미정상회담에서는 비핵화 협상의 한계가 구체적으로 드러났으나, 문제는 싱가포르 북미정상회담에 있었다. 이란 핵합의(JCPOA, 포괄적 행동계획)의 경우 구체적이고 여러 영역의 내용을 포함하고 있지만 싱가포르 북미공동성명은 "완전한 비핵화를 위해 노력하기로 약속하였다"라는 추상적 내용만을 담고 있기 때문이다. 싱가포르 북미공동성명은 완전한 비핵화의 개념규정과 실질적 이행을 위한 구체적 합의를 포함하고 있지 않았다는 점에서 이미 난관을 예고한 것이었다.

하노이 북미정상회담 결렬 이후 북미 양측의 해명을 종합할 경우 북한은 영변의 핵시설에 대한 사찰 및 검증, 영구폐기를 제안하는 대가로 대북제재의 일부 해제를 요구하고, 미국은 영변+α를 요구해 합의가 성사되지 않은 것으로 요약된다. 영변 핵시설은 북한 핵프로그램의 핵심이라는 점에서 전향적인 비핵화 조치를 제안한 것으로 볼 수 있다. 그러나 북한이 요구한 5건의 유엔 대북제재의 해제는 대북압박의 핵심이며, 미국의 입장에서 영변 핵시설은 북한이 과거에도 폐기에 합의했던 대상이다. 또한, 영변 이외의 지역에도 고농축우라늄(HEU) 생산시설이 있으며, 이미 생산된 핵물질, 핵탄두, 대륙간탄도미사일도 문제다.[2)] 비핵화에 대한 북미의 견해차가 상존하는 상황에서 밑으로부터의 준비도 없이 일괄타결를 시도했다는 점에서 하노이 북미정상회담의 결렬은 예정된 것이었다고 볼 수 있다.

바이든정부는 2022년 2월 14쪽 분량의 "인도·태평양전략(Indo-Pacific Strategy Report)"[3)]을 새롭게 발표했다. 바이든정부의 인태전략은 트럼프정부 시기에 비해 분량이 약 1/4로 축소되었으며, 목차에서 중국, 러시아, 북한 등을 위협으로 명시하지도 않았다. 이는 트럼프정부에서 이미 규정된 부분과의 중복을 피하기 위한 것으로 볼 수 있으며, 특히 발행 주체를 국방부에서 백악관으로 격상시킴으로써 인태전략의 위상이 제고된 것으로 평가할 수 있다. 바이든정부의 인태전략은 서두에 "각 국가와 세계의 미래는 향후 수십년 동안 지속되고 번영하는 인도·태평양에 달려 있습니다"라고 언급한 바이든 대통령의 2021년 9월 쿼드 정상회의 발언을 실었다.

북한 관련 내용은 인태전략 안보 강화 항목에 포함되어 1문단 9줄에 걸쳐, 북한 핵미사일 위협, 북한 주민의 인권과 여건 개선, 지속적인 대화 모색, 한국, 일본, 그리고 동맹국에 대한 위협의 억제와 격퇴, 그리고 협력 의지 등에 대해 설명했다. 바이든정부 인태전략은 구체적인 10개 항목의 행동계획(Action Plan)을 적시하고 있지만 북한에 국한된 항목은 포함되지 않았다. 반면 한미일 협력체제의 강화(EXPAND U.S.-JAPAN-ROK COOPERATION)는 10대 행동계획 중 7번째로 명기되어 있다. 따라서 트럼프정부에 비해 북한 문제의 우선순위가 상대적으로 하향 조정되었다는 평가도 가능하다.

바이든정부에서도 북미관계는 북핵문제를 둘러싼 양자관계의 성격을 띠고 있다. 바이든정부는 출범 100일 만인 2021년 4월 30일 새로운 대북정책을 공개했다. 당시 젠 사키 백악관 대변인은 대북정책 재검토 종료를 언급하며 목표는 한반도의 완전한 비핵화라며 "우리의 정책은 북한과의 외교에 열려있고, '조정된 실용적 접근(a calibrated practical approach)'"이라고 밝혔다. 젠 사키 대변인은 "우리의 정책은 일괄타결에 초점을 두지 않을 것이며 전략적 인내에 의존하지 않을 것"이라며 오바마정부의 전략적 인내와 트럼프정부의 일괄타결식 접근과 차별화를 선언했다. 이는 바이든정부가 대북정책의 재검토를 통해 오바마정부와 트럼프정부 대북정책의 문제점을 '조정'했다는 것을 의미한다. 바이든 대통령은 대선 기간 중인 2020년 10월 대선 TV토론에서 김정은 위원장을 만날 것이냐는 질문에 "핵 없는 한반도를 위해 핵능력을 축소하는 데 동의하는 조건"이라고 언급했다. 빅딜이 아닌 핵능력 축소 수준에서도 북미정상회담이 가능하다는 의미로 볼 수 있다. 5월 2일 설리번 안보보좌관도 바이든정부의 새 대북정책이 '전부 또는 전무(all for all, of nothing for nothing)'가 아닌 문제의 해결을 목표로 한다고 언급했다. 북미 간 빅딜이 아닌 스몰딜 또는 적정 수준에서도 합의가 가능하다는 의미다.[4)]

바이든 대통령은 2021년 4월 28일 첫 의회연설에서 북한 핵문제를 미국과 세계의 안보에 대한 심각한 위협이라며 '동맹과 함께(with our allies)' '외교(diplomacy)'와 '강한 억지(stern deterrence)'를 통해 해결하겠다고 선언했다. '동맹', '외교', '강한 억지'가 바이든정부 대북정책의 3요소인 셈이다.[5)]

동맹관계의 복원 및 강화는 바이든정부 대외정책의 핵심이다. 바이든정부는 트럼프정부의 고립주의와 달리 민주주의와 시장경제, 그리고 인권 등 미국과 가치를 공유하는 동맹과의 연대를 통해 권위주의 진영에 대응하는 가치기반 국제주의를 지향하고 있다. 외교는 전통적으로 미국 민주당 대외정책의 핵심이었다. 트럼프정부가 동맹과 경쟁국을 일방적으로 압박한 반면 바이든정부는 외교적 해법을 지향하고 있다. 블링컨 국무장관은 2021년 5월 3일 "우리는 외교에 초점을 맞춘 매우 명쾌한 정책을 갖고 있다"며 북한이 외교의 기회를 잡기를 바란다고 언급했다. 바이든정부는 이란 핵문제에서도 트럼프정부가 파기한 포괄적 행동계획(JCPOA)을 복원하는 외교적 해법을 지향하고 있다.

강한 억지는 북한을 외교와 협상의 테이블로 견인하는 수단에 해당한다. 바이든정부는 한국에 대한 북한의 위협 억제, 북한의 핵능력 고도화 및 무력도발 방지, 대북제재, 인권 등 북한의 취약점 공략, 중국의 영향력 활용 등을 통해 북한에 대해 압박을 가하고 있다. 바이든정부는 북한 문제를 포함해 대외관계에서 외교적 해법을 우선하며, 동맹과의 연대를 통해 억지를 최대화하고 있다.

북한 핵문제의 해결이 장기성과 복합성을 내재하고 있다는 점을 감안할 때 실용주의를 지향하는 바이든정부의 대북정책은 긍정적인 측면이 있다. 바이든정부는 북한 핵문제의 안정적 관리 및 단계적 핵능력 축소를 지향한다는 점에서 현실적인 대안으로 볼 수 있다. 바이든정부가 동맹과의 연대를 강조하는 점도 긍정적이다. 그러나 새로운 대북정책의 구사에도 불구하고 바이든정부는 북한과의 협상에서 구체적인 결과를 도출하지 못하고 있다.

현재까지의 결과를 평가할 경우 바이든정부의 대북정책이 오바마정부의 전략적 인내 '시즌 2'로 흐를 개연성을 배제하기 힘들다.[6] 우선 트럼프정부에 비해 바이든정부에서 북한 문제의 우선순위가 하향 조정된 정황이다. 바이든정부는 출범 이전부터 중국을 제1의 위협이며 경쟁상대로 규정하고, 출범과 동시에 중국을 견제하는 정책을 본격화했다. 러시아와 이란에 대해서도 정권 출범 초기부터 정책적 지향성을 명확히 했다. 바이든정부가 재검토의 대상으로 설정한 대외분야는 사실상 북한이 유일하다. 북한 문제를 최우선으로 다룬 트럼프정부와 달리 바이든정부에서 북한 문제는 다른 방식으로 다루어지고 있다. 출범 직후 약 1년 동안 북미 간 극단적 대립구도를 거쳐 극적인 대화국면으로 전환했던 트럼프정부와 달리 바이든정부는 북한과 그 어떤 실질적 접촉도 성사시키지 못했다.

대북제재는 사실상 이미 최대 수준이며, 북한은 자력갱생노선으로 면역력을 키워가고 있다는 점에서 강한 억지의 수단도 제한되어 있다. 국제제재가 불량국가를 굴복시킨 사례도 찾기 힘들다. 미국이 원하는 북한에 대한 중국의 영향력도 제한적이다. 북한은 북중관계에서 상대적 자율성을 유지해왔다는 점에서 일방적인 중국의 압박을 북한이 수용할 가능성은 거의 없다. 더 큰 문제는 강한 억지가 통하지 않았을 때의 대안이다. 오바마정부의 전략적 인내의 한계는 북한의 행위를 강제할 수 있는 수단에 제약이 있었기 때문이다. 동맹과의 연대, 외교, 강한 억지를 활용하는 바이든정부의 '조정된 실용적 접근'은 아직 과거 전략적 인내의 정책적 한계를 뛰어넘는 성과를 도출하지 못하고 있다.

북한은 바이든정부의 대북정책에 비판적이다. 바이든정부가 대북정책 재검토를 마친 직후 2021년 5월 2일 북한 외무성이 대미 비난담화를 동시에 2건이나 발표한 것은 바이든정부의 대북정책에 대한 즉각적인 반발로 볼 수 있다. 바이든정부는 북한문제 해결에 있어서 중국의 협력을 요구하고 있지만 미중 전략경쟁의 심화로 전망은 밝지 않다. 2022년 5월 21일 한미정상회담을 통해 양국관계는 글로벌 포괄적 전략동맹으로 발전했다. 이를 통해 양국은 한미일 협력 강화, 민주주의와 규범에 기반한 국제질서 촉진, 인도태평양경제프레임워크(IPEF) 참여 등에 합의했다. 이는 모두 미국의 인태전략과 관계가 있으며 중국이 민감하게 반응하는 사안이다. 바이든 대통령 방한 직후인 5월 24일 중국과 러시아의 군용기는 한일 방공식별구역을 무단 침범해 불편한 심기를 내보였다. 미국의 인태전략의 확대는 북한문제 해결을 위한 중러의 협력 견인에 제약요인으로 작용할 가능성이 있다.

2) 북한의 전략 변화

인도·태평양 공간을 둘러싼 국제질서의 유동성이 증가하는 가운데 출범한 김정은 정권의 전략은 대외분야보다 권력기반의 강화와 핵무기 확보를 통한 체제안정화를 지향했다. 김정은 위원장은 오바마정부가 출범한 2009년 후계자로 지명되어 2011년 12월 권력을 승계했다. 20대 중반의 김정은 위원장이 권력승계를 준비한 기간은 3년여에 불과했으며, 김정일 위원장의 급사에 따라 준비되지 않은 상태에서 권력을 승계했다. 김정은 위원장에게는 할아버지 김일성 주석과 같은 정치적 유산과 카리스마가 없었으며, 1974년 후계자로 등장해 20여년간 권력승계를 준비한 아버지 김정일과 같은 확고한 지지기반도 가지고 있지 않았다. 또한, 북한의 경제는 구조적 위기에서 벗어나지 못했으며, 국방력은 한미동맹에 비해 현저한 열세에 놓여 있었다.

김정은 정권의 주요 국가전략 변화를 기준으로 했을 때 집권 1기(2011년~2017년), 집권 2기(2018년~2020년), 그리고 집권 2기의 부분적 전략 변화의 시기인 집권 2.5기(2021년 이후)로 구분될 수 있다. 집권 1기의 김정은 정권은 권력기반 강화와 핵·미사일 개발에 주력했으며, 집권 2기에는 경제발전을 목표로 설정하고 정상외교를 통해 대남·대미관계 개선에 나섰다. 2021년 1월 노동당 제8차 대회에서 채택된 자력갱생노선은 집권 2기의 목표 달성 실패에 대응하기 위한

부분적 전략 변화라는 점에서 집권 2.5기로 볼 수 있다.[7)]

2011년 12월 김정일 위원장의 급작스러운 사망으로 권력을 승계한 김정은 위원장은 기존 정치구도를 재편해 스스로 권력기반을 창출하는 길을 선택했다. 김 위원장은 집권 직후인 2012년 7월 리영호 전 인민군 총참모장을 전격 숙청했으며, 2013년 12월에는 고모부인 장성택 전 노동당 행정부장을 처형했다. 리영호와 장성택은 김정일 위원장이 신뢰했던 인민군과 노동당의 실세였으며, 김정은 위원장의 후견인에 해당했다. 또한, 전정갑 전 인민군 서해 전대장, 김철 전 인민무력부 부부장, 김용진 전 내각부총리와 현영철 전 인민무력상 등 당, 정, 군의 고위층 상당수도 처형과 숙청의 칼날을 피하지 못했다. 김 위원장은 2017년 2월 말레이시아에서 이복형 김정남을 암살해 잠재적 정적들을 사실상 모두 제거했다.

권력기반 강화와 함께 김 위원장이 선택한 안보전략은 핵·미사일 개발의 본격화였다. 북한의 취약한 경제력으로 기존의 경제국방병진노선을 지속하는데 한계가 있었으며, 압도적 우위에 있는 한미연합의 재래식 전력에 대응하는 것은 어려운 일이었다. 반면 비대칭 전력인 핵무기는 비교적 적은 비용으로도 개발이 가능하다. 북한이 핵·미사일 개발을 선택한 이유이다. 김정은 정권 출범 초기 개최된 2013년 3월 노동당 전원회의에서 경제핵병진노선이 채택되었다. 경제핵병진노선은 사실상 '선 핵개발 후 경제발전' 전략이었으며, 이후 북한은 핵·미사일 개발에 주력했다. 북한은 총 6차례의 핵실험을 실시했으며, 1989년 9월 영변 핵시설 발견 이후 2011년 12월 김정일 위원장 사망 시점까지 2차례를 실시했다. 그러나 김정은 위원장은 집권 후 2013년 2월 3차 핵실험을 시작으로 2017년 9월 6차 핵실험까지 4년 반동안 4차례의 핵실험을 실시했다. 북한 발표에 따르면 김정일 위원장 시기에 실시된 2차례 핵실험은 '핵폭발(1차)'과 '위력개선(2차)' 등 핵개발 초기 단계였다. 반면 김정은 위원장 시기의 경우 '소형화·경량화(3차)', '수소폭탄(4차)', '핵탄두(5차)', 'ICBM용 핵탄두(6차)' 등 핵무기 완성을 위한 본격적 핵실험이라는 점에서 차이가 있다.

김정은 정권에서는 중장거리 탄도미사일의 시험발사도 본격화했다. 김정일 정권에서 대륙간탄도미사일(ICBM)급 로켓이 발사된 적이 있지만 주로 우주발사체 형식이었으며, 중장거리 탄도미사일에 필수적인 대기권 재진입이 시도되지 않았다. 김정일 정권기에 무수단 등 중거리 탄도미사일이 식별되었지만 시험발사없이 배치된 것이었다. 그러나 김정은 정권은 무수단, 화성-12형, 화성-14형, 화성-15형 등 중장거리 탄도미사일을 집중적으로 시험발사했다. 북한은 2017년 11월 29일 사거리 13,000km 내외의 화성-15형 ICBM을 발사했으며, 김 위원장은 국가핵무력완성을 공식 선언했다. 북한은 사실상의 핵능력국가(nuclear capable country)의 위상을 확보한 것으로 볼 수 있다.

2018년 이후는 김정은 정권의 집권 2기로 볼 수 있으며, '선 핵개발'에서 '후 경제'로 국가전략 목표의 중심을 이동시켰다. 북한은 2018년 4월 노동당 중앙위원회 제7기 제3차 전원회의를 개최해 경제핵무력병진노선을 결속(종료)하고, 새롭게 경제건설총력집중노선을 채택했다. 핵개발에 집중되었던 자원을 경제부문으로 돌림으로써 발전의 동력을 확보하려는 시도로 평가된다. 당시 전원회의에서 북한은 "주체107(2018)년 4월 21일부터 핵시험과 대륙간탄도로케트시험발사를 중지할 것"과 풍계리 핵실험장 폐기를 결정했다. 북한의 자발적 모라토리엄 선언이다.

구조적인 경제문제의 해결을 위해서는 대북제재 해제와 남북 및 북미관계를 포함하는 대외관계 개선이 필수였으며, 김 위원장은 2018년

초부터 연쇄 한반도 정상외교에 나섰다. 김 위원장은 2018년 1월 1일 신년사에서 "남조선의 집권 여당은 물론 각계각층 단체들과 개별적 인사들을 포함하여 그 누구에게도 대화와 접촉"을 할 것이라고 선언했다. 이어 북한은 전격적으로 평창 동계올림픽에 참가해 남북관계 개선 의지를 행동으로 옮겼다.

김 위원장은 2018년 3월 처음으로 중국을 방문해 북중관계를 정상화함으로써 우군을 확보했다. 4·27 판문점 남북정상회담에서 양측 정상은 관계 발전과 아울러 한반도 비핵화 목표에 합의함으써 6·12 싱가포르 북미정상회담을 견인했다. 남북 정상은 9월 평양공동선언에 영변 핵시설의 영구폐기 의사를 명시함으로써 하노이 북미정상회담의 핵심 의제를 도출했다. 그러나 하노이 북미정상회담에서 양측은 합의에 실패했다. 2019년 4월 김 위원장은 최고인민회의 시정연설을 통해 북미 협상시한을 연말까지로 정하고, 여의치 않을 경우 새로운 길을 가겠다고 선포했다. 시정연설에서 김 위원장은 "오지랖 넓은 '중재자', '촉진자' 행세"라는 표현으로 남한을 비난했다. 5월 4일 북한은 KN-23(북한판 이스칸데르) 단거리 탄도미사일을 전격 발사했으며, 이는 2017년 11월 29일 화성-15형 발사 이후 최초의 탄도미사일 발사였다. 이후 북한은 KN-24, 대구경조종방사포, 초대형방사포 등 단거리 발사체를 지속적으로 발사했다. 특히 KN-23은 핵탄두 탑재가 가능하다. 2019년 6월 판문점 북미정상회동과 10월 개최된 스톡홀름 북미 실무협상도 성과 없이 종료되었으며, 이로써 2018년 가속화된 김 위원장의 한반도 정상외교의 동력도 약화되었다. 북한은 2019년 12월 노동당 중앙위원회 제7기 제5차 전원회의를 개최해 정면돌파전을 새로운 길로 선택했다. 그러나 미국은 입장변화를 보이지 않았으며, 대북제재의 장기화, 연속된 자연재해, 그리고 코로나19 사태로 북한의 어려움은 가중되었다.

2021년 1월 북한은 노동당 제8차 대회를 개최해 새 국가경제발전 5개년계획을 수립했지만, 기존 노선의 연장선상 성격이라는 점에서 집권 2.5기로 볼 수 있다. 김 위원장은 새로운 국가경제발전 5개년계획 수행을 위해 자력갱생을 강조하고, 국방력 강화와 경제발전을 양대 목표로 제시했다. 김 위원장은 노동당 제8차 대회에서 전술핵, 극초음속 활공비행전투부, 수중 및 지상고체발동기, 대륙간탄도로케트, 핵잠수함과 수중발사핵전략무기, 군사정찰위성 등을 개발할 것을 지시했다.

북한은 2022년 1월 19일 노동당 중앙위원회 제8기 제6차 정치국회의를 개최해 미국과의 장기적인 대결에 철저히 준비해야 한다며, '국방정책과업들의 재포치(하달)'와 '신뢰구축조치들의 전면 재고 및 잠정 중지했던 모든 활동의 재가동'을 검토할 것을 결정했다. '국방정책과업들의 재포치'는 2021년 1월 노동당 제8차 대회에서 결정한 군사력 강화에 박차를 가하겠다는 것을 의미한다. '신뢰구축조치들의 전면 재고 및 잠정 중지했던 모든 활동의 재가동'은 2018년 4월 노동당 중앙위원회 제7기 제3차 전원회의가 결정한 자발적 모라토리엄을 말한다.[8] 북한은 2022년 1월 극초음속 미사일, KN-23, KN-24, 장거리 순항미사일을 집중 발사했으며, 1월 30일에는 화성-12형 중거리 탄도미사일을 발사했다. 북한은 2월 27일과 3월 5일 각각 정찰위성개발 명분의 발사체를 발사했으며, 한미 당국은 ICBM인 화성-17형으로 판단했다. 북한은 3월 24일 화성-17형을 발사하고 이를 대내외에 공개함으로써 자발적 모라토리엄을 공식 파기했다. 북한은 4월 16일 사거리 110km의 전술유도무기를 발사하고 "전술핵 운용의 효과성과 화력임무 다각화를 강화"했다고 평가했다. KN-23의 사거리는 최대 800km이며 신형 전술유도무기의 사거리는 110km라는 점에서 북한의 전술핵 미사일의 대상은 남한 전역이다.

김여정 부부장은 2022년 4월 4일 담화를 통해 남북 간 군사적 충돌시 "우리의 핵전투무력은 자기의 임무를 수행"할 것이라며 남한을 대상으로 핵무기를 사용할 수 있다는 의사를 숨기지 않았다. 또한, 김 부부장은 전쟁초기에 핵전투무력이 동원된다며 선제 핵무기 사용 의도까지 내보였다. 김 위원장은 4월 25일 조선인민혁명군 창건기념일 열병식에서 '우리국가의 근본리익을 침탈'할 경우 핵무기 사용이 가능하다고 경고하고, 기념 연회에서는 선제 핵사용이 가능함을 언급했다. 핵전쟁이 아닌 상황에서도 핵무기를 선제적으로 사용하겠다고 공언한 셈이다. 북한이 주장하는 '근본리익'의 범위는 매우 자의적이며 광범위하다. 기존 핵보유국 중 핵무기 사용조건을 이렇게 추상적이고 공격적으로 정의한 경우는 찾기 힘들다. 북한의 핵교리가 공세적으로 바뀐 셈이며 한반도에서 한미동맹을 대상으로 군사적 우위를 확보하는 차원에서 실제 사용될 수 있다는 경고로 해석될 수 있다.

김정은 위원장은 2018년 3월 첫 북중정상회담을 시발점으로 2019년 6월까지 5차례의 양국 간 정상회담을 성사시켰다. 김정은 정권의 북정정상회담은 남북 및 북미정상회담을 전후해 개최되어 북중 양측이 한반도 정세변화에 대해 긴밀하게 협력했음을 알 수 있다. 북한 매체는 '혈맹', '순치', '유일무이' 등의 용어를 사용해 최상의 북중관계를 강조하고 있다. 북한은 양안관계, 홍콩 민주화, 신장위구르 인권 등 미중 간 현안에 대해서도 일방적으로 적극적인 친중행보를 보였다.

김정은 위원장은 하노이 북미정상회담 결렬 직후인 2019년 4월 25일 블라디보스토크에서 푸틴 대통령과 첫 북러정상회담을 개최했으며, 이는 2011년 8월 김정일-메드베데프 간 북러정상회담 이후 약 8년만이다. 북미관계 개선에 실패한 북한이 북중관계에 이어 북러관계를 강화해 우군을 확보하려는 의도로 해석이 가능하다. 2022년 2월 러시아의 우크라이나 침공 이후 북한의 친러행보는 보다 가속화하고 있다. 유엔은 3월 2일 찬성 141개국의 압도적 지지로 러시아의 우크라이나 침공을 규탄하고 즉각 철군을 결의했지만 북한은 반대한 5개국에 포함되었다. 북한은 러시아의 침공에 대해 함구하는 반면 우크라이나 사태의 모든 책임을 미국과 나토(NATO)로 돌리며 노골적인 러시아 편들기 행보를 이어가고 있다.

2. 입장과 도전 요인

미국의 인태전략에 대한 북한의 기본 노선은 비판적이며, 이는 정권의 정체성과 통치 이데올로기와 관련이 있다. 북한 정권의 핵심적 정체성이 제국주의와의 투쟁이며, 그 중심대상은 미국이기 때문이다. 김일성 주석은 항일 빨치산 세력을 중심으로 지배체제를 형성했다는 점에서 반제국주의 노선을 강하게 견지했다. 반제국주의 중심대상은 일본이었지만 일본의 패망과 한국전쟁 이후 미국으로 변화했다. 3대에 걸친 북한 정권은 자주를 지향해 왔으며, 이를 집대성한 것이 북한 이데올로기의 핵심인 주체사상이었다. 냉전기 북한은 우방인 중국과 러시아에 대해서도 등거리 외교를 구사했다. 따라서 미국의 인태전략과 북한의 주체노선은 논리적으로 당연히 충돌할 수밖에 없다.

김일성 주석이 주창하고 김정일 위원장의 주도 아래 집대성된 주체사상은 1960년대 이후 북한의 핵심적 통치 이념으로 기능했다. 그러나 1990년대 북한 정권 최대의 위기인 고난의 행군기의 도래와 이에 대한 대응으로 김정일 국방위원장이 '선군정치'를 주창하면서 주체사상은 사실상 사문화되었고 북한의 매체도 원론적인 차원에서만 다루었다.

김정은 위원장 집권 이후에도 이 같은 추세가 이어졌으며, 노동신문이 2012년 이후 5년간 주체사상을 다룬 논설이나 사설은 4건에 그쳤다. 2018년부터 주체사상 관련 보도가 증가하기 시작했으며, 이후 4년간 주체사상을 제목으로 한 기사는 31건으로 증가했다. 특히 2021년부터 노동신문과 민주조선에서 주체사상과 '주체적 힘'을 강조하는 사설이 보다 빈번하게 등장했다.[9] 특히 김 위원장은 2021년 12월 농업발전을 강조한 로동당 중앙위원회 제 8 기 제4차 전원회의에서 "우리 당의 사회주의농촌건설목표는 온 나라 농촌을 주체사상화"하는 것이라고 밝혔다. 최근 주체사상을 강조하는 흐름은 2019년 하노이 북미정상회담 결렬 이후 북한이 미국과의 장기적 대결이 불가피하다는 결정을 내리고 자력갱생 노선으로 전환한 것과 관련이 있다.

트럼프정부가 인태전략 보고서를 공개한 2017년 북한은 핵·미사일 개발에 주력했으며, 북미 간에는 극한의 대립구도가 형성되었다. 그러나 대립구도의 원인은 미국의 인태전략이라고 볼 수 없으며, 이 시기 북중관계는 냉랭한 상태를 유지하고 있었다. 북러관계의 상황도 대동소이했다. 따라서 2017년 트럼프정부 출범 이후 북한은 북중러 간 연대보다는 핵·미사일 개발을 매개로 한 북미 양자관계에 집중하는 경향을 보였다. 특히 북한은 트럼프정부의 인태전략 보고서의 공개에도 불구하고 2018년부터는 대남·대미관계 개선을 위한 행보를 본격화했다. 그러나 하노이 북미정상회담 결렬 이후 북미관계가 교착국면에 접어들면서 미국의 인태전략에 대한 북한의 직접적인 반발이 본격화하는 양상을 보였다.

북한 선전매체 '조선의 오늘'은 2020년 9월 22일 '자멸을 불러오는 무모한 불장난'이라는 제하 기사에서 미국의 인태전략을 "주요추종 국가들과 연합하여 우리 공화국(북한)과 주변 나라들을 군사적으로 견제, 봉쇄, 압살하고 조선반도와 지역에 대한 지배권을 확립하려는 침략적인 패권전략"이라고 비난했다. 북한 선전매체 메아리는 2021년 6월 3일 한국 공군의 알래스카 레드 플래그 훈련 참가에 대해 "미국의 대 조선 침략과 인디아·태평양 전략 실현의 돌격대 노릇"이라고 비난했다.

미국의 인태전략에 대한 비난과 함께 중국을 두둔하는 북한의 행보가 가속화했다. 북한 외무성은 대만, 신장·홍콩 문제에 관한 중국 측 주장을 옹호했으며, 2021년 8월 20일 "중국정부와 군대가 영토를 침범하는 그 어떤 외국군도 철저히 소멸할 것이라고 확신한다"는 입장을 밝혔다. 또한, 북한 외무성 홈페이지는 2021년 9월 6일 미군의 합동군사연습이 "대 중국 억제를 목표로 한 인도·태평양 전략의 본격적 실행"이라며 비난했다. 북한의 대외 선전매체 메아리는 2021년 10월 24일 한미 국방 워킹그룹(실무협의체) 구성 논의를 두고 "인디아태평양 전략 실현 강화에 유용하게 써먹자는 것"이라고 비난했다.

북한 외무성은 2021년 9월 미국-영국-호주간 군사협력 네트워크인 오커스(AUKUS)의 출범에 대해서도 즉각적으로 비난했다. 북한 외무성 보도국 대외보도실장은 2021년 9월 20일 오커스가 "아시아·태평양지역의 전략적 균형을 파괴하고 연쇄적인 핵 군비경쟁을 유발"시킨다며 자신들에게 영향이 있을 경우 '상응한 대응'을 경고했다. 북한 외무성은 2022년 2월 28일 홈페이지를 통해 바이든정부의 인태전략 공개에 대해 "철두철미 대중국 억제로 일관된 대결 문서"라며 "'자유롭고 개방된 인디아·태평양지역'을 건설할 수 없다"는 중국 환구시보 반발을 인용했다.

2022년 2월 24일 우크라이나-러시아전쟁 발발 이후 북한은 러시아를 지지하는 목소리를 냈다. 북한 외무성은 2월 28일 우크라이나전쟁과 관련해 내놓은 첫 공식 입장에서 "사태의 근원은 전적으로 다른 나라들에 대한 강권과 전횡을 일삼는 미국과 서방의 패권주의 정책"이라고 주장했다. 3월 2일 유엔에서 러시아의 우크라이나 침공을 규탄하고 철군을 요구하는 결의안이 141개국의 압도적 지지로 가결되었지만 북한은 반대표를 던진 5개국 중에 포함되었다. 2022년 3월 17일 내각 기관지 민주조선은 북러간 '경제적 및 문화적 협조에 관한 협정체결' 73주년을 맞아 양국이 "자주·평화·친선의 이념에 따라 전략적이며 전통적인 친선 관계를 끊임없이 발전시켜 나갈 것"이라고 강조했다. 북한이 자주권을 강조하면서도 우크라이나를 침공한 러시아를 지지하는 이중행보를 보이는 셈이다.

북한 외무성은 4월 23일에는 바이든 대통령이 러시아군의 우크라이나 민간인 집단학살을 거론한 데 대해 "미국이 우크라이나 사태를 '민족 말살'이라고 비난하는 건 위선의 극치"라고 비난했다. 북한 외무성은 5월 6일 핀란드와 스웨덴의 나토 가입을 '비싼 대가를 치르게 될 위험한 움직임'이라고 비판했다.

러시아의 우크라이나 침공 이후 북한은 친러행보의 강화를 토대로 북중러연대의 강화를 도모하는 양상을 보이고 있으며, 미국의 인태전략에 대한 비난의 수위도 높이고 있다. 그러나 북한의 인태전략에 대한 비판적 입장은 북중 및 북러관계의 동학보다는 김정은 정권이 시도했던 북미관계 개선이 불발된 결과로 볼 필요가 있다. 최근 북미관계 변화 동향은 탈냉전 세계질서 재편과 미중 전략경쟁의 영향이라기보다는 김정은 정권의 발전전략이라는 내적인 요인과 상관관계가 더 크다고 평가할 수 있다.

북한 외무성과 매체들의 미국의 인태전략에 대한 비난에도 불구하고 대남·대미 담화를 총괄하는 김여정 부부장의 담화에서는 직접적인 언급을 찾기 힘들다. 김여정 부부장은 2021년 3월 15일 상반기 한미합동군사훈련 관련 비난담화를 내고 조국평화통일위원회 정리와 남북군사분야합의서 파기 등을 위협했다. 또한, 미국에 대해서는 "앞으로 4년간 발편잠을 자고싶은 것이 소원이라면 시작부터 멋없이 잠설칠 일거리를 만들지 않는것이 좋을 것"이라고 경고했다. 김여정 부부장은 2021년 8월 10일 하반기 한미합동군사훈련에 대해 담화를 내고 대가를 치르게 될 것이라고 경고하고 "미군이 남조선에 주둔하고 있는 한 조선반도정세를 주기적으로 악화시키는 화근은 절대적으로 제거되지 않을 것"이라고 비난했지만, 미국의 인태전략을 거론하지는 않았다. 박정천 정치국 상무위원과 김영철 정치국 위원 등 북한의 고위 대남, 대미라인도 담화에서 미국의 인태전략을 직접 비판하거나 거론하지 않았다.

미국의 첫 인태전략 보고서가 발표된 2017년 북한은 핵·미사일 개발을 가속화하고 국가핵무력 완성을 선언했으며, 이는 김정은 위원장 집권 1기의 핵심전략인 경제핵병진노선의 완성을 의미했다. 이 시기 김정은 정권 출범 이후 악화일로를 걸어온 북중관계는 냉랭한 상태였으며, 북러관계 역시 소강상태를 면치 못했다. 북한의 핵·미사일 개발의 가속화로 북미관계는 최악의 상태로 진입했지만 미국의 인태전략 차원보다는 북미 양자관계의 성격이 강했다.

트럼프정부는 인태전략을 기반으로 전방위 차원에서 중국을 견제하는 행보를 본격화했다. 트럼프정부는 양안관계, 홍콩민주화운동, 신장위구르 인권침해 등 중국의 아킬레스건에 대해 공세를 이어 갔으며, 특히 화웨이 등을 제재해 중국을 첨단기술 공급망(GVC)에서 퇴출시키는 행보를 가속화했다. 미국의 인태전략이 강화되는 가운데 북한은 2018년 2월 평창 동계올림픽 참가를 시발점으로 본격적인 남북 및 북미관계 개선에 나섰다. 중국의 입장에서 미국의 인태전략 공세와 북한의 전격적인 남북 및 북미관계 개선행보는 상호 모순적이다. 미국의 중국 고립화 전략이 심화되는 가운데 남북 및 북미관계 개선이 진행될 경우 중국에게 전략적으로 유리할 게 없기 때문이다.

특히 중국에게 민감한 것은 북미관계 발전이다. 비핵화 협상의 진전과 한반도 문제 해결을 위해서는 한반도 평화협정이 필요하게 되며 최종 종착지는 북미수교라고 볼 수 있다. 이는 평양과 워싱턴에 양국의 대사관이 설치되는 것을 의미하며, 양국 간 경제관계도 급속하게 발전될 가능성이 있다. 북미경제관계 발전은 양측 모두에게 유리하며, 특히 2018년부터 시작된 김 위원장의 집권 2기의 전략은 '경제건설총력집중노선'이다. 2018년 6월 12일 밤 김정은 위원장은 싱가포르 야간 투어에 나서 트럼프 대통령 친구 소유인 마리나 베이 샌즈 호텔 스카이파크에 올라 야경을 지켜봤다. 당시 싱가포르 스트레이츠타임스는 "싱가포르 자본주의의 결실을 탐색하러 김정은 일행이 야간 외출을 했다"고 전했다. 북미정상회담에 담긴 김정은 위원장의 의도를 엿볼 수 있는 대목이다.

미국은 인태전략 차원에서 북한경제를 미국의 영향권에 두는 것이 유리하다. 싱가포르 북미정상회담 직후인 6월 23일 트럼프 대통령은 김정은 위원장이 북한으로 기업을 들여오고 싶어 한다고 말했다. 트럼프 대통령은 "북한이 입지 측면에서 엄청난 잠재력이 있다"며 "북한 해변에 콘도를 지을 수 있냐"는 질문에 "그렇게 될 것으로 매우 확신한다"고 답했다. 비핵화된 친미 북한 정권의 탄생은 그 자체로 미국의 인태전략의 중요 자산이 될 수 있으며, 반대로 중국에게는 북중동맹관계의 효용가치가 현저하게 약화되는 것을 의미한다.

북한이 북중관계를 강화한 것도 미국의 인태전략에 대한 북중 간 공조차원이라기 보다는 경제건설총력집중노선 관철을 위한 김 위원장의 남북 및 북미관계 개선전략의 일환으로 볼 수 있다. 2018년 6월 12일 싱가포르 북미정상회담, 2019년 2월 28일 하노이 북미정상회담, 그리고 6월 30일 판문점 북미정상회동은 북미 간 비핵화협상 및 관계 개선을 위한 양자적 특성을 지니고 있다. 따라서 2018년 이후 김정은 위원장의 한반도 정상외교 행보를 미국의 인태전략에 대응하기 위한 북중연대 차원으로 보기는 어렵다. 오히려 김정은 정권의 경제발전 목표를 달성하기 위한 전략적 성격이 강한 것으로 해석할 수 있다.

북한이 첫 북러정상회담을 개최한 것도 하노이 북미정상회담이 결렬된 직후인 2019년 4월이었으며, 노골적인 친러행보의 가속화도 2022년 2월 러시아의 우크라이나 침공 이후이다. 따라서 북한이 중국 및 러시아와의 관계를 강화해 북중러 연대를 모색하는 이유도 미국의 인태전략에 대한 공동의 대응이라고 보기 힘들다. 오히려 김정은 정권이 자체의 발전전략의 실현을 위한 북미관계 개선이 결렬된 상황에서 고립을 탈피하기 위한 '강요된 선택'이라고 볼 수 있다.

미국의 인태전략, 유럽의 우크라이나 사태로 인한 미러 갈등, 그리고 북미관계의 장기교착 및 북한의 대미 강경책 전환 등 북중러 3국은 미국에 대응해 공동전선을 형성해야 할 공통분모를 가지고 있다. 중국과 러시아는 미국의 인태전략에 대응해 안보협력을 확대하고 있다. 2021년 8월 중러 양국은 중국 닝샤에서 '서부 연합 2021' 합동군사훈련을 실시했다. 만명이상이 참가한 훈련에서 러시아군이 처음으로 탱크와 장갑차 등 중국군의 최신 무기를 사용했다. 2020년 러시아에서 열린 중러 합동군사훈련에서는 중국군이 러시아의 주요 무기를 사용했다. 2022년 5월 24일 중국과 러시아의 군용기들은 한국의 방공식별구역(KADIZ)를 침범했으며, 이는 5월 21일 개최된 한미정상회담에 대한 대응의 성격으로 볼 수 있다. 당시 양국 정상은 한미동맹을 글로벌 포괄적 전략동맹으로 격상하고 인도·태평양 역내 협력을 확대하기로 합의했기 때문이다.

우크라이나 사태는 북중러 연대 강화의 배경으로 작용하고 있다. 중국은 미국 중심의 서방권과 달리 러시아를 지지하고 있으며, 북한은 노골적인 친러 행보를 강화하고 있다. 그러나 최근 일각에서 제기되고 있는 신냉전 구도의 형성에는 구조적으로 제약이 있다. 냉전 구도는 자본주의와 공산주의 간 진영대립이었다. 따라서 양 진영 간 정치, 경제, 사회문화적 교류와 협력은 제한되었다. 특히 공산권은 코메콘(COMECON)등 자체내의 공급망(Bloc Value Chain)을 형성했으며, 현재와 같은 글로벌공급망(GVC)은 존재하지 않았다. 그러나 현재의 경우 세계의 모든 국가는 GVC로 상호 긴밀하게 연계되어 있다. 러시아 수출에서 가장 큰 비중을 차지하고 있는 천연가스와 원유의 주요 소비처는 유럽과 미국이다. 유럽은 러시아와 천연가스 공급 파이프라인으로 직접 연결되어 있다. 중국의 공산품의 주요 소비처는 미국과 유럽을 포함해 한국 일본 등 전 세계의 국가들이다.

미국의 인태전략에 대응해 북중러 연대가 강화된다고 해도 이는 신냉전구도가 아닌 새로운 글로벌 대립구도로 흐를 가능성이 크다. 바이든정부는 동맹과의 연대를 강화하고 세계 민주주의 정상회의 개최 등 민주주의 진영과의 협력을 확대해왔다. 우크라이나 침공으로 인해 이미 러시아는 '바이든 표 새로운 악의 축'으로 규정되고 있다. 바이든정부는 우크라이나 사태를 계기로 민주주의 진영의 협력체제를 강화해 러시아와 중국 등 권위주의 진영에 대한 대립구도의 형성에 주력하고 있다. 각국 내 민주주의 및 인권 상황이 다르다는 점에서 민주주의 진영의 글로벌 연대 강화는 쉬운 과제가 아니다. 그러나 대부분의 선진 자본주의국가가 민주주의 국가라는 점에서 미국이 주도하는 민주주의 대 권위주의의 진영 간 대립구도의 형성은 중국, 러시아, 북한에게는 도전 요인이 될 것이다.

우크라이나 사태에도 불구하고 인도·태평양지역에서 중국을 견제하는 미국의 외교안보적 태세는 큰 변화가 없다. 특히 나토의 급속한 군비증강은 유럽에서 미국의 안보적 부담을 경감시켜 인태전략이 탄력을 받을 가능성도 있다. 우크라이나 사태로 나토의 단결력이 강화되었다는 점에서 대중 견제망이 강화될 개연성도 있다. 그동안 유럽국가들은 중국 견제에 대해 입장차를 보여왔지만, 우크라이나 사태로 권위주의 진영의 견제에 대한 공감대가 형성되고 있으며, 그 중심에 러시아와 함께 중국이 있기 때문이다.[10] 우크라이나 사태는 미국이 인태전략을 가속화하는 환경으로 작용할 개연성이 있다.

3. 향후 전망

김정은 위원장은 준비되지 않은 지도자라는 문제를 극복하고 집권 11년을 이어가고 있으며 당분간 북한 내 체계적인 도전세력의 형성도 어려운 상황이다. 북한이 사실상의 핵능력 국가로 전환했다는 점에서 한미동맹과의 재래식 전력격차도 상당부분 중화되었다고 볼 수 있다. 그러나 경제상황의 경우 북한 정권 최대의 위기였던 1990년대 고난의 행군기와 유사하거나 보다 악화했다. 경제문제 해결없이 김정은 정권의 미래는 불투명하다. 이를 위해서는 남북 및 북미관계 개선이 필수적이다. 김 위원장이 2018년 초 파격적인 한반도 정상외교에 나섰던 배경이며, 그 중심 목표는 북미관계 개선이었다.

하노이 북미정상회담 결렬 이후 대북제재의 장기화로 인한 북한의 어려움은 가중되었다. 북한은 2019년 12월 노동당 중앙위원회 제7기 제5차 전원회의를 개최해 정면돌파전을 새로운 길로 선택했지만, 김정은 위원장은 2020년 8월 노동당 중앙위원회에서 "국가경제의 장성목표들이 심히 미진되고 인민생활이 뚜렷하게 향상되지 못하는 결과도 빚어졌다"라며 정면돌파전의 실패를 자인했다. 북한이 국가적 역량을 투입한 원산갈마해안관광지구는 완공 기한을 여러 번 연장했음에도 불구하고 기약이 없으며, 코로나19 사태로 정상적 운영이 어려운 상황이다. 김 위원장이 당창건 75주년 기념일인 2020년 10월 10일까지 완공을 지시하고 여러 차례 독려한 평양종합병원 개원 목표도 달성되지 않았다. 김 위원장이 당창건 75주년 열병식에서 인민에 대해 미안하다면 눈물까지 흘린 배경이다.[11)]

2021년 1월 북한은 노동당 제8차 대회를 개최하고 새로운 국가경제발전 5개년계획을 수립하고, 자력갱생노선 경제발전과 국방력 강화를 양대 목표로 제시했다. 그러나 북한의 새로운 국가경제발전 5개년계획과 자력갱생노선은 이미 실패한 과거의 전략이다. 김 위원장은 자력갱생노선 경제발전의 핵심 산업으로 화학과 금속공업을 강조했다. 대북제재로 북한의 석유 수입은 엄격하게 제한되어 석유화학공업을 발전시킬 여건이 아니다. 이에 따라 북한은 석유 대신 석탄을 화학공업의 원료로 사용하는 탄소하나(C1) 화학공업을 시도해 왔지만 성공하지 못했다. 금속공업의 핵심인 철강 생산을 위해 필요한 코크스도 북한은 수입에 의존하고 있다. 북한은 코크스를 사용하지 않는 주체철 공법에 주력하고 있지만, 기술적 어려움을 극복하지 못하고 있다. 김 위원장은 노동당 제8차 대회 직후인 2월 노동당 중앙위원회 제8기 제

2차 전원회의를 개최해 단위특수화와 본위주의현상을 “단호히 쳐갈겨야”한다고 강조했다. 단위특수화와 본위주의 현상에 포함되는 분야는 소위 특수경제인 노동당경제와 군경제를 의미하며, 이들은 김정은 정권의 핵심 두 기둥에 해당한다. 김정은 정권의 비자금 금고인 노동당 39호실만 해도 방대한 경제조직과 이권을 관리한다. 북한의 대부분 군부대들은 식량 등 보급의 상당 부분을 스스로 해결해야 하며 이를 위해 자체의 농장, 수산사업소, 심지어 탄광까지 운영한다. 김정은 정권의 핵심 권력기반인 노동당과 군이 장악한 자원 및 특권 전반을 인민경제로 돌리는 것은 구조적으로 어려운 상황이다.[12)]

자력갱생노선의 경제발전 전략이 성공하기 어려운 상황이라는 점에서 국방력 강화 시도는 사실상 경제핵병진노선 ‘시즌2’로 흐를 개연성이 있다. 북한은 경제핵병진노선의 관철을 위해 부족한 자원을 핵·미사일 개발에 편중시켰으며, 이로 인해 인민경제 전반의 왜곡현상이 심화되었다. 현재의 경우 대북제재의 장기화와 코로나19사태로 인한 국경봉쇄 등 김정은 집권 1기보다 경제적으로 더 어려운 여건이다. 북한의 경제난과 기술적 한계를 고려할 때 노동당 제8차 대회에서 결정된 극초음속활공비행전투부, 수중 및 지상고체발동기, 대륙간탄도로케트, 핵잠수함과 수중발사핵전략무기, 군사정찰위성 등을 근시일 내 개발하는 것은 어려운 일이며, 오히려 경제자원의 분배를 더 왜곡시키게 될 것이다. 이 같은 무기체계는 미국 등 일부 군사강국이 보유한 기술이며, 핵탄두 개발에 비해 천문학적 비용이 소요된다. 북한의 집중적인 탄도미사일 발사에도 불구하고 제이크 설리번 미국 백악관 국가안보보좌관이 북한 ICBM의 미국 본토 타격 능력이 “아직 증명되지 않았다”고 평가한 이유이다.[13)]

2021년 김정은 정권이 채택한 국가경제발전 5개년계획과 자력갱생노선은 정책적 혼선과 아울러 구조적 한계를 내포하고 있다는 점에서 실현되기 어려운 구상에 불과하다. 현재의 노선을 고수할 경우 북한 경제위기는 보다 심화될 것이며, 결국 정권의 총체적인 위기로 전이될 개연성도 배제할 수 없다. 향후 김정은 정권의 가장 중요한 목표는 체제안정이며, 이를 위해서는 남북 및 북미관계 개선이 전제되어야 한다. 특히 북미관계 발전은 김정은 정권의 집권 2기 국가전략의 성공적 관철을 위해 반드시 필요한 전제조건이다. 사회주의 블럭경제가 형성되어 있었던 냉전기와 달리 글로벌 공급망으로 연결된 현재의 경우 북중 및 북러관계의 확대는 북한 경제발전을 위한 필요충분조건이 될 수 없다. 경제발전 없는 김정은 정권의 미래는 불투명하며, 이 문제의 해결을 위해서는 북미관계 개선이라는 산을 반드시 넘어야 한다.

김정은 정권에게 미국의 인태전략에 대한 전면적 대응과 북중 및 북러관계 강화는 부차적인 의미를 지니며, 그 이유는 북중 및 북러관계 강화의 효과가 제한적이기 때문이다. 북중동맹관계에도 불구하고 양국관계에는 긴장이 상존하고 있다. 북한 정권사에서 중국에게 일방적으로 의존한 사례는 찾기 힘들며 대부분의 경우 상대적 자율성을 유지해왔다. 중국에 대한 의존도의 심화는 북한의 정권안보에 위험이 될 수 있기 때문이다. 북한의 대외교역에서 북중관계가 대부분을 차지하는 이유는 남북관계의 전면 교착과 대북제재 심화에 따른 불가피한 결과로 볼 소지가 있다. 북한은 1992년 한중수교 이후 양국관계의 급속한 발전을 무기력하게 지켜봐야 했으며, 1994년부터 시작된 고난의 행군기에 수십만 명 이상의 아사자가 발생한 아픈 기억을 간직하고 있다. 김정은 위원장은 집권 직후 권력기반 강화차원의 대규모 숙청을 단행하며 친중파의 거두인 고모부 장성택 전 노동당 행정부장을 처형하는 극단적인 조치를 선택했다. 그뿐만 아니라 장성택 계열의 친중 라인의 대부분이 모두 제거되었으며, 김정은 정권의 첫 북중정상회담이 개최된 2018년 3월까지 북중관계는 양국 역사상 최악의 시기를 경유했다.

북핵문제 역시 북중 양국관계의 아킬레스건이다. 북한의 핵무기 개발은 한국, 중국, 대만 등 주변국의 핵보유 의지를 자극할 수 있으며, 핵으로 무장은 북한은 중국으로부터 보다 자유로울 수 있기 때문이다. 그러나 민감한 핵문제를 두고 중국이 북한을 직접 압박하거나 대북지원을 중단 또는 축소할 경우 북중관계가 근본적으로 흔들릴 수 있다는 점에서 쉬운 선택이 아니다. 북한 핵문제에 대해 중국이 평화적 해결이라는 원칙적 입장을 반복하는 이유이다.

북러관계 역시 근본적인 제약이 있다. 우크라이나 사태가 입증하고 있듯이 유럽은 러시아의 외교안보와 경제적 측면에서 핵심이익에 해당한다. 시베리아·극동개발은 러시아의 오랜 숙원이었으며, 푸틴정부는 신동방정책을 가속화하고 있다. 그러나 시베리아·극동은 기후적인 악조건, 인프라 부족, 그리고 희박한 인구 등 구조적인 제약요인을 내재하고 있다. 러시아가 단기적으로 시베리아·극동개발의 성과를 도출하기는 힘들다. 따라서 러시아의 외교안보와 경제적 차원에서 북한의 비중은 크지 않다. 특히 경제적으로 북한이 러시아에게 제공할 수 있는 분야는 많지 않으며 러시아의 목표는 북한이 아닌 한국이다. 러시아가 원하는 시베리아·극동의 에너지자원의 소비처는 북한이 아닌 한국과 일본 그리고 아세안국가들이다. 시베리아횡단철도(TSR)와 한반도종단철도(TKR)의 연결로 인한 시너지 효과도 북한이 아닌 한국경제에서 발생하며, 북한은 통과구간일 뿐이다.

러시아 역시 북한에게 제공할 수 있는 분야는 많지 않다. 북러 간 군사동맹조약인 '조소 우호협조 및 호상원조에 관한 조약'은 소련의 해체로 이미 폐기되었다는 점에서 러시아가 북한에게 군사원조를 제공할 명분과 실리를 가지고 있지 않다. 또한, 북러 경제관계는 북중관계에 비해 매우 미미한 수준이며, 러시아는 에너지 자원을 제외하고 북한이 원하는 공산품을 생산할 산업기반을 갖추고 있지 않다. 2020년 북러 교역 총액은 4,274만 달러였으며, 이중 곡물, 광물성 연료 및 에너지가 4,203만 달러로 대부분을 차지했다. 2021년에는 4만 469달러로 사실상 '제로'에 가까웠다. 반면 북중 교역은 대북제재로 대폭 감소한 2019년의 경우에도 27억 9,000만 달러였다.

향후 북한은 국방력 강화와 핵능력 고도화를 지속할 것으로 보이며, 자력갱생노선의 경제발전 전략을 추구할 것으로 보인다. 또한, 북중 및 북러 양자관계의 강화, 그리고 북중러 연대 강화를 통해 외교적 고립을 탈피하는 노력을 가속화할 것으로 보인다. 그러나 이는 김정은 정권이 국가전략 관철을 위해 시도했던 남북 및 북미관계 개선 시도가 무산된 데 대한 대응의 성격이 크다. 대북제재가 지속되는 한 북한의 자력갱생노선의 경제발전은 가능하지 않으며, 중국과 러시아는 북한이 원하는 요구를 수용하기 힘들다. 북중러 연대의 시너지 효과 역시 제한적일 것이며, 미국 주도의 민주주의 진영 대 권위주의 진영 간 새로운 글로벌 대립구도가 강화될 경우 북중러의 어려움은 가중될 개연성이 있다.

김정은 정권의 국가전략 목표의 달성을 위해 남북 및 북미관계 개선은 여전히 유효한 선택지이며, 특히 북미관계가 핵심이라고 할 수 있다. 따라서 북한의 입장에서는 미국의 인태전략에 대한 대응은 부차적이며 오히려 북미 관계개선이 더 중요한 상황이다. 향후에도 상당기간 북한은 중국과 러시아에 비해 미국의 인태전략으로부터 상대적으로 자유로울 개연성이 있다.

4. 시사점과 정책 제언

냉전체제 해체 이후 미국의 외교안보전략에서 유럽과 중동의 중요성은 상대적으로 축소되었으며, 중국의 부상에 따라 아시아의 중요성이 커졌다. 오바마정부의 아시아중시 정책과 트럼프·바이든정부의 인태전략이 탄생한 배경이다. 미중 전략경쟁이 반도체 등 첨단기술을 중심으로 진행되면서 글로벌공급망(GVC) 등 신경제가 안보차원의 주요 이슈로 등장했다. 또한, 기후변화와 코로나19 팬데믹 등 신안보의 문제도 부각되었다. 그러나 러시아의 우크라이나 침공으로 유럽의 외교안보적 중요성이 커지고 있으며, 전통안보 문제가 각국의 외교안보정책의 주요 과제로 등장하고 있다. 러시아의 핵무기 사용 위협으로 NPT체제에도 어두운 그림자가 드리워졌다. 이미 유럽 각국은 국방비를 대폭 증액하고 있으며, 아시아 역시 미중 전략경쟁과 영토 및 영해분쟁의 영향으로 군비경쟁체제를 형성하고 있다.

북한은 2017년 9월 6차 핵실험과 11월 화성-15형 발사 이후 국가핵무력완성을 선언함으로써 사실상 핵능력국가로 전환했다. 하노이 북미정상회담 결렬 이후 북한은 단거리 발사체 개발과 핵물질 생산을 지속했으며, 2022년 3월 24일 화성-17형 ICBM을 발사해 자발적 모라토리엄을 공개적으로 파기했다. 특히 금년 북한은 김정은 위원장과 김여정 부부장 등 최고위급의 입을 통해 핵무기의 선제공격, 남한을 향한 전술핵 공격, 그리고 핵전쟁이 아닌 상황에서도 핵사용 가능 등에 대한 공격적 발언을 쏟아냈다. 이제 한반도 안보가 북핵시대에 공식진입했다는 불편한 진실을 인정할 때다.

긍정적인 점은 한국의 국가위상 제고이다. 한국은 2021년 유엔 역사상 최초로 개발도상국에서 선진국그룹으로 공식 진입했다. 세계 10

위권의 한국경제는 반도체와 배터리 등 첨단 기술분야를 선도하고 있으며, 한국의 국방력은 세계 6위권이다. 한국 민주주의 역사는 제2차 세계대전 이후 신생국 중 독보적이며, 세계는 한류에 매료되고 있다. 2021년 5월 한미정상회담을 계기로 한미동맹은 군사동맹에서 가치동맹으로, 경제·기술동맹으로, 그리고 글로벌동맹으로 진화했다.

인태전략은 미국의 세계전략의 일환이다. 이제 한국도 한반도 비핵·평화체제 구축과 통일을 지향하는 외교안보와 지속가능한 발전을 융합하는 국가전략과 한국형 세계전략이 모색되어야 할 것이다.

우선 북한의 완전한 비핵화를 위한 한반도 평화만들기에 적극적으로 나서야 한다. 우크라이나 사태와 북한의 최근 행보로 핵전쟁 가능성과 특히 전술핵 사용을 통한 군사적 우위의 확보 시도에 대한 우려가 커지고 있다. 저위력의 핵무기 사용이라 할지라도 전 세계의 핵전쟁으로 비화할 수 있다는 점에서 인류 모두가 경각심을 가져야 한다. 2018년 본격화된 한반도 평화프로세스는 열매를 맺지 못했지만, 일정한 성과를 도출했다. 첫 번째는 코리아 이니셔티브(Korea Initiative)이다. 문재인정부는 북한의 평창 동계올림픽 참가, 4·27 판문점과 9·19 평양 남북정상회담을 통해 싱가포르와 하노이 북미정상회담을 견인했으며, 남북공동성명에 북한의 비핵화를 명문화했다. 이는 북한 핵문제 사상 최초의 일이다. 북미 간 불신구조가 상존하는 상황에서 한국정부의 역할이 여전히 중요하다는 점을 유념할 필요가 있다. 두 번째는 트럼프 레거시(Trumph's legacy)이다. 트럼프 대통령 특유의 이기적 정치행보에도 불구하고 북미 양 정상 간 모두 세 차례의 회담 및 회동이 성사되어 북미협상 채널이 최고위 수준으로 격상되었다. 또한, 하노이 북미정상회담에서 북한 핵프로그램의 핵심인 영변 핵시설의 영구 폐기가 제안된 점도 눈여겨볼 필요가 있다.

싱가포르와 하노이 북미정상회담에서 논의된 사항들을 반영한 ‘프롬(From) 영변 방식’의 비핵화 초기 합의를 도출하는 방안을 검토할 필요가 있다.[14] ‘프롬(From) 영변 방식’은 포괄적 합의와 단계적 이행 기조에 입각해 영변 핵시설 폐기를 중심으로 북미 비핵화 초기 합의를 도출하는 것이다. 영변 핵시설은 플루토늄과 고농축우라늄(HEU), 그리고 삼중수소 등 핵물질 추출을 위한 핵심시설이다. 영변 핵시설을 폐기할 경우 북한의 핵물질 생산은 북한의 다른 지역에 있는 고농축우라늄(HEU)시설로 국한된다. 미국의 상응조치는 연락사무소 설치 등 관계개선 조치와 함께 인도적 차원의 부분 제재 해제가 될 수 있을 것이다. 리용호 외무상이 하노이에서 “유엔 제재 일부 즉 민수경제와 인민생활에 지장을 주는 항목의 제재를 해제하면”이라고 언급한 만큼 대북제재 해제의 폭은 충분히 협상 대상이 될 수 있다. 한국의 경우 금강산관광과 개성공단사업 재개 등의 상응조치를 취할 수 있을 것이다. 영변 핵시설의 영구 폐기는 불가역적인 반면 대북제재는 언제든 재 부과가 가능한 가역적 조치라는 점에서 미국이 불리할 이유가 없다. 북핵문제의 장기성과 복합성을 고려할 때 영변 핵시설 폐기 실행을 통해 북한 비핵화의 입구를 형성하는 것이 무엇보다 중요하다. 이를 위한 코리아 이니셔티브의 구현이 필요한 시점이다.

다극화와 무극화 경향의 국제질서와 유동적 안보상황에서 능동적 자주국방의 실현이 필요하다. 우크라이나 사태로 자주국방의 중요성이 커지고 있지만 미국을 제외할 경우 완전한 의미의 자주국방을 실현하는 것은 천문학적 비용이 수반되며 가능하지도 않다. 따라서 우리가 지향해야 할 것은 적정 자주국방이다. 이는 주변국을 압도하는 국방력이 아닌 누구도 한반도의 안보를 위협하지 못할 적정수준의 안보능력을 갖추는 것을 의미한다. 당면한 북핵위협에 대한 대응의 패러다임도 근본적으로 전환할 필요가 있다. 한국의 핵무장은 현실적으로 제약이 크며, 바람직하지도 않다는 점에서 상응하는 조치의 마련이 필요하다. 한국이 핵추진 잠수함을 획득해 스스로의 억지력을 강화하는 것도 고려해야 할 것이다. 장기간 잠항이 가능한 핵추진 잠수함을 상시 전개시킬 경우 확실한 보복능력을 확보할 수 있기 때문이다. 한국은 세계 6위의 원전 대국이지만 한미원자력협정으로 핵연료의 농축과 재처리에 구조적 제약이 있다. 이제 농축과 재처리 권리를 확보하는 것을 고려해야 한다. 농축과 재처리 주권을 확보할 경우 원자력 이용의 경제성을 획기적으로 제고할 수 있으며 유사시 핵위협에 대응할 수 있게 된다. 지구상에서 가장 호전적인 핵위협에 직면한 현실을 직시하고, 북핵 문제에 대한 인식의 패러다임을 근본적으로 전환해야 할 것이다.[15)]

적정자주국방과 동맹안보를 연계할 경우 능동적 자주국방 체계의 완성이 가능할 것이다. 한미동맹은 양국 간 호혜적이라는 점에서 향후에도 오랜 기간 지속되어야 할 것이다. 국제질서의 유동성과 안보적 불확실성이 증가하는 상황에서 한미동맹은 중요한 의미를 지닌다. 특히 당면 북핵 위협 앞에서 미국의 확장억제가 불가피하다는 점에서 동맹안보의 중요성이 크다. 확장억제의 제도적 신뢰성을 최고 수준으로 격상하는 것은 시급한 당면과제라고 할 것이다.

바이든정부 인태전략의 본격화와 우크라이나 사태로 새로운 글로벌 대립구도의 형성이 가시화하고 있다. 새로운 글로벌 대립구도는 신냉전이 아닌 미국이 주도하는 가치기반 국제주의에 기반을 둔 민주주의 대 권위주의 진영 간 대립의 성격이 강할 것이다. 미국은 민주주의, 인권, 투명한 시장경제 등 보편가치를 기반으로 동맹 및 국제연대를 강화하려 시도하고 있다. 완전한 의미의 민주주의를 구현하는 국가가 많지 않다는 점에서 바이든식 가치기반 국제주의와 민주주의 진영의 연대 강화에는 제약이 있다. 그러나 이에 대응하는 중국의 경우 중국특색의 사회주의라는 특수주의 관점을 견지해 국제적 공감대 형성에 근본적 제약이 있으며, 소련을 계승한 제2차 세계대전 전승국가 러시아는 우크라이나 침공으로 전범국가로 위상이 추락했다. 세계공장으로서 중국의 위상은 베트남과 인도 등 대체가 가능하며, 유럽은 러시아에 대한 에너지 의존도를 축소하는 작업을 본격화하고 있다. 새로운 글로벌 대립구도에서 권위주의 진영의 미래는 밝지 않다.

이제 한국은 전략적 모호성의 입장을 탈피해 전략적 명확성으로 전환해야 한다. 전략적 모호성은 일정한 유용성에도 불구하고 동맹의 오해와 주변국 및 국제사회의 불신을 초래할 수 있다는 점에서 새로운 글로벌 대립구도에서 바람직하지 않다. 전략적 명확성은 선택지를 확고히 밝히는 것이 아니라 한국의 국가이익의 정체성과 지향성을 명확히 하고 당면 현안들을 풀어나가는 것을 의미한다. 민주주의, 시장경제, 인권 등 보편가치와 아울러 한반도 문제해결에 대해 우리가 명확한 기준을 설정할 필요가 있다. 동맹과 국제관계 역시 그 자체가 목적이 아니며 대한민국의 국익을 실현하는 방법론으로서 의미가 있다는 점을 자각해야 할 것이다.

세계질서 재편과 신경제·신안보의 시대, 북핵 시대의 도전 요인을 기회요인으로 전환해 한국의 국가발전을 도모할 때이다. 미중 전략경쟁에서 표류할 것이 아니라 국익을 실현하는 환경으로 활용하는 지혜가 필요하다. 중견강국의 한국의 위상을 활용해 당당한 외교안보의 길을 걸어가야 할 것이다.

주

1) The Department of Defense, *Indo-Pacific Strategy Reoort* (Washington: The Department of Defense, 2019).
2) 조한범, "하노이에서 판문점까지, Online Series CO 19-12." (서울: 통일연구원, 2021a), p. 4.
3) The White House, *Indo-Pacific Strategy of the United States* (Washington: The White House, 2021).
4) 조한범, "재검토를 마친 바이든 정부 대북정책 평가와 대응방향, Online Series CO," 21-14 (서울: 통일연구원, 2021c), pp. 1-2.
5) 조한범 (2021c), pp. 2-3.
6) 조한범 (2021c), pp. 3-4.
7) 조한범, "김정은 정권의 국가전략 변화와 자력갱생노선의 한계," Online Series CO 21-08 (서울: 통일연구원, 2021b), pp. 2-5.
8) 조한범, "북한의 '대미 신뢰조치 전면 재고' 의도와 전망," Online Series CO 22-04 (서울: 통일연구원, 2022b), pp. 1-2.
9) 『연합뉴스』, 2022년 5월 7일.
10) 조한범, "우크라이나 사태 평가와 국제질서 변화 전망," Online Series CO 22-10 (서울: 통일연구원, 2022c), pp. 6-7.
11) 조한범, "김정은 정권의 국가전략 변화와 자력갱생노선의 한계," Online Series CO 21-08 (서울: 통일연구원, 2022a), p. 4.
12) 조한범 (2022a), pp. 5-6.
13) VOA, 2022.4.15.
14) 조한범, "최근 북한의 대남·대미공세 의도와 비핵화 협상 재개 방안," Online Series CO 20-15 (서울: 통일연구원, 2020), pp. 5-6.
15) 조한범, "새 정부 대북정책과 북한의 대남전략," 월간 KIMA. 2022년 6월호. Vol. 52, (서울: 한국군사문제연구원, 2022d). p. 19.

참고문헌

조한범. "하노이에서 판문점까지." Online Series CO 19-12. 서울: 통일연구원, 2019.

______. "최근 북한의 대남·대미공세 의도와 비핵화 협상 재개 방안." Online Series. CO 20-15. 서울: 통일연구원, 2020.

______. "재검토를 마친 바이든 정부 대북정책 평가와 대응방향." Online Series. CO 21-14. 서울: 통일연구원, 2021.

______. 김정은 정권의 국가전략 변화와 자력갱생노선의 한계. Online Series. CO 21-08. 서울: 통일연구원, 2021.

______. "북한의 '대미 신뢰조치 전면 재고' 의도와 전망." Online Series. CO

22-04. 서울: 통일연구원, 2022.
_____. "우크라이나 사태 평가와 국제질서 변화 전망." Online Series. CO 22-10. 서울: 통일연구원, 2022.
_____. "새 정부 대북정책과 북한의 대남전략." 월간 KIMA. 2022년 6월호. Vol. 52, 서울: 한국군사문제연구원, 2022.

The Department of Defense. *Indo-Pacific Strategy Reoort*. Washington: The Department of Defense. 2019.
The White House. *Indo-Pacific Strategy of the United States*. Washington: The White House, 2021.

VOA, 2022. 4. 15.

제3부

양난(兩難)의 인태국가들

8장

아세안의 인태전략:
전략적 딜레마를 극복하는 포용적 해법

최윤정(세종연구소)

21세기 인도·태평양(Indo-Pacific, 이하 인도·태평양 또는 인태)이 강대국 전략경쟁의 장이 되면서 지역 한 가운데 위치한 아세안에 관심이 집중되고 있다. 역사적으로 아세안이 위치한 지역은 강대국간 세력경쟁과 충돌의 장이 되어왔다. 대항해 시대 유럽의 열강들은 동남아로 향했고, 1511년 포르투갈의 말라카 왕국 점령은 동남아의 식민시대를 여는 첫 사건이 되었다.[1] 식민시대를 거친 이후 독립국가로 등장한 동남아 국가들은 냉전기의 불안정한 국제질서 속에서 1967년 동남아시아국가연합인 아세안(ASEAN: Association of Southeast Asian Nations)을 창설하기에 이르렀다.[2]

아세안은 냉전기 미국이나 소련이 제창한 지역주의 협의체에 참여하는 형태가 아니라, 지역 국가들 스스로가 주체가 되어 자발적으로 결성한 지역 협의체이다. 아세안은 당시 공산주의 세력의 확대를 저지하고자 했지만 그럼에도 공산주의 국가인 베트남, 캄보디아, 라오스의 아세안 가입을 받아들였다. 그리고 이 국가들과 아세안이 지향하는 지역협력의 가치 속에서 함께 발전하는 공영의 파트너십을 키워나갔다.

아세안은 다양한 이해관계를 지닌 역내 회원국과 역외 대화상대국[3] 들을 규합하여 공동의 선을 창출하는 시스템을 고안했다. 이는 강대국간 힘의 균형을 이루어내고 그 속에서 양보와 혜택을 이끌어내는, 전통적으로 현실주의에서 표방하는 세력균형과는 다소 궤를 달리하는 개념으로 보아야 할 것이다. 아세안은 강대국들이 지역 협력의 장에 모여서 공동의 이익을 함께 고민하고 실천할 수 있는 장을 제공하였다. 냉전기에 미국과 소련, 탈냉전기에는 일본과 중국까지 아세안이 중심이 되는 지역 질서 속에 초대하여 상호 합의에 의한 협력의 규범을 만들고 안정과 번영을 모색하도록 역할을 한 것이다.

경제가 발전하면서 자신감을 얻게 된 아세안은 1994년 아세안 지역안보포럼(ARF: ASEAN Regional Forum), 1996년 아시아-유럽 정상회의(ASEM: Asia-Europe Meeting), 1997년 아세안+3 정상회의(APT: ASEAN Plus Three), 2005년 동아시아정상회의(EAS: East Asia Summit), 2010년 아세안확대국방장관회의(ADMM-Plus: ASEAN Defence Ministers Meeting-Plus)를 출범시키고 2021년에는 역내포괄적경제동반자협정(RCEP: Regional Comprehensive Economic Partnership)을 체결하는 등 동아시아 지역의 안보와 경제협력에 중심적 역할을 자임해왔다. 아세안을 중심으로 하는 다자협의체 아래 강대국을 포함한 지역 국가들을 소집하여 관리 가능한 시스템을 만들고자 한 것이다. 이같이 아세안이 중심이 되는 지역협력의 구조를 아세안 중심성(ASEAN Centrality)[4]이라는 원칙으로 발전시키면서 제2차 세계대전 후 독립한 신생 국가로 이루어진 아세안은 지역 질서의 형성에서 중심적인 역할을 수행할 수 있었다.

그런데 인도·태평양의 강대국 세력경쟁이 부활하면서 아세안은 창립 이후 가장 큰 위기에 봉착하게 되었다. 아세안이 구축한 시스템 작동이 어렵게 된 것이다. 약소국의 모임인 아세안이 강대국의 힘과 경쟁을 아세안 방식을 통해 아세안의 이익에 봉사하도록 만들었던 시스템은 안팎으로 도전에 직면하게 되었다. 이 글은 이같이 인도·태평양에 형성되는 새로운 질서에 대한 아세안의 인식과 대응을 살펴보고자 한다. 이를 위해 아세안 인태전략의 주요 내용을 분석하고, 각각 안보 및 통상 분야의 대표적인 협력 기제인 ADMM-Plus와 RCEP의 적실성을 점검한다. 이들은 인도·태평양 국가들 다수가 참여하고 정상 또는 장관급에서 운영되는 역내 주요 정부 간 협의체이기도 하다. 이를 통해 아세안의 인태전략이 효과적으로 작동할 것인지를 전망해보고 한국에 대한 정책적 함의를 모색해보기로 한다.

1. 추진 배경 및 목적

1) 전략 발표의 배경

아세안은 지정학적으로 인도양과 태평양의 사이 또는 접점에 위치한다. 양 대양간의 연결성을 높일 수도 낮출 수도 있는 자리이다. 인도양과 태평양을 둘러싸고 미중간 패권적 다툼이 가열되면서 아세안은 치열한 전략 공간으로 부상하기 시작했다. 중국은 2017년 11월 신시대(新時代) 진입과 중국 특색 사회주의 현대화 강국 건설을 목표로 천명하였다. 외교정책으로 미국과의 신형대국관계를 설정하는 한편, 일대일로(一帶一路) 정책을 통해 역내 중국식 질서 수립에 착수했는데, 여기서 아세안은 핵심 지역 중 하나로 인식되고 있었다.

특히 원유 수입의 80% 이상을 호르무즈-인도양-말라카-남중국해를 통과하는 해양 수송로에 의존하는 중국은 2012년 시진핑 집권 이후 인도·태평양지역 공략에 본격적으로 나서기 시작했다. 일대일로와 중국 제조 2025라는 중국식 현대화 및 세계화 전략을 통해 21세기 세계 경제의 성장엔진인 동남아시아, 남아시아, 아프리카 등 인도·태평양 국가들에 대한 정치, 경제, 사회·문화적 영향력을 높이는 한편, 불법적인 남중국해 도서 점령, 군비 증강 및 현대화, 분쟁지역 침범, 역내 군사기지 건설, 대만에 대한 통일 요구 등 군사적 힘의 행사도 늘리고 있다.

이에 대해 미국은 적극적인 대중국 봉쇄전략을 펼치기 시작했다. 미국은 일본, 호주와 함께 기존에 포용적인 아시아·태평양 지역주의를 폐쇄적인 인도·태평양 지역주의로 변경한데 이어, 2017년에는 인도까지 포함한 '4자 안보협의체(QUAD, 쿼드)'를 결성했다. 나아가 미국은 아세안에도 인도·태평양 질서 구축의 파트너로 참여할 것을 요청했다. 미국은 아시아와 유럽의 전통적인 동맹국들을 중심으로 연대를 강화함으로써 중국의 패권적 도전을 좌절시키고 미국 주도의 국제질서 유지 구현에 박차를 가하고 있다. 이처럼 동맹국 및 우호국과의 안보 네트워크 구축을 도모하는 미국의 대중국 전략에서 중심 공간은 인도·태평양지역인데, 인도·태평양의 접점에 자리한 아세안에 대한 지지를 꾸준히 표명하는 것은 상당 부분 아세안의 지정학적 가치에 기인한다고 볼 수 있다.

한편 인도·태평양 지역질서에 대한 아세안의 반응은 기대와 불안감의 양가적 측면을 지니고 있었다. 중국의 역내 현상변경 시도는 특히 동남아 국가들에게 위협적으로 다가왔다. 그렇기에 2011년 오바마 행정부의 '아시아 중심(Pivot to Asia) 정책'에 이어 트럼프 행정부의 인태전략을 통한 지역 관여는 긍정적인 반응을 얻었다. 하지만 오바마 행정부의 대중정책과 아세안 중심성은 상호 공존할 수 있었던 반면, 트럼프 행정부가 발표한 인태전략은 중국을 지역에 적대적인 국가로 규정함으로써 아세안의 운신의 폭을 제한했다. 더불어 미국·일본·인도·호주 사이의 4자 안보협의체인 쿼드의 재결성, 미국·영국·호주 3개국 안보협의체인 오커스(AUKUS) 발족 등으로 인해 해당 지역에서 아세안 중심성이 훼손될 수 있다는 우려도 제기되었다.

아세안 자체적으로도 인태지역에 대한 전략적 고민이 있었다. 가장 먼저 인도·태평양 지역 개념에 대한 논의를 시작한 국가는 인도네시아였다. 2013년 5월 당시 인도네시아 외무장관인 나탈레가와(Marty Natalegawa)가 "인도·태평양지역의 미래 진로는 인도네시아의 깊은 관심"이라고 연설한데 이어,[5] 위도도(Joko Widodo) 행정부는 인도양과 태평양 사이에 전략적으로 위치한 '세계 해양의 축'으로서 인도네시아의 지정학적 가치를 강조하며 인도·태평양 담론을 발전시키기 시작했다.[6] 인도네시아는 지역의 전략적 전환기에 아세안의 중심성과 이익을 지키기 위해서는 인도·태평양 담론 형성 단계부터 아세안이 개입할 필요가 있다는 입장이었다. 일본이 제시한 인태전략의 초기 버전에서 아세안에 대한 언급이 없었다는 사실도 이같은 위기감을 더하는 요인이 되었다.[7]

인도·태평양 개념과 전략이 본격적으로 논의되기 시작한 것은 2017년 11월 제30차 아세안 정상회의였다. 동 회의 기간 중에 미국, 일본, 호주, 인도 4개국 국장급 외교 실무자들은 쿼드 결성을 위한 첫 비공개 회동을 가졌다. 그리고 2018년 아세안 외교장관회의에서 미국의 인태전략 참여 요청에 대한 고려 뿐만 아니라 인도네시아를 비롯하여 이같은 역내 전략환경의 변화에 보다 능동적으로 대응할 것을 주문하는 회원국들 주도의 논의가 시작되었다.[8] 싱가포르가 주요 의제를 더욱 구체적으로 제시할 것을 제안하는 등 회원국간 의견 차이도 있었다. 하지만 결국 아세안은 2019년 6월 방콕 아세안 정상회의에서 아세안 차원의 전략적 입장으로서 "인도·태평양에 대한 아세안의 관점(AOIP: ASEAN Outlook on the Indo-Pacific)"을 발표하였다.

아세안 인태전략이 태동한 배경은 AOIP 서문에 잘 나타나 있다. 아세안은 세계에서 가장 역동적인 지역 중 하나인 아시아·태평양과 인도양 지역의 지정학 및 지경학적 변화가 빈곤을 완화시키고 지역 주민의 생활 수준을 향상시키는데 기여하는 방향으로 이루어지기를 희망하였다. 그리고 경제, 군사력 등 물리적 힘을 앞세우고 제로섬 게임에 휘말려 불신, 오판, 치명적 결과를 야기하는 행동의 패턴이 고착되지 못하도록 막을 필요가 있었다. 따라서 이처럼 역동적인 지역의 중심에서 동남아시아는 물론 아시아 전체의 평화, 안보, 안정 및 번영을 추구하는 협력의 틀을 만드는 것이 곧 아세안의 이익이라고 명시하였다.

2) 전략의 목적

인태지역에 대한 아세안의 입장인 AOIP는 비록 인태전략 동참을 촉구하는 미국의 압력으로 발표하게 된 것이지만 미국의 인도·태평양 개념을 수용하거나 동조하는 것이라기보다는 인도·태평양 담론을 아세안에 유리한 측면에서 외교적으로 활용하고자 하는 동기가 더욱 컸다. 수십 년간 포용적인 지역 구조를 발전시키기 위해 노력해온 아세안은 인도·태평양지역에서 파트너 국가들과 보다 긴밀하게 협력할 수 있는 리더십을 발휘하고 중심적인 역할을 유지하기 위하여 AOIP를 발표한 것이다. 이를 위하여 AOIP는 아세안 중심성을 인도·태평양지역 협력 증진의 기본 원칙으로, 동아시아 정상회의(EAS)와 같은 아세안 주도 메커니즘을 인도·태평양 협력 대화 및 이행을 위한 플랫폼으로 제시한다. 또한, 아세안은 관련 이니셔티브를 보완하기 위해 공통의 이익 분야에서 아시아 태평양 및 인도양 지역의 다른 지역 및 소지역 메커니즘과의 협력을 개발할 수도 있다고 설명하고 있다. 즉, AOIP는 새로운 협력의 기제를 만들거나 대체하려는 것이 아니라 아세안 공동체 구축 프로세스를 강화하고 지역 및 글로벌 환경에서 발생하는 도전에 더 잘 대처하고 기회를 포착할 수 있도록 기존 아세안 주도 메커니즘을 강화하고 새로운 추진력을 제공하기 위한 것임을 알 수 있다.

AOIP의 핵심 구성요소(key elements)에서도 아세안은 인도·태평양에 대한 관점을 '아시아·태평양 및 인도양을 긴밀하게 통합되고 상호 연결된 지역'으로서 '아세안이 중심이 되어 전략적 역할을 수행하는 장'으로 규정하여 이 지역에서 지정학 및 역할의 측면에서 아세안 중심성을 강조하였다. 또한 인도·태평양지역을 '경쟁이 아닌 대화와 협력의 장'이며 '모두를 위한 발전과 번영의 지역'으로 특징지움으로써 미중을 비롯한 강대국의 경쟁이나 특정국가(중국)를 배재하려는 의도를 지양하고 아세안 중심의 제도적 기제 속에서 포용적으로 수용하려는 의지를 보여준 것으로 평가된다.

이는 AOIP가 밝힌 목적을 보면 보다 분명해진다. AOIP가 제시한 세 가지 목적은 다음과 같다. ▲지역 내 협력을 이끄는 관점을 제공하고, ▲역내 공동의 도전에 대처하고 규범에 기반한 지역 구도를 뒷받침하는 평화, 안정과 번영을 위한 환경의 조성을 지원하며, ▲아세안 공동체 건설 과정을 촉진하고 EAS 등 기존 아세안 주도의 메커니즘을 더욱 강화하며, ▲아시아·태평양과 인도양을 아세안이 중심적·전략적 역할을 하는 긴밀하게 통합되고 상호연결된 지역으로 인식하는 것이다.

AOIP의 목표를 요약하자면, 이 지역에서 중국과 미국의 패권경쟁을 반대하며, 아세안 중심적 지역 협력의 구도를 강화하여 역내 '아세안-중심의 지역 메커니즘' 건설에 박차를 가하겠다는 뜻이다. 즉 아세안의 인태전략은 동남아시아와 주변 지역에서 새로이 발달하고 있는 지역의 질서에서 아세안 중심성을 유지하는 것을 목표로 하며, 새로운 지역적 협의체를 구성하기보다 EAS와 같이 이미 존재하는 아세안 중심 메커니즘을 활용해 인도·태평양지역의 협력을 강화하고 평화, 자유, 그리고 번영을 추구하고자 한다.[9]

특기할 점은 아세안이 인태전략을 채택한 주요 이유 중 하나가 미중 간의 무역전쟁, 그리고 이들로부터의 전략적 압박임에도 불구하고 전략서는 특정 사안이나 국가를 특기하지 않는다는 것이다. 아세안은 전략명에서도 인도·태평양지역에 대한 전략(Strategy)이 아니라 관점(Outlook)이라는 표현을 사용했다. 이는 투명성, 규칙 기반의 질서, 국제법 준수, 항해와 비행의 자유를 비롯한 미국의 인태전략의 주요 개념들에는 동의를 표하면서도 중국에 대한 배제를 지양하고 지역에서의 경쟁 대신 대화와 협력을 강조하는 문서의 기본 논조와도 일치한다. 아세안의 전략은 따라서 지역의 모든 행위자들의 평화와 번영을 위해 해양협력, 연계성 증진, UN 지속가능발전목표 추진 등 경제에 집중한 분야에 집중할 것을 제안한다. 해양협력 분야에서도 아세안은 비전통적 안보 문제를 강조함으로써 추후 강대국간의 전략적 협력이 잠재적으로 가능한 공간을 제시한다.

정리하자면, AOIP는 △ 미국의 인태전략 참여 요청에 대응하는 성격을 갖지만, △ 아세안이 기존에 구축한 지역 발전에 대한 비전과 계획의 틀에서 역외국과 협력할 수 있는 기본적인 가이드라인을 제시함으로써, △ 궁극적으로 새로 형성되는 지역 질서 속에서 아세안의 중심성을 지키고 아세안이 추진하는 협력 의제의 추동력을 얻기 위한 것으로 볼 수 있다. '아이디어와 제안을 포괄하려는 의도'를 지닌 전략서로서 AOIP는 다양한 지역 비전들 사이에서 함께 할 수 있는 영역을 찾는 것을 목표로 한다고 설명하는 편이 적절할 것이다. 이같은 아세안의 역할은 "아세안은 경쟁적 이해관계가 있는 전략적 환경 내에서 정직한 중개자가 되어야 한다"는 AOIP의 선언에서도 분명하게 드러난다.[10]

2. 주요 내용과 실체

1) 전략 분석: 아세안 인도태평양 관점(AOIP)를 중심으로[11]

AOIP는 아세안 인태전략의 기본 원칙을 표명한 입장문의 성격을 지녔다고 볼 수 있다. AOIP가 제시한 아세안 인태전략의 원칙은 다음과 같다. 첫째, AOIP는 아세안 중심성, 개방성, 투명성, 포용성, 규범에 기반한 체계, 굿 거버넌스, 주권 존중, 비개입, 기존 협력 체계와의 보완성, 평등성, 상호존중, 상호 호혜, 유엔헌장, 1982 유엔해양법 협약 등과 같은 국제법에 대한 존중, 아세안 헌장과 다양한 아세안 협정과 상호호혜관계를 위한 EAS 원칙에 기반한다. 둘째, 지난 40년 동안 역내 평화와 번영을 유지하는 데 있어 동남아시아 우호협력조약(TAC: Treaty of Amity and Cooperation)의 중요성, 적절성과 긍정적 공헌을 인정하며, AOIP는 이러한 TAC에 포함된 목적과 원칙에 의해 추진될 것이다. 셋째, AOIP는 지역 내 전략적이고 상생하는(win-win) 협력을 구축하기 위한 모멘텀을 만드는 데 기여하고자 한다.

이와 같은 원칙에 따라 아세안이 제시한 AOIP의 협력 분야는 ▲해양 협력(Maritime Cooperation), ▲연계성(Connectivity), ▲UN 2030 지속가능개발목표(SDGs: UN Sustainable Development Goals 2030), ▲경제 및 기타 협력(Economic and Other Possible Areas of Cooperation)이다. 아래에서는 각 협력 분야별로 보다 세부적인 추진 과제를 살펴보도록 한다.

(1) 해양 협력

역내 국가들은 지역에 내재된 지정학적 도전 외에도 새로운 도전에 직면해 있는 바, 잠재적 갈등 요인인 해양 분쟁을 비롯하여 해양 자원의 지속가능하지 않은 개발, 해양 오염 등은 점차 중요성이 높아지는 해결 과제이다. 이러한 문제들을 사전에 방지, 관리하여 효과적으로 해결할 수 있도록 보다 집중적으로 평화롭고 총체적인 해결 방안을 모색할 필요가 있다.

AOIP는 1982 유엔해양법 협약(UNCLOS: United Nations Convention on the Law of the Sea)의 원칙에 따라 인도·태평양지역에서 추진할 수 있는 해양 협력 분야로서, ① '분쟁의 평화적 해결'을 위하여 해상안전 및 안보 증진, 항행과 비행의 자유 촉진, 인신매매와 불법 마약 유통, 해적, 선적에 대한 무장 강도 행위를 포함한 초국가적 범죄 대처를 유망 협력 분야로 제시하였다. 그리고 ② '해양자원의 지속가능한 관리'에서의 협력을 통해 소규모 어업 공동체 지원 및 해안 공동체의 생활 보호, 해상 상업을 촉진하는 블루경제(blue economy) 발전을 도모하고자 하였다. ③ 해양 오염, 해수면 상승, 해양 부유 쓰레기, 해양 환경과 생물다양성 보존과 보호, 그린 해운 촉진 등 '해양 환경 관리' 차원에서의 협력과 ④ '해양과학 공동연구' 부문에서 과학기술 협력, 연구 및 개발, 경험과 우수사례 공유, 역량 강화, 해상 위험 및 부유 쓰레기 관리, 해양 및 대양 관련 문제에 대한 인식 제고 등도 포함하였다.

(2) 연계성

두 번째 협력 분야인 연계성은 기존에 아세안이 추진하고 있는 다양한 연계성 사업들을 연계하는 것(connecting the connectivities)으로 설명된다. 이를 위해 기존의 연계성 이니셔티브 뿐만 아니라 향후 추진되는 협력도 '아세안 연계성에 대한 마스터플랜(MPAC: Master Plan on ASEAN Connectivity) 2025'를 보완하고 지지할 것을 명시하고 있다. 즉, 경쟁력, 포용성, 더 큰 공동체 의식을 고양할 수 있도록 균일하게 연결되고 통합된 지역을 달성한다는 아세안 연계성 비전과 제6차 아세안 연결성에 관한 EAS 선언이 인도·태평양지역에서 연계성을 추구하는 AOIP의 지침이 되어야 한다는 것이다. 인도양과 태평양 국가 간의 통합 및 상호 연결이 증가함에 따라 물리적, 제도적 및 인적 연결을 포함한 연결 인프라를 구축하기 위한 투자와 노력이 수반되어야 할 것이다. 장기적으로 이러한 이니셔티브의 지속 가능성을 검토할 수 있는 환경 및 생태학적 영향과 고려도 필요할 것이다.

이러한 맥락에서 AOIP는 몇 가지 연계성 이니셔티브를 제안하였다. 연계성 이니셔티브에는 ① 기존 MPAC 2025를 강화하고 인도·태평양지역의 번영과 개발 촉진, ② 인도·태평양지역 인프라 개발을 포함한 연계성 사업 추진을 위한 가용 자원으로서 민관 파트너십(PPP: Public-Private Partnership) 개발, ③ 환인도양연합(IORA: Indian

Ocean Rim Association), 벵골만기술경제협력체(BIMSTEC: Bay of Bengal Initiative for Multi-Sectoral Technical and Economic Co-operation), 브루나이-인도네시아-말레이시아-필리핀 동부 아세안 성장지역(BIMP-EAGA: Brunei Darussalam-Indonesia-Malaysia-Philippines East ASEAN Growth Area)와 메콩경제협력전략기구(ACMECS: Ayeyawady-Chao Phraya-Mekong Economic Cooperation Strategy)와 같은 메콩 소지역 협력체계와의 잠재적 시너지 발굴, ④ 아세안 상공의 빈틈없는 항공 연계성과 운항의 상호호환성 증대, ⑤ 산관학 인력 교류와 협력, 협업 강화를 통한 사람간의 연계성(people-to-people connectivity) 강화, ⑥ 아세안 스마트시티 네트워크 이니셔티브(ASCN: ASEAN Smart Cities Network)를 통해 급격한 도시화로 발생하는 문제 해결 등이 포함되어 있다.

(3) 유엔 지속가능한 개발 목표 2030

유엔 SDG는 아세안 공동체 비전(ASEAN Community Vision 2025) 및 보다 넓은 의미에서 EAS의 비전과 맥을 같이 한다. AOIP는 SDGs 이행을 위한 공동의 목표를 추구함으로써 글로벌 공동체에도 의미 있는 기여를 하고자 한다. SDGs 달성에 기여할 수 있는 분야로 ① 디지털 경제의 활용, ② 아세안 공동체 비전 2025, 지속가능한 발전을 위해 2030 유엔 아젠다 등의 발전 아젠다와 SDG를 연계하고 보완하는 것, ③ 지속가능한 발전 연구와 논의를 위해 아세안 센터, 역내 다른 관련 기구들과의 협력을 촉진하는 것 등을 제시하였다.

(4) 경제 및 기타 협력

그 외 협력 가능 분야로 ① 남남협력 (남남 삼각협력 포함), ② 무역 원활화, 물류 인프라 및 서비스, ③ 디지털 경제 및 국가 간 데이터 흐름 촉진, ④ 영세 및 중소기업, ⑤ 과학, 기술 연구 및 개발, 스마트 인프라, ⑥ 기후변화 및 재난위험경감 및 관리, ⑦ 적극적인 고령화 대응과 혁신 지원, ⑧ 경제 통합 심화, 재정적 안정성과 회복력 보장, ASEAN 경제 공동체 청사진 2025 및 지역포괄적경제동반자협정(RCEP) 등 자유무역협정 이행 지원을 통한 무역과 투자 촉진, ⑨ 디지털 혁명의 혜택과 도전 요인에 대한 경험과 전문지식 공유를 촉진하는 등 4차 산업혁명 준비를 위한 협력, ⑩ 영세 및 중소기업을 포함한 민간 부문을 육성하여 지역 및 글로벌 가치사슬 참여도 포함하고 있다.

이상에서 소개한 협력 분야도 중요하지만 아세안이 이를 어떤 틀에서 추진하고자 하는 지 AOIP의 추진 기제(mechanism)에도 주목할 필요가 있다. 아세안은 AOIP가 아시아·태평양 및 인도양 지역에 대한 아세안 관여(engagement)의 지침을 제공하는 것으로 설명하고 있다. 동아시아 정상회의(EAS)와 같은 아세안 주도 메커니즘을 기반으로 하는 혁신적이고 학제간 및 보완적 접근을 통해 아시아 태평양 및 인도양 지역의 다른 지역 메커니즘과 상술한 바와 같은 공통의 관심사에 대해 협력할 수 있다는 것이다. 그리고 이에 대한 전략적 논의와 실질적인 협력 활동은 EAS, ARF, ADMM Plus, 아세안+1(ASEAN Plus One)과 같이 아세안이 주도하는 기제를 통해 추진할 수 있다고 결론을 맺었다.

2) 사례 분석: 안보와 경제를 중심으로

2절에서 본 바와 같이 AOIP는 인도·태평양지역에 탄생하는 다양한 지역 협력 전략 및 기제들과 접점을 찾되 아세안이 중심이 되는, 아세안이 주도하는 협력 기제에서 이를 다루고자 하는 아세안의 의도를 담고 있다. 3절에서는 그렇다면 실제로 아세안이 인도·태평양지역에서 논의 및 전개되는 주요 이슈에 대해서 어떻게 대응하고 있는 지 안보와 통상 분야의 대표적인 협력 기제를 중심으로 살펴보기로 한다.

(1) 아세안의 인도·태평양 군사·안보 협의체, ADMM-Plus

아세안은 역내 미중경쟁이 첨예해질수록 아세안에 기반한 제도를 활용하여 변화하는 전략 환경 속에서도 중심성을 유지하기 위해 노력해왔다. AOIP에도 나타나있듯이 ADMM 및 이를 역외국과의 협의체로 확대한 ADMM-Plus는 아세안의 인도·태평양 안보 전략의 핵심적인 구현체라고 할 수 있다.[12] 증가하는 지정학적 도전 속에서 아세안 최고의 국방 외교 플랫폼인 ADMM은 플러스 국가들과 함께 공동의 도전을 해결하는 데 훨씬 더 중요한 역할을 해야한다는 기대를 모으고 있다.[13] 아세안을 중심으로 대화상대국들이 군사·안보협력을 제도화한 ADMM-Plus는 정부가 주최하고 아세안과 Plus 국가들을 포함하여 인도·태평양지역의 국방장관이 참석하는 유일한 회의이다. 특히 국방장관들의 협의체인 ADMM-Plus는 예방외교(Preventive diplomacy)를 목표로 하는 ARF[14]보다 직접적으로 군사·안보 의제를 논의하고 국방 차원의 협력 활동을 이행할 수 있다는 점에서 아세안 대외 안보 전략을 가장 실질적으로 파악할 수 있는 기제일 것이다.

아세안이 ADMM-Plus를 발전시키게 된 직접적인 계기를 제공한 것은 중국의 군사안보적 관여의 확장이라고 볼 수 있다. 2012년 중국 시진핑 국가주석의 등장 이후 동남아에서 미국과 중국의 충돌이 가시화되기 시작했기 때문이다. 2013년 아세안을 방문한 시진핑 주석은 포괄적 안보(comprehensive security), 공동 안보(common security), 협력 안보(cooperative security)에 대한 새로운 사고의 틀 속에서 아세안과 함께 지역의 평화와 안정을 위한 '공동운명체(community of common destiny)' 실현을 위해 분투하겠다는 의지를 표명했다.[15] 그리고 ADMM-Plus 및 그 계기에 아세안과의 다양한 공식, 비공식 국방회담을 개최하고 합동 군사훈련 등을 제안했다. 그리고 중국의 이같은 빈번한 양자적 접근은 미국, 일본, 호주, 러시아, 인도 등 주요 대화상대국의 개별 대화 요청으로 이어졌다.

이처럼 아세안이 주도하는 플랫폼을 벗어난 대화와 협력이 진행되는 경우 강대국 경쟁에 본격적으로 휘말려 양자택일의 압력에 직접적으로 노출이 될 수 있고 단일 아세안으로서의 협상력도 약화될 수 있다는 우려가 커지고 있었다. 그러자 2017년 아세안은 ADMM-Plus가 아시아 안보 협력의 중심적인 기제로서 역할을 하기 위해 더욱 강력한 조건을 달기 시작했다. 기존에 공식 회담의 부속 행사로 개최되곤 하던 아세안과 Plus 국가간 비공식 양자 회의는 긴급하고 중대한 사안이 있다고 인정되는 경우에 한해 ADMM만이 소집할 수 있도록 규정하였다.[16]

나아가 2020년 역외 파트너들과의 협력에 대한 원칙을 확정하고 2021년 제15차 ADMM에서 이를 채택함으로써 이전의 관련 문서들을 대체했다.[17] 동 원칙은 역외 파트너와 ADMM의 관계가 아세안 헌장 제41조 및 아세안 대외관계지침(Guidelines for ASEAN's External Relations)에 따라 '아세안이 중심에 있어야 함(with ASEAN at the centre)'을 재확인하고 이를 이행하는 방안을 구체적으로 제시하고 있다.[18] 그 밖에 ADMM-Plus를 연례화하여 아세안 플랫폼을 통해 Plus 국가와의 협력을 강화하고 ADMM+1 형태의 회의가 확산되는 것을 방지함으로써 아세안 중심성의 유지와 Plus 국가들간의 동등하고 집합적인 참여를 유도하고자 했다.[19] 현재 ADMM-Plus는 해양 안보, 테러 대응, 인도적 지원 및 재난 관리, 평화유지작전, 군사 의료, 인도적 지뢰 제거, 사이버 안보 등 7개 전문가 작업반(EWGs: Experts' Working Groups)을 중심으로 실질적인 협력을 추진하고 있다.

(2) 아세안의 인도 · 태평양 경제·통상 전략, RCEP

지역 경제·통상 질서의 중심에 위치하고자 하는 아세안의 노력이 집결되었던 대표적인 사례가 RCEP이다. 아세안은 2007년에 아세안 경제공동체(AEC: ASEAN Economic Community) 청사진을 채택하고 2025년 경제공동체 실현이라는 목표를 위해 다각도의 노력을 기울이고 있다. 아세안은 회원국간의 자유무역협정인 AFTA(ASEAN Free Trade Area)를 발족시킨데 이어, 한국, 중국, 일본, 인도, 호주·뉴질랜드와 각각 체결한 5개의 양자간 FTA를 한데 묶어서 동아시아 경제를 통합하려는 목표로 2012년 11월 아세안 정상회의 계기에 개최된 동아시아 정상회의에서 RCEP 협상의 개시를 선언했고, 2013년 5월 브루나이에서 첫 협상을 시작하였다.[20] 협상의 원칙과 목표에 RCEP이 아세안 중심성의 원칙을 인정한다는 점을 분명히 밝히고 있음은 물론이다. RCEP 협상은 아세안 협의 채널을 통해 31차례 공식 협상과 19차례 장관급 회의를 거쳐 2020년 11월 아세안 정상회의 회기 중에 제4차 RCEP 정상회의에서 타결되었다.[21]

당초 2015년 타결을 목표로 시작하였지만 RCEP은 참여국간 시장개방에 대한 우려와 중국, 일본, 인도 등 지역 강대국의 주도권 경쟁 등으로 협상에 난항을 겪으며 2020년에 이르러서야 합의를 도출하게 되었다. 특히 미중 무역전쟁이 본격화되고 미 트럼프 행정부의 TPP 탈퇴, WTO 상소기구 무력화 등으로 그동안 아세안의 대외무역이 의

존해온 통상 시스템에 대한 위기의식이 높아지면서 아세안이 변방의 국가로 밀려나지 않기 위하여 RCEP 협상에 박차를 가한 것이었다. 여기에 코로나19 팬데믹으로 세계 경기가 침체된 위기 상황에서 RCEP을 전격 타결시킴으로써 아세안이 지역 자유무역의 구심점이자 원동력임을 대내외에 보여준 것으로 평가할 수 있다.

RCEP이 수준 높은 무역협정은 아니다. 15개 회원국 간 경제발전 수준, 우선순위, 이해관계 등의 차이를 고려하여 이미 아세안 3개 회원국(베트남, 싱가포르, 브루나이)이 가입한 CPTPP(Comprehensive and Progressive Agreement for Trans-Pacific Partnership, 포괄적·점진적 환태평양 경제동반자 협정)보다는 시장접근 및 규범의 측면에서 모두 느슨한 형태다. 특히 캄보디아, 라오스, 미얀마, 베트남 등 후발 4개국에 대한 특별조항(provisions for special and differential treatment)을 두는 등 개별 회원국의 다양한 발전 수준과 개발의 수요를 고려하였다. 하지만 RCEP은 상품 관세의 경우 품목 수 기준 약 92%에 대해 20년에 걸쳐 철폐하고, 서비스 분야는 65%에 대해 전면 개방을 목표로 하는 등 무역 자유화 및 원활화, 경제협력을 모두 다룬다. 단일 원산지규정(Rules of Origin)을 도입하여 역내생산비중 40% 또는 HS코드 4단위 변형 수준에서 역내 생산품으로 인정하고 15개 회원국 전체를 하나의 기준으로 통관할 수 있도록 함에 따라 효율적인 공급망 구축을 위한 초석을 마련하였다.[22] 그리고 아세안이 중심이 되어 체결한 대부분의 협정과 마찬가지로 RCEP도 개선협상 제도 등을 통해서 시간이 지남에 따라 개선되고 보다 다양한 영역으로 확장할 수 있다.[23]

RCEP는 2022년 1월 발효되었으나(한국은 2월, 말레이시아는 3월), 인도네시아는 국회 비준 절차를 진행하고 있고 필리핀에서는 비준이 지연되고 있으며 미얀마는 다른 회원국들의 반대로 참여 여부가 불투명하다.

3. 평가와 향후 전망

1) 평가: 전략적 딜레마 속에서 찾아낸 아세안 방식의 해법

AOIP를 중심으로 아세안이 추진하는 인도·태평양 정책은 이 지역에 대한 아세안의 대외정책을 아세안의 원칙(헌장), 작동 원리, 협력 의제, 협력 방식(아세안 중심의 기제들)에 그 중심을 두기 위한 노력이다. 아세안의 인태전략에서 지역에 대한 아세안의 새로운 접근 방식을 찾기는 어렵다. 그보다는 아세안 행동 규범 및 협정을 지역 협력의 원칙으로서 재확인하는 의미를 갖는다고 보는 편이 타당할 것이다. 그리고 아세안이 기존에 역외국들과 진행해온 협력의 영역을 해양 문제, 연결성, UN 지속 가능한 개발 목표, 경제 통합 및 기타 협력과 같이 범주화하여 제시하고 있다고 볼 수 있다. 새로운 지역 협력에 대한 불신으로 아세안이 제시한 전략에 명확한 방향성이 결여되어 있는 것은 아세안이 갖는 자체적인 한계일 뿐만 아니라 인도·태평양 신지정학의 형성이 '진행형'인 상황에서 아세안으로서 가장 현실적인 대응을 한 것일 수도 있다.

아세안으로서는 미국으로부터 지속적으로 인태전략 동참을 요청받는 상황에서 '인도·태평양이라는 지역 개념'을 수용한 전략 지침을 발표함으로써 추가적인 압력을 받지 않아도 될 만큼 최소한의 호응을 한 것으로 평가할 수 있다. 중국을 명시적으로 반대하는 표현도 사용하지 않았고, '아세안이 중심이 되어 전략적 역할을 수행'한다거나 '포용성(inclusiveness)'에 기반한 지역 협력이 강조되어, 미국의 인태전략과는 결이 상당히 다르다. 미국의 인태전략과 공통된 가치를 표방하는 일본, 인도, EU 및 유럽의 주요국, 호주 등의 인태전략과도 차이가 남은 물론이다. 결국 중국을 포함하여 어떤 국가라도 아세안이 중심이 되는 지역협력의 프레임안에 들어온다면 협력을 할 수 있다는 열린 지역주의(open regionalism)를 보여준 것으로 평가할 수 있다.

인태전략을 발표하는 국가들이 대부분 아세안이 아닌 지역 및 글로벌 강대국이라는 사실, 그리고 쿼드, 오커스와 같은 새로운 강력한 협의체가 아세안 역외 강대국 주도로 수립되고 있는 상황에서 지역의 다자협력을 위한 주요 소집자이자 의제 설정자로서의 아세안의 역할에 대한 우려가 증대되고 있는 가운데 이는 현실적으로는 아세안이 택할 수 있는 최선의 선택이었을 지도 모른다.

아세안이 이 지역에서 오랫동안 가치를 유지해 온 것은 다양한 강대국의 관심을 효과적으로 끌어들여 서로 교류할 수 있는 중립적인 플랫폼을 운영해온 유용성이 있었기 때문이었다. 이로써 아세안은 복합적인 지역 외교의 네트워크에서 중심적인 위치를 차지하고, 높은 수용성을 발휘하여 지역 협력 및 공동 이익의 궤도를 형성하는 특권을 누릴 수 있었다. 따라서 AOIP가 '아세안 중심성을 인도·태평양지역 협력 증진을 위한 기본 원칙으로 구상'하는 것은 당연한 귀결일 것이다. 이러한 맥락에서 AOIP는 아세안 역외국가가 주도하는 새로운 플랫폼이 등장하기 보다는 '기존 아세안 주도 메커니즘에 대한 새로운 모멘텀을 강화하고 제공'함으로써 진화하는 지역 질서에서도 여전히 중심적인 위치를 공고히하려는 강력한 의지의 표현으로 해석할 수 있다. 그리고 실제로 아세안이 주도하는 기제를 통해 이러한 협력이 이루어질 수 있도록 공동의 추진 의제를 제시하고 이를 논의할 수 있는 메커니즘을 제시하였다. 이러한 맥락에서 대표적으로 ADMM-Plus와 RCEP을 안보와 통상에서 아세안 중심적인 협의체를 발전시키려는 노력을 전개한 것이다.

2) 도전 요인: 아세안의 중심성을 지킬 수 있을까?

아세안 인태전략의 향방을 가늠하는데 중요한 지표는 새로 형성되는 지역질서와 협력의 구도 속에서 아세안이 강대국 경쟁에 희생되거나 변방으로 밀려나는 것을 막을 수 있는 아세안 중심성의 작동 여부가 될 것이다.

미국은 2022년 2월에 발표한 전략서와 바이든 대통령과 정부 관계자 연설 등을 통해 아세안의 다자주의와 지역협력을 주도하는 플랫폼으로서의 역할과 중요성을 인정하고 지지한다고 밝혔다.[24] 하지만 미국이 주도하는 쿼드에 아세안의 자리가 없고, 쿼드가 지역 협력 프레임워크로서의 아세안을 대체할 수 있다는 가능성으로 인해 아세안 중심성이 위협을 받는다는 것이 아세안의 대체적인 인식이다.[25] 아세안을 보완하고 병존하는 '아세안 플러스'가 아니라, 쿼드 플러스가 지역에서의 안보 어젠다를 설정하는 주요 협의체가 된다면 아세안 중심성은 실질적으로 타격을 입으며, 미국의 대중국 견제라는 안보 목표와 상충되지 않는 상징적 수준에만 존재할 수 있다는 우려가 커지고 있다.[26] 인도네시아와 말레이시아는 오커스에 대해서도 우려를 표한 바 있다.[27] 미국의 과도한 중국 적대정책과 아세안이 소외된 형태의 다양한 소지역 안보협의체가 생성됨으로써 오히려 지역의 군사적 갈등과 충돌의 가능성을 높일 수 있기 때문이다.

이같은 상황에서 인태 지역 아세안 안보 중심성을 향한 노력은 결실을 거두기 쉽지 않아 보인다. ADMM이 아세안 중심성 유지를 위해 모든 플러스 국가와 함께, 동시에를 주장하는 이상 ADMM을 통해 유의미한 논의가 이루어지기 어려울 것이기 때문이다. 실제로 2022년 6월 2년만에 첫 대면회의를 개최하였으나, 회담 공동선언문에 러시아-우크라이나전쟁이나 인도·태평양지역의 발전과 같은 시급한 전략적 문제에 대한 언급은 없었다. 그 대신 선언문은 사이버 영역의 위협 해결, 미래 전염병 대비, 아세안 여성 평화 유지군 홍보, 국방 교육 등 협력 의제 목록을 추가했을 뿐이었다.[28] 더욱이 ADMM-Plus는 그룹 내 다양한 견해로 인해 핵심 의제에 대한 논의에서는 진전을 기대하기 어려운 상황이다.

특히 인도·태평양지역에서 미국은 태국(코브라 골드), 필리핀(발리카탄 훈련) 등 아세안 일부 국가와 개별적인 군사훈련을 실시하고 있고, 말라바르(쿼드 4개국 연례 해상훈련), ANNUALEX 2021(필리핀 인근 해상에서 미, 일, 호, 캐나다, 독일이 참여한 해상훈련) 등 ADMM-Plus 국가들이 개별적으로 참여하는 소다자 군사 훈련도 확대되고 있는 양상이다. 아세안의 관심이 높은 '해상영역 인식을 위한 인태 파트너십(Indo-Pacific Partnership for Maritime Domain Awareness)' 역시 쿼드의 대표적인 해양안보 이니셔티브이다. 쿼드는 멤버십을 확대하는 대신 산하에 작업반(working group)을 두고 이를 통해 지역협력을 추진한다는 계획이다. 쿼드라는 협의체에서 아세안이 멤버십을 획득하기보다는 작업반에 참여할 가능성이 더욱 높을 것이다.

아세안의 중요성에도 불구하고 인도·태평양지역에서 미국이 추진하는 통상 협의체에서는 오히려 아세안의 입지가 좁아지고 있다. 대표적인 예가 인도·태평양경제프레임워크(IPEF: Indo-Pacific Economic Framework)이다. 미 바이든 대통령은 2021년 10월 동아시아정상회의에서 IPEF 구상을 처음 발표했다. 하지만 IPEF가 공식적인 협상 개시를 선언한 것은 2022년 5월 23일 쿼드 4개국 정상회의였다. 또한, IPEF에는 아세안이 아닌 동남아시아 7개국이 개별적으로 참여한다. 이는 RCEP에서 중국과 친중 3국인 캄보디아, 라오스, 미얀마가 빠지고 대신 미국과 뜻을 같이하는 인도와 피지가 합류한 것으로도 볼 수 있다. 이에 아세안 내부에서는 아세안이 하나의 단위로 또는 10개국이 모두 참여하지 못함에 따라 아세안 중심성이 훼손되는 데 대한 우려가 제기되었고, 반중 연대로 비춰지는 데 대한 부담, 미국이 인태전략을 경제적 책략으로 활용하는 데 대한 반감도 있었다. 하지만 그럼에도 협정이 아닌 느슨한 협의체 성격을 지녀 당장 부담이 적고 미국의 경제적 관여, 특히 기술과 인프라 건설 부문 등에서 미국의 지원 가능성에 대한 기대로 인해 결과적으로 7개국이 참여 결정을 내린 것이다.

한편 인태전략을 직접적으로 발표하지는 않았으나 일대일로 정책을 통해 동남아시아와 남아시아에서 경제적 영향력을 확대한 중국 또한 아세안 중심성에 대한 공개적인 지지 의사를 밝힌 바 있다.[29] 2021년 11월 중-아세안 대화상대국 30주년을 기념하는 특별정상회의에서 중국과 아세안 정상은 인도·태평양지역 협력에서 개방적이고 포용적인 AOIP의 원칙을 재확인하고, 특히 새로운 기제를 만들거나 기존의 기제를 대체하는 시도에 반대한다는 공동 선언문을 발표하였다.[30] 그러나 중국이 아세안 중심성의 여러 측면 중 자주성과 비전통적 안보 의제를 강조하는 것은 아세안 역내에서 미국의 영향력을 견제하기 위한 의도로 해석될 수도 있다.[31] 동시에 중국은 아세안에 지원을 약속한 금액만 해도 미국의 10배가 넘는 등 아세안 국가들에 대한 경제적 영향력을 확대해 나가고 있으며, 중국의 공세적인 접근이 종래에는 아세안 중심성에 부정적인 역할을 끼칠 수 있다는 우려도 지속적으로 제기되고

있다.[32)]

결국 두 강대국 모두 아세안 중심성을 자국의 이해관계에 따라 편의대로 소환하고 있을 뿐으로, 이는 실질적으로 아세안이 추구하는 아세안 중심성과는 거리가 있다고 볼 수 있다. 그 외 자국의 인태전략서를 통해 아세안의 중요성 및 중심성 원칙을 인정한 일본, 인도, 호주, EU 및 유럽 국가들 역시 아세안 중심성이 실제 인도·태평양지역 협력에서 어떤 형식으로 작동할 수 있을지 구체적인 고민의 단계에까지 나가지는 못한 것으로 보인다.

3) 향후 전망

싱가포르 유력 연구기관인 ISEAS의 2021년 오피니언 리더 설문 조사 결과를 보면,[33)] 아세안 국가들은 아세안이 적실성(relevant)을 유지하기 위해 AOIP를 더 명확하게 표현하고(40.3%), 정교함(elaboration)을 높여야 한다(20.2%)는 의견이 많았다. 그리고 동남아에서의 영향력과 주도권을 놓고 미중이 경쟁하면서 아세안이 처한 곤경을 극복하기 위해서는 내구력과 단결력을 강화하여 두 강대국의 압박을 피해야 한다(53.8%)는 의견이 2020년(48.0%)에 비해 높게 나타났다. 이같은 역내 인식은 여전히 아세안 중심성과 AOIP에 기반한 아세안 방식의 지역협력의 중요성을 보여주고 있다. 하지만 현실적인 어려움은 가중될 것으로 보인다.

일단 아세안과 일부 친중 국가들(캄보디아, 라오스 등)이 중국 영향권 아래 포섭되는 것을 막기 위해 미국, EU, 인도, 호주 등 주요국들은 독립적이고 강력한 아세안을 지원하고 아세안 중심성을 협력의 원칙으로 삼기 위한 노력을 계속할 것으로 보인다. 하지만 인도·태평양에서 아세안의 중심성을 지키기 위한 AOIP는 이미 다양한 도전 요인에 직면해 있다. ADMM-Plus와 RCEP 모두 이미 중국의 영향력이 다대하며 이를 우회하기 위한 미국발 협의체의 등장이 가시화되고 있다. ADMM-Plus나 RCEP, IPEF의 예에서 보았듯이 안보, 통상과 같이 미중 갈등이 증폭되고 있는 분야에서는 아세안이 중심이 되는 기제들을 중심으로 한 인태협력은 더욱 요원해 보인다.

하지만 미국이 탈탄소/기후변화, 보건 등 중국과의 협력이 필요하다고 판단하는 분야에서는 아세안 중심의 기제들이 매우 유용할 수 있다. 미국은 상기 의제들을 쿼드 작업반이나 IPEF에서 다룬다는 구상이지만 중국이 여기에 참여할 가능성은 높지 않다. 또한 여기에는 동 의제에서 필요한 파트너인 EU를 참여시키기도 어렵다. 결국 이들 모두와 대화 플랫폼을 운영하고 있는 아세안을 중심으로 협의체를 발족시키는 것이 가장 현실적인 대안이 될 수 있다. 이처럼 아세안은 강점을 발휘할 수 있는 분야를 선점하여 의제를 발전시키고 참여국간 효과적인 협력의 플랫폼을 제시함으로써 아세안 중심성이 유효함을 입증해야 할 것이다.

한편 최근 아세안 내에서 AOIP의 한계를 넘어서기 위한 행동을 촉구하는 목소리가 커지고 있다. 인도·태평양 국가의 정상들이 모이는 EAS를 보다 활성화하여 역내 도전과제를 논의하는 대표적인 플랫폼으로 삼고, EAS에 셰르파(Sherpa) 국가를 두어 의제의 실천력을 높이자는 제안도 있다.[34] AOIP가 규범 수준에 머물지 않도록 이를 보완하는 행동계획 또는 전략서 수립이 필요하다는 의견도 있다. 마침 2023년 아세안 의장국은 인도네시아다. 아세안이 AOIP를 도입하는 데 가장 적극적이었던 인도네시아는 AOIP를 발전시키기 위해 다각도의 노력을 기울일 것으로 보인다.

4. 시사점과 정책 제언

인도·태평양 시대 지역협력에서 아세안 중심성이 중요한 이유는 무엇일까? 이 지역을 두고 미국, 일본, EU 및 주요 유럽 국가들, 인도, 호주, 캐나다 등이 전략(strategy), 관점(outlook), 지침(guideline)과 같이 다양한 제목으로 인태전략서를 발표하는 이유는 지역의 중요성과 함께 그만큼 충돌하는 이해관계가 중첩되어 있음을 의미한다. 지금과 같은 갈등상황에서 새로운 협력의 플랫폼을 만드는 데에는 '멤버십'의 문제가 생기게 된다. 미국이 주도하는 인태전략과 IPEF, 쿼드 및 쿼드 플러스, 오커스 등이 그 대표적인 예다. 그러면 누가 참여할 것인가의 문제는 각국에 첨예한 고민, 이해관계의 충돌과 갈등을 안긴다. 미국 주도의 지역 협력에 현재로서는 중국이 참여할 가능성은 매우 낮다. 미국이 주도하는 협의체는 결국 중국을 배제하는 성격이 될 것이기 때문이다.

그런데 주지하다시피 아세안의 인태전략은 대결이 아닌 '병존'을 뚜렷한 목표로 삼고 있다. 한국이 강대국 사이에서 어느 한 편에 편승하기 보다는 중립적인 입장을 지향하고, 포용적 다자질서를 추구하는 것이 국익에 부합한다고 인식한다면 아세안의 중심성을 이용하여 한-아세안 협력을 강화하는데서 유익을 얻을 수 있을 것이다. 아세안이 지금까지 본 바와 같이 많은 어려움 속에서도 중심성을 지역 협력의 첫째 가는 원칙으로 추구하는 이유는 강대국에 대해서 자율적 공간을 확보하고 아세안이 선정한 협력 의제를 다수의 동의와 협조에 의해 추진함으로써 지역 약소국의 이익을 극대화하는데 최적의 수단이라는 판단이 있었기 때문이다. 이런 점에서 강대국간의 경쟁과 편가르기가 심화되는 인도·태평양지역에서 한국이 일정 정도의 전략적 자율성에 대한 지향을 충족할 수 있는 수단으로서 아세안이 주도하는 지역 협력의 메커니즘에는 분명히 유용한 측면이 있다.

한국이 역내외에서 경쟁적으로 추진되고 있는 인태전략들 사이에서 오히려 이들을 활용하여 국익을 극대화하기 위해서는 아세안 중심성을 활용한 아세안+ 협력기제의 활용을 고려해볼 만 하다. 미국은 적어도 수사적으로는 지역 구도에서 아세안이 중심에 있다고 말하고 있으며, 일본, 인도, 아세안, 호주, 독일, 프랑스 및 EU는 기존의 협력기제, 특히 아세안을 모태로 하는 협의체 활용을 강조하고 있다.[35] 인도·태평양 파트너 국가들은 모두 아세안의 대화상대국이라는 공통분모를 지니며, EAS, ARF, ADMM-Plus와 같이 아세안에 기반한 협의체에 참여하면서 아세안과 전략적 연대를 형성해왔다. 인도는 IPOI를 2019년 11월 아세안 정상회의 계기에 발표, 아세안 AOIP의 4개 분야를 인도-아세안 협력 분야로 삼는 동시에 별도의 제도적 기제 없이 아세안확대해양포럼(Expanded ASEAN Maritime Forum)을 포함하여 아세안이 주도하는 기존 협력의 틀을 사용할 것을 명시하였다. 중국이 대화상대국으로 참여하고 있는 아세안 플랫폼의 활용은 중국과의 협력적 관계를 유지하는데 관심이 많은 대부분의 국가가 '포용적인 인태전략'을 추진할 수 있는 돌파구가 될 수도 있다.

이를 위해서는 첫째, 아세안 협의체 발전에 기여하는 파트너십이 필요하다. 한국은 이미 아세안이 동아시아로 협력의 범위를 확대할 수 있는 초석을 놓는 역할을 수행한 바 있다. 김대중 전 대통령의 동아시아비전그룹(EAVG: East Asia Vision Group)과 한국의 중·일 3자 대화 활성화 노력 등은 한국의 지역 네트워크 외교의 성공사례라고 할 수 있다. EAVG는 13개 ASEAN+3 국가의 비정부 대표로 구성되었으며 지역 경제 통합을 강화하기 위한 권고안을 마련하여 아세안 중심의 경제 통합이 이루어지는데 중요한 역할을 했다.

상술한 바와 같이 아세안은 AOIP를 보완하고 협력 방식을 개선함으로써 실제로 작동하는 인태전략을 만들어 가기 위한 노력을 전개할 것으로 보인다. 이같은 아세안의 노력을 지지하고 지원하는 것은 일차적으로 한국과 아세안 관계를 업그레이드하는 데 도움이 될 것이다. 뿐만 아니라, 다양한 인도·태평양 전략들이 전개되고 있는 인태지역 관계의 망에서 한국의 네트워크 파워를 높이는 데에도 일조할 수 있을 것이다.

안보측면에서 한국은 ARF 및 ADMM-Plus와 같은 플랫폼을 통해 ASEAN과 협력하고 있지만, 이는 주로 인도적 지원 및 재난 구호, 해양 안보 및 사이버 보안과 같은 문제에 대한 대화, 상호 작용 및 합동 훈련에 국한되어 있다. 중국, 일본, 미국은 2010년대 중반부터 ASEAN과 정기적인 비공식 국방장관 회담을 개최해 왔지만, ASEAN과 한국은 2021년에서야 비로서 양자 국방장관 회담을 시작하였다. 일본은 아세안과의 안보 분야 협력을 위한 비엔티안 비전(Vientiane Vision)을 제시했지만, 한국은 이같은 전략적 비전이 없고 방산 수출에 관심이 집중되어 있다는 지적을 받고 있다. 스톡홀름 국제평화연구소(SIPRI)의 자료에 따르면 2017년부터 2021년까지 한국의 무기 수출 1위 국가는 필리핀, 인도네시아, 태국으로, 전략적 고려보다 상업적 이익에 더 관심이 많다는 지적이 제기되기도 한다.

한국은 말레이시아와 함께 2024년까지 ADMM-Plus 산하 사이버 안보 작업반의 공동 의장국을 맡고 있다. 코로나 팬데믹 이후 디지털화가 급진전되면서 사이버 안보의 중요성이 부각되는 시기에 의장국으로서 한국의 책임이 막중해졌다. 한국은 ADMM-Plus의 틀에서 사이버 안보 협력이 가시적인 성과를 낼 수 있도록 리드함으로써

ADMM-Plus의 실효성을 높이는 한편 사이버 안보 강국으로서의 위상을 확고히 하는 데도 도움을 받을 수 있을 것이다.

또한, 한국은 RCEP를 비롯하여 아세안이 주도하는 경제, 통상협의체가 지속적으로 작동하고 발전하여 코로나19 이후 침체된 경제에 활력을 불어넣고 지속가능한 성장의 기반이 되도록 지역 국가들과 함께 노력을 경주해야 할 것이다. 2023년 11월 출범을 목표로 협상을 진행하고 있는 IPEF에도 이미 한국과 아세안 회원국 중 7개국이 참여하고 있는다. RCEP가 IPEF와도 상호 보완적으로 발전할 수 있도록 한국이 중개자의 역할을 모색할 필요가 있다. IPEF는 현재 지역의 무역거래에서 당장에 변화를 가져올 수는 없을 것이나, 디지털, 공급망, 탈탄소 등 무역규범의 핵심 의제를 논하는 중요한 플랫폼이 될 수 있기 때문이다.[36] 특히 중국과의 대외무역 의존도가 높은 한국과 아세안 입장에서는 지역에서 중국을 포용하는 경제 프레임을 발전시키는 것이 양측의 전략적 이익에 부합한다고 볼 수 있다.[37]

둘째, AOIP가 명시한 협력의 원칙과 분야를 인정하고, 한국의 지역전략과 AOIP 간의 접점을 만드는 과정이 필요하다. 인도·태평양 시대가 열리면서 한국과 아세안 모두 미국, 인도, EU 등 제3국과의 협력의 필요성이 더욱 커졌다. 아세안은 다른 인태전략에서도 중요한 지역으로 거론되고 있다. 따라서 윤석열 정부가 준비하는 한국의 인태전략에서 아세안은 핵심적인 파트너일 뿐만 아니라, 한국이 인태전략들간의 매개자, 촉진자 역할을 찾아가는데 있어 협력의 반경을 넓히는 피봇으로 삼을 필요가 있다. 한국과 아세안은 유사입장국가들(like minded partners)과 관심 분야에서 협력의 플랫폼을 만들어서 논의를 발전시킨 다음에 원하는 국가들을 초청하는 형식으로 협력을 확장하는 방식을 모색해 볼 수 있을 것이다.

이를 위해서는 한국이 아세안과 함께 효과적으로 협력의 플랫폼을 만들 수 있는 장은 무엇지에 대한 고민이 필요할 것이다. 전술하였듯이 탈탄소/기후변화, 보건 등 미국이 중국과의 협력이 필요하다고 판단하는 분야에서 아세안 중심의 기제들이 매우 유용할 수 있다. 중국, EU 등 아세안의 대화상대국이 모두 참여하는 플랫폼을 운영하는데 있어 아세안을 중심으로 하는 기존의 협의체를 발전시키는 것은 매우 현실적인 대안이 될 수 있다.

마지막으로, 한국이 지난 5년간 아세안과의 관계를 4강 수준으로 높이는 신남방정책을 추진하면서 무역규모와 인적교류가 확대되는 등 성과를 거둔 점은 계승, 발전시키는 한편, 한국이 지역에 대한 비전을 결여하였고 전략적 파트너십을 구축하는데 이르지는 못했다는 비판에 대해서는 겸허한 반성과 자구책 마련이 필요할 것이다. 한국은 지난 5월 21일 한미 정상회담 계기에 '한국 고유의 인태전략(ROK's own Indo-Pacific Strategy Framework)'수립 의지를 밝혔다. 한국이 신남방정책의 공과에 대한 평가를 바탕으로 보다 업그레이드된 인태전략을 제시할 수 있다면 한국이 인태지역 다국적 협력의 망에서 중추적 위치를 얻는데 한걸음 앞설 수 있을 것이다. 이는 한국이 인태전략을 통해 글로벌 중추국가 비전을 구현하는 좋은 출발점이 될 수 있을 것이다.

▌주

1) 윤진표, 『현대 동남아의 이해 제2판』 (서울: 명인문화사, 2020), p. 58.
2) 1967년 아세안 5개국(태국, 말레이시아, 인도네시아, 싱가포르, 필리핀) 외교장관회의(방콕) 결과인 「아세안선언」에 의해 창설되었다. 이후 브루나이(1984년), 베트남(1995년), 라오스·미얀마(1997년), 캄보디아(1999년)가 차례로 가입하여 10개 회원국 체제가 되었다.
3) 아세안의 대화상대국은 한국, 미국, 중국, 일본, 러시아, 캐나다, 호주, 뉴질랜드, 인도, EU 10개국이다.
4) 아세안은 2011년 정상회의에서 '아세안공동체에 관한 발리선언(Bali Declaration on ASEAN Community in a Global Community of Nations)', 이른바 '발리협약 III(Bali Concord III)'에서 아세안 중심성을 아세안이 세계와 관계를 맺는 핵심 원칙으로 제시하였다. 동 문서는 아세안이 아세안+1, 아세안+3, ARF, EAS 등 다양한 틀에서 파트너십을 증진하는 한편 ADMM-Plus, RCEP 등 구체적인 이슈별로 아세안 중심의 기제를 운영할 것을 명시하고 있다(BALI DECLARATION ON ASEAN COMMUNITY IN A GLOBAL COMMUNITY OF NATIONS "BALI CONCORD III" PLAN OF ACTION 2013–2017).
5) Marty Natalegawa, "An Indonesian Perspective on the Indo-Pacific," *The Jakarta Post* (20 May 2013). Retrieved from https://www.thejakartapost.com/news/2013/05/20/an-indonesian-perspective-indo-pacific.html
6) Joko Widodo, "The seas should unite, not separate us," *The Jakarta Post* (14 November 2014). Retrieved from https://www.thejakartapost.com/news/2014/11/14/the-seas-should-unite-not-separate-us.html
7) Mie Oba, "ASEAN's Indo-Pacific concept and the great power challenge," *The Diplomat* (17 July 2019). Retrieved from https://thediplomat.com/2019/07/aseans-indo-pacific-concept-and-the-great-power-challenge
8) 2018년 1월, 위도도 인도네시아 대통령은 인도양과 태평양의 협력 메커니즘, 특히 태평양의 EAS의 연결 및 통합에 대해 언급했다(Cabinet Secretariat of the Republic of Indonesia 2018). 2018년 5월 레트노 인도네시아 외무장관은 자카르타에서 연설에서 인도네시아의 인도·태평양 협력 개념을 발표하면서 인도, 러시아, 호주, 미국, 중국, 일본과의 논의에서 '인도·태평양' 개념은 봉쇄의 의미로 사용되어서는 안 된다는 점을 강조하였다(CSIS Indonesia 2018).
9) Premesha Saha, "ASEAN's Indo-Pacific outlook: An analysis," ORF (June 28 2019). https://www.orfonline.org/expert-speak/aseans-indo-pacific-outlook-an-analysis-52542/; "ASEAN Outlook On the Indo-Pacific" ASEAN https://asean.org/asean2020/wp-content/uploads/2021/01/ASEAN-Outlook-on-the-Indo-Pacific_FINAL_22062019.pdf
10) ASEAN, *ASEAN Outlook on the Indo-Pacific*, (2019). Retrieved from https://asean.org/asean2020/wp-content/uploads/2021/01/ASEAN-Outlook-on-the-Indo-Pacific_FINAL_22062019.pdf

11) 1절은 "ASEAN Outlook On the Indo-Pacific" 문서의 내용을 정리하고 저자의 해석을 추가한 것이다. (https://asean.org/asean2020/wp-content/uploads/2021/01/ASEAN-Outlook-on-the-Indo-Pacific_FINAL_22062019.pdf)
12) ADMM은 2020년부터 아세안 인도·태평양 전망(AOIP)에 따라 인도·태평양 협력 강화를 도모해왔다(Lin 2022).
13) Bandar Seri Begawan declaration by the ADMM-Plus in commemoration of the 15th anniversary of the ADMM on promoting a future-ready, peaceful and prosperous ASEAN (17 June 2021). Retrived from https://www.minister.defence.gov.au/minister/peter-dutton/statements/bandar-seri-begawan-declaration-admm-plus-commemoration-15th
14) ARF의 예방외교에 대한 설명은 아세안 사무국 ARF 홈페이지를 참조 https://asean.org/our-communities/asean-political-security-community/peaceful-secure-and-stable-region/preventive-diplomacy/90
15) Speech by Chinese President Xi Jinping to Indonesian Parliament. Speech by Chinese President Xi Jinping to Indonesian Parliament. http://www.asean-china-center.org/english/2013-10/03/c_133062675.htm
16) 이숙연, "미·중 경쟁 시대 '아세안 중심성' 확보를 위한 군사협력 발전 현황과 원인 분석," 『국제학논총』 제32권 (2020), pp. 213–247; ADMM, "Joint Declaration of the ASEAN Defence Ministers on Partnering for Change, Engaging the World," *ASEAN Secretariat* (2017).
17) 이 개념서는 '2017 2nd Additional Protocol to the Concept Papers on the Establishment of ADMM and ADMM Plus'과 '2018 Concept Paper on Observership of ADMM-Plus EWG Activities'을 대체함으로써 ADMM과 역외 국가들과의 상호작용에 대한 종합적 지침을 수립하였다(ADMM, 2021a).
18) ADMM, "Concept Paper on the ADMM's External Engagements," (15 June 2021).
19) 이숙연 (2020).
20) The ASEAN Secretariat, "Regional Comprehensive Economic Partnership(RCEP) Joint Statement The First Meeting of Trade Negotiating Committee," *Statement & Communiques* 2013. 5. 10.
21) The ASEAN Secretariat, "ASEAN hits historic milestone with signing of RCEP," *ASEAN Secretariat News* 2020. 11. 15.
22) 최윤정, "RCEP 타결과 신남방 경제 지형의 변화," 『세종정책브리프』, no. 2020–23 (2020), p. 6.
23) 체결국은 별도로 합의하는 경우를 제외하면 협정 발효일로부터 5년 경과할 때마다 협정문에 대한 재검토를 실시하게 된다(RCEP 협정문 제20장).
24) Xirui Li, "Is the Biden Administration Serious about 'ASEAN Centrality'?" *The Diplomat* 14 May 2022 https://thediplomat.com/2022/05/is-the-biden-administration-serious-about-asean-centrality/
25) Jonathan Stromesth, "Taking stock of US-ASEAN relations as Biden convens

a special summit," *Brookings* 11 May 2022. https://www.brookings.edu/blog/order-from-chaos/2022/05/11/taking-stock-of-u-s-asean-relations-as-biden-convenes-a-special-summit/

26) Evan A. Laksmana, "Whose Centrality? ASEAN and the Quad in the Indo-Pacific," *The Journal of Indo-Pacific Affairs* 3, no. 5(2020), pp. 106–117 https://papers.ssrn.com/sol3/papers.cfm?abstract_id=3814082

27) Anubha Gupta, "Is AUKUS the New ASEAN in the Indo-Pacific?" *ORF Young Voices* 9 May 2022. https://www.orfonline.org/expert-speak/is-aukus-the-new-asean-in-the-indo-pacific/

28) Joanne Lin, "ASEAN and ADMM: Climbing Out of a Deep Hole," *Fulcrum* (28 June 2022).

29) Zhuoran Li, "What Does ASEAN Centrality Mean to China?" *The Diplomat* 2 June 2022. https://thediplomat.com/2022/06/what-does-asean-centrality-mean-to-china/

30) https://asean.org/wp-content/uploads/2021/11/Joint-Statement-30th-Anniversary-of-ASEAN-China-Dialogue-Relations-Final.pdf

31) Ibid.

32) Aaron Connelly, "The often-overlooked meaning of 'ASEAN centrality," *IISS Analysis* 9 June 2022. https://www.iiss.org/blogs/analysis/2022/06/the-often-overlooked-meaning-of-asean-centrality

33) ISEAS-Yusof Isak Institute는 아세안 10개국 내 학계, 정계, 정부, 국제조직, 시민단체 및 NGO, 언론 분야에 종사하는 오피니언 리더 천여 명을 대상으로 2019년부터 매년 설문조사를 실시하고 있다. 2021년에는 1,032명 2022년에는 1,677명을 대상으로 설문조사를 실시하였다.

34) Shafiah F. Muhibat, "Looking beyond the ASEAN Outlook on the Indo-Pacific," *East Asia Forum* (20 July 2022). Retrieved from https://www.eastasiaforum.org/2022/07/20/looking-beyond-the-asean-outlook-on-the-indo-pacific/

35) 미국(웬디 R. 셔먼 국무부 부장관)과 EU(스테파노 산니노 유럽대외협력청 사무총장)는 2021년 12월 3일 첫 미국-EU 인도·태평양 고위급 회담에서 법치, 민주주의 등 공동의 가치에 기초하여 지역의 안정, 안보 및 지속 가능한 개발에 기여하기 위한 상호 협력 의사를 확인했다. 여기서 양측은 아세안 중심성의 중요성과 강력하고 독립적인 아세안에 대한 지지도 재확인했다.

36) 최윤정, "인도태평양 통상질서의 변화: IPEF를 중심으로," 『Trade & Security』 Vol. 3 (June 2022).

37) 2016년 한국이 미국의 고고도미사일방어체계(THAAD·고고도미사일방어체계)를 배치한 이후 중국은 한국에 대한 보복 조치를 취하여 한국의 총 상품 및 서비스 수출의 25%, 약 75억 달러의 손실을 초래하였다(Lim and Ferguson, 2019; Shin and Smith, 2021). 한국은 경제 관계 다변화를 시도하고 있지만 2021년 기준 여전히 중국은 한국 교역에서 24.4%로 부동의 1위 국가이다. 한

편 아세안과의 교역 규모는 14%가 넘어 2위 교역대상국이라는 점도 기억해야 할 것이다(ASEAN-Korea Centre, 2022, pp. 60–61).

참고문헌

윤진표. 『현대 동남아의 이해 ,제2판』. 서울: 명인문화사, 2020.

이숙연. "미·중 경쟁 시대 '아세안 중심성' 확보를 위한 군사협력 발전 현황과 원인 분석." 『국제학논총』 제 32권: 213–247. 계명대학교 국제학연구소, 2020.

최윤정. "RCEP 타결과 신남방 경제 지형의 변화." 『세종정책브리프』 2020–23. 세종연구소, 2020.

_____. "인도태평양 통상질서의 변화: IPEF를 중심으로." 『Trade & Security』 Vol.3, June. 서울: 전략물자관리원, 2022.

Aaron Connelly. "The often-overlooked meaning of 'ASEAN centrality'." *IISS Analysis* (9 June 2022). Retrieved from https://www.iiss.org/blogs/analysis/2022/06/the-often-overlooked-meaning-of-asean-centrality

Acharya, Amitav. "Ideas, Identity, and Institution-building: from the 'ASEAN Way' to the 'Asia-Pacific Way'." *The Pacific Review* 10 (3): 319–46 (1997).

_____. "The future of ASEAN: obsolescent or resilient?" In *ASEAN Matters! Reflecting on the Association of Southeast Asian Nations* 283–288 (2011).

_____. "The Myth of ASEAN Centrality?" *Contemporary Southeast Asia* 39, no. 2:273–279 (2017).

ADMM. "Concept Paper on the ADMM's External Engagements." (15 June 2021).

_____. "Joint Declaration of the ASEAN Defence Ministers on Partnering for Change, Engaging the World." *ASEAN Secretariat* (2017).

Anubha Gupta. "Is AUKUS the New ASEAN in the Indo-Pacific?" *ORF Young Voices* (9 May 2022). Retrieved from https://www.orfonline.org/expert-speak/is-aukus-the-new-asean-in-the-indo-pacific/

Aristyo Rizka Darmawan. "Joe Biden's new Indo-Pacific Strategy: A view from Southeast Asia." *The Interpreter* (Lowry Institute). (15 February 2022). Retrieved from https://www.lowyinstitute.org/the-interpreter/joe-biden-s-new-indo-pacific-strategy-view-southeast-asia

ASEAN. *ASEAN Outlook on the Indo-Pacific*. 2019. Retrieved from https://asean.org/asean2020/wp-content/uploads/2021/01/ASEAN-Outlook-on-the-Indo-Pacific_FINAL_22062019.pdf

_____. "Bali Declaration on ASEAN Community in a Global Community of

Nations, Bali Concord Ⅲ." (17 November 2011).

_____. "Bandar Seri Begawan Declaration in Commemoration of the 15th Anniversary of the ADMM Towards A Future-Ready, Peaceful and Prosperous ASEAN." (2021). Retrieved from https://asean.org/bandar-seri-begawan-declaration-in-commemoration-of-the-15th-anniversary-of-the-admm-towards-a-future-ready-peaceful-and-prosperous-asean/

_____. "JOINT STATEMENT OF THE ASEAN-CHINA SPECIAL SUMMIT TO COMMEMORATE THE 30TH ANNIVERSARY OF ASEAN-CHINA DIALOGUE RELATIONS: COMPREHENSIVE STRATEGIC PARTNERSHIP FOR PEACE, SECURITY, PROSPERITY AND SUSTAINABLE DEVELOPMENT."(22 November 2021) Retrieved from https://asean.org/wp-content/uploads/2021/11/Joint-Statement-30th-Anniversary-of-ASEAN-China-Dialogue-Relations-Final.pdf

_____. "Regional Comprehensive Economic Partnership (RCEP) Joint Statement The First Meeting of Trade Negotiating Committee." *Statement & Communiques* (2013.5.10).

ASEAN+3 Summit. "Partnering for Change, Engaging the World." Chairman's Statement of the 20th ASEAN Plus Three Commemorative Summit." (14 November 2017).

ASEAN-China Centre. "Speech to Indonesian Parliament. ASEAN-China Centre."(3 October 2013). Retrieved from http://www.asean-china-center.org

Ba, Alice D. "Who's socializing whom? Complex engagement in Sino-ASEAN relations." *The Pacific Review* 19, no. 2: 157–179 (2006).

Bandar Seri Begawan declaration by the ADMM-Plus in commemoration of the 15th anniversary of the ADMM on promoting a future-ready, peaceful and prosperous ASEAN (17 June 2021). Retrived from https://www.minister.defence.gov.au/minister/peter-dutton/statements/bandar-seri-begawan-declaration-admm-plus-commemoration-15th

Cabinet Secretariat of the Republic of Indonesia. "President Jokowi Hopes ASEAN-India Partnership CanCreate Stable Indo-Pacific Region." 25 January 2018, https://setkab.go.id/en/president-jokowi-hopes-aseanindia-partnership-can-create-stable-indo-pacific-region/.

Cathleen D. Cimino-Isaacs and Michael D. Sutherland. "The Regional Comprehensive Economic Partnership: Status and Recent Developments (IN11200)." *Congressional Research Service* (19 November 2020). Retrieved from https://crsreports.congress.gov/product/pdf/IN/IN11200 (Accessed 21 September 2021).

Chalermpalanupap, Termsak. "Understanding the ASEAN Centrality." *ASEAN*

Insights 4: 1–3 (2014).

CSIS Indonesia. "The Global Disorder: An Indonesian Perspective." 8 May 2018. https://www.youtube.com/watch?v=EVTl7-hoGqw

Evan A. Laksmana. "Whose Centrality? ASEAN and the Quad in the Indo-Pacific." The Journal of Indo-Pacific Affairs 3, no. 5: 106–117 (2020). Retrieved from https://papers.ssrn.com/sol3/papers.cfm?abstract_id=3814082

Fact Sheet: Bandar Seri Begawan Declaration by the ADMM-Plus in Commemoration of the 15th Anniversary of the ADMM on Promoting a Future-Ready, Peaceful and Prosperous ASEAN. 16 Jun 2021. ⟨https://www.mindef.gov.sg/web/portal/mindef/news-and-events/latest-releases/article-detail/2021/June/16jun21_fs⟩

Haacke, Jürgen. "The concept of hedging and its application to Southeast Asia: A critique and a proposal for a modified conceptual and methodological framework." *International Relations of the Asia-Pacific* 19, no. 3: 375–417 (2019).

ISEAS-Yusof Ishak Institute. T*he State of Southeast Asia: 2022 Survey Report*. Retrived from https://www.iseas.edu.sg/articles-commentaries/state-of-southeast-asia-survey/the-state-of-southeast-asia-2022-survey-report/

Jonathan Stromesth. "Taking stock of US-ASEAN relations as Biden convens a special summit." *Brookings* (11 May 2022). Retrieved from https://www.brookings.edu/blog/order-from-chaos/2022/05/11/taking-stock-of-u-s-asean-relations-as-biden-convenes-a-special-summit/

Khong, Yuen Foong. "Coping with Strategic Uncertainty." *Rethinking security in East Asia: Identity, power, and efficiency*: 172–208 (2004).

Kuik, Cheng-Chwee. "How do weaker states hedge? Unpacking ASEAN states' alignment behavior towards China." *Journal of Contemporary China* 25, no. 100: 500–514 (2016).

Lai, Allen Yuhung, Jingwei Alex He, Teck Boon Tan, and Kai Hong Phua. "A proposed ASEAN disaster response, training and logistic centre enhancing regional governance in disaster management." *Transition Studies Review* 16, no. 2: 299–315 (2009).

Lin, Joanne. "ASEAN and ADMM: Climbing Out of a Deep Hole." *Fulcrum* (28 June 2022).

Lukas Andri Surya Singarimbun et al. "Biden and China's Economic Dominance in the Indo-Paicifc." *Op-ed. Universitas Gadjah Mada* (Indonesia) (7 June 2022).

Ministry of Defence and the Singapore Armed Forces. "Fact Sheet: Bandar

Seri Begawan Declaration by the ADMM-Plus in Commemoration of the 15th Anniversary of the ADMM on Promoting a Future-Ready, Peaceful and Prosperous ASEAN." (16 June 2021). Retrieved from https://www.mindef.gov.sg/web/portal/mindef/news-and-events/latest-releases/article-detail/2021/June/16jun21_fs

Mohammadbagher Forough. "America's Pivot to Asia 2.0: The Indo-Pacific Economic Framework." *The Diplomat* (25 May 2022). Retrieved from https://thediplomat.com/2022/05/americas-pivot-to-asia-2-0-the-indo-pacific-economic-framework/

Muhibat, Shafiah F. "Looking beyond the ASEAN Outlook on the Indo-Pacific." East Asia Forum (20 July 2022). Retrieved from https://www.eastasiaforum.org/2022/07/20/looking-beyond-the-asean-outlook-on-the-indo-pacific/

Natalegawa, Marty. "An Indonesian Perspective on the Indo-Pacific." *The Jakarta Post* (20 May 2013). Retrieved from https://www.thejakartapost.com/news/2013/05/20/an-indonesian-perspective-indo-pacific.html

Oba, Mie. "ASEAN's Indo-Pacific concept and the great power challenge." *The Diplomat* (2019, 17 July). Retrieved from https://thediplomat.com/2019/07/aseans-indo-pacific-concept-and-the-great-power-challenge

Peter A. Petri and Michael Plummer. "RCEP: A new trade agreement that will shape global economics and politics." *Brookings* (16 Novemebr 2020).

Premesha Saha. "ASEAN's Indo-Pacific outlook: An analysis." *ORF* (28 June 2019). Retrieved from https://www.orfonline.org/expert-speak/aseans-indo-pacific-outlook-an-analysis-52542/;

Premesha Saha. "The Indo-Pacific Economic Framework (IPEF): An Asean perspective." *ORF Commentaries* (25 June 2022). Retrieved from https://www.orfonline.org/research/the-indo-pacific-economic-framework/

Sebastian Strangio. "Southeast Asian Nations Roll the Dice on Biden's Indo-Pacific Framework." *The Diplomat* (24 May 2022). Retrieved from https://thediplomat.com/2022/05/southeast-asian-nations-roll-the-dice-on-bidens-indo-pacific-framework/

Shekar, Vibhanshu. "Indonesia: Wary of America's 'Pivot to Asia' Policy?" *IPCS* (2012).

Susannah Patton. "Scroing Biden's ASEAN summit." *The Interpreter* (Lowry Institute) (15 May 2022). Retrieved from https://www.lowyinstitute.org/the-interpreter/scoring-biden-s-asean-summit

Widodo, Joko. "The seas should unite, not separate us." *The Jakarta Post* (14 November 2014). Retrieved from https://www.thejakartapost.com/news/2014/11/14/the-seas-should-unite-not-separate-us.html

Xirui Li. "Is the Biden Administration Serious about 'ASEAN Centrality'?" *The Diplomat* (14 May 2022). Retrieved from https://thediplomat.com/2022/05/is-the-biden-administration-serious-about-asean-centrality/

Zhuoran Li. "What Does ASEAN Centrality Mean to China?" *The Diplomat* (2 June 2022). Retrieved from https://thediplomat.com/2022/06/what-does-asean-centrality-mean-to-china/

9장

한국의 인태전략:
전략적 인식과 정책 변화

이수형(국가안보전략연구원)

21세기 강대국 권력 게임에서 최대의 화두는 단연 중국의 부상과 강대국화다. 지난 냉전시대 미국과 소련의 강대국 권력 게임의 승자인 미국은 중국의 부상과 영향력 확대를 견제 또는 저지하기 위해 다양한 정책과 전략을 전개해 왔다. 21세기 초반 미국은 봉쇄(containment)와 관여(engagement)를 결합한 켄게지먼트(congagement)를 통해 중국의 부상과 영향력 확대를 관리코자 하였다. 즉, 미국은 강대국 헤징 전략을 통해 미국이 원하는 방향으로 중국의 부상을 유도코자 하였다. 이에 따라 미국은 중국을 이해 상관자로 규정하고 중국이 국제사회에 건설적 역할을 할 수 있기를 기대하고 또한 이를 견인코자 했다.

그러나 중국의 부상과 영향력 확대가 미국의 예상보다 빠르게 진행되면서 미국은 중국을 경쟁자로 인식하고, 본격적으로 중국의 영향력 확대를 견제하기 위한 정책과 전략을 펼치기 시작했다. 중국의 영향력 확장을 견제하기 위한 미국의 정책 선회는 오바마 행정부의 재균형 정책을 시발로 하여 트럼프와 바이든 행정부의 인태전략으로 이어졌다. 특히, 글로벌 안보지형을 자유민주주의 사회에 대한 권위주의 세력의 도전으로 규정한 바이든 행정부는 중국의 지역적·국제적 영향력 확장을 견제하기 위해 유럽·대서양지역과 인도·태평양지역의 연계와 이들 간의 안보적 불가분성을 강조하면서 나토가 인도·태평양지역에 관여하는 것을 적극 지지하고 있다.

이러한 배경에서 이 글은 미국의 인태전략에 대한 한국의 인식과 정책 변화를 추적하고 인태전략에 대한 정책적 시사점을 도출하고자 한다. 비록 미국의 인태전략이 트럼프 행정부에서 공식적으로 등장했지만, 이 글에서는 오바마 행정부의 재균형 정책을 미국의 인태전략의 출발점으로 삼고자 한다. 왜냐하면 오바마 행정부의 재균형 정책은 그동안 유럽대서양을 중시해 왔던 미국의 안보정책의 방향 전환의 신호탄이자 아시아·태평양지역에서 중국의 부상과 영향력 확장을 견제하기 위한 미국의 입장을 공식적으로 대변했기 때문이다. 이에 따라 인태전략에 대한 한국의 인식과 정책변화도 이명박정부부터 시작한다. 다만, 현재까지 한국정부의 공식적인 인태전략이 부재하기 때문에 역대 한국정부의 아시아정책이나 동북아정책 등을 통해 미국의 인태전략에 대한 한국정부의 인식과 변화를 분석하고자 한다.

1. 동기와 배경

1) 오바마·트럼프 행정부에서의 태동

중국의 영향력 확대를 저지하기 위한 미국의 인태전략은 오바마 행정부의 재균형 정책으로부터 출발하였다. 제2차 세계대전 이후 미국의 안보정책의 핵심지역은 언제나 유럽·대서양 중심이었다. 그러나 2011년 하반기 오바마 행정부가 채택한 재균형 정책은 아시아·태평양지역에서 격화되는 지정학적 변화에 대한 미국의 포괄적인 대응책으로 이는 미국의 인태전략의 출발점이 되었다. 당시 오바마 행정부는 2011년 가을 재균형 정책을 공표하고 뒤이어 2012년 1월 국방전략지침과 글로벌공급망 안보를 위한 국가전략[1]을 연달아 발표했다. 특히, 국방전략지침은 재균형 정책의 주요 내용을 국방정책에 반영한 보고서로 향후 미국의 국방정책에 대한 거시적 방향을 제시하고 국방력의 운영 방침과 군사력의 10대 임무를 제시하였다.[2]

오바마 행정부의 아시아·태평양전략의 근간인 재균형 정책을 통해 나타난 미국의 핵심이익은 다음과 같다. 먼저, 지역적 위협과 북한의 핵무기시스템으로부터 미국의 본토를 방위하는 것, 미국의 전략적·경제적 성장력의 약화를 초래할 수 있는 강대국 전쟁(중일전쟁)을 방지하는 것, 동맹국의 안보를 유지하는 것, 대량살상무기의 확산을 막거나 이를 봉쇄하는 것, 개방적이면서도 자유로운 국제무역체제를 확보하는 것, 그리고 아시아·태평양지역과 세계에 걸쳐 민주주의와 정치적 자유화를 촉진하는 것이다.[3]

오바마 행정부는 재균형 정책에서 제시한 미국의 핵심 이익을포용하기 위해 다섯 가지 접근방법을 채택했다. 그중에서 지정학적 요소와 관련된 접근방법은 다음과 같다. 첫째, 이 지역에서 미국의 쌍무적 안보 동맹을 심화·현대화하는 것, 둘째, 인도, 뉴질랜드, 싱가포르와 같은 전략적 동반자 관계들과의 관여를 확대하는 것, 셋째, 예측 가능하며 안정되고 포괄적인 미중 관계를 추구하는 것, 넷째, 이 지역의 다자 안보 아키텍처에 유의미한 미국의 참여를 확보하는 것, 그리고 마지막으로 확고하고 의욕적인 미국의 무역과 경제 전략을 지속하는 것이다.

오바마 행정부는 이러한 재균형 정책의 목표를 달성하기 위해 아시아·태평양지역에 걸쳐 있는 미국의 동맹을 활성화하고 지역적 동반자 관계 구축을 적극적으로 모색하였다. 특히, 미국은 미일동맹을 중심으로 아시아·태평양지역에 '3+3 동맹체제'를 구축하고자 했다. 즉, 미국은 중국에 대한 균형과 지역적·지구적 경제성장을 위한 동아시아 안보 차원에서 ① 미국-일본-한국 ② 미국-일본-호주 ③ 미국-일본-인도로 이어지는 3각 안보협력 체제를 구축하여 아시아·태평양지역에 걸친 해양 공유지의 안정과 항행의 자유 보장, 그리고 전략적으로 중국의 영향력 확장에 대비하고자 했다.[4)]

이러한 배경에서 오바마 행정부는 지난 2011년 11월 오바마 대통령의 호주 방문을 계기로 중국의 제2열도선에 대한 방위전략 차원이라 볼 수 있는 미국-일본-호주의 3각 안보협력 체제를 추진하여 2012년 9월 이를 공식 출범시켰다. 또한, 오바마 행정부는 북한에 대한 억제력 강화 차원에서 한미일 3각 안보협력 체제를 추진하였다. 당시 한일관계는 위안부 문제로 경색 국면에 있었으나 미국의 직간접적 압력에 따라 한일 양국은 2015년 12월 위안부 문제에 합의하고, 2016년 4월 워싱턴 한미일 정상회담을 계기로 북한의 위협과 해양 안보를 강화한다는 명분으로 한미일 안보협력을 형성·추진하였다. 2015년 12월 한일 양국은 위안부 합의 이후 한미일 안보협력을 추진하는 과정에서 군사정보보호협정인 지소미아(GSOMIA: General Security Of Military Information Agreement)를 체결하였다. 비록 오바마 행정부가 추진한 미국-일본-인도의 3각 안보협력 체제는 공식적으로 구축되지는 못했지만, 이러한 전략적 구상은 트럼프 행정부를 거쳐 바이든 행정부에 들어와 미국·일본·호주·인도로 구성된 쿼드(QUAD) 체제가 등장하는 전략적 배경이 되었다.

미국 우선주의와 힘을 통한 평화를 대외정책의 기조로 내세운 트럼프 행정부에 들어와 미국과 중국의 경쟁은 무역 분야에서 시작하여 기술 패권 등 다양한 분야로 확대되어 나갔고, 시간이 지날수록 경쟁 양상은 보다 격해졌다. 이러한 분위기에서 2017년 11월 트럼프 대통령은 아시아 순방 여정에서 베트남에서 개최된 아시아·태평양경제협력체(APEC) 정상회의에서 자유롭고 개방된 인태전략 구상을 발표했다. 트럼프 대통령이 공표한 인태전략의 핵심 원칙과 비전은 △ 모든 국가들의 주권과 독립 존중 △ 분쟁의 평화적 해결 △ 공개적인 투자, 투명한 합의, 연결성에 입각한 자유롭고 공정하며 호혜적인 무역 △ 항해의 자유와 같은 국제적 규칙과 규범 준수이다.[5] 미국은 이러한 원칙과 비전을 명분으로 사실상 이 지역에 대한 중국의 영향력을 최소화하면서 미국의 영향력을 유지하고 이를 확대하고자 하였다.

오바마 행정부의 재균형 정책을 계승하고 이를 발전시킨 트럼프 행정부의 인태전략이 등장하게 된 배경이나 주된 원인은 중국의 강대국화와 이 지역에 대한 미국의 이해관계의 복합적 상호작용의 결과로 21세기 미중관계의 변화와 불가분의 관계에 있다. 주지하다시피, 제2차 세계대전 이후 초강대국으로 등장한 미국이 세계적 차원에서 뿐만 아니라 지역 차원의 국제정치에서도 주도적 역할을 담당해 왔다. 특히 아시아·태평양지역에 걸쳐 샌프란시스코 체제(The San Francisco System)를 구축한 미국의 입장에서 동아시아 지역이 21세기 국제정치의 전략적 영역으로 부상한 것은 결코 바람직한 현상이 아니다. 왜냐하면 중국의 부상과 강대국화로 미국은 만에 하나 이 지역에서 중국판 먼로주의에 직면할 수도 있기 때문이다. 이에 따라 트럼프 행정부는 중국을 전략적 경쟁자이자 수정주의 세력이라고 규정하면서 다양한 영역에 걸쳐 중국과 전략적 경쟁을 펼쳤다. 중국과의 전략적 경쟁에서 미국에 중요한 것은 적어도 동아시아 지역의 역내 국가들을 자신의 지원세력으로 만들기 위한 일종의 '역내 국가들에 대한 견인정책'을 추진하는 것이다.

미국의 이러한 견인정책은 인태전략의 목표를 달성하기 위한 핵심수단 중의 하나이다. 중국과 전략적 경쟁을 벌이고 있는 미국이 인도·태평양지역에서 견인정책을 전개하는 주된 이유는 중국의 부상으로 이 지역이 21세기 전략적 영역으로 등장하였고 또한 이 지역에 대한 미국의 영향력이 상대적으로 줄어드는 세력전이 현상이 진행되고 있다는 점과 관련이 있다. 물론, 중국의 부상으로 미중 간 권력 배분의 변화가 구조적 차원에서 발생하여 그 격차가 상당히 줄어들었다 할지라도 지구적 차원에서는 여전히 미국의 우위가 지속되고 있다. 그러나 적어도 동아시아 지역 차원에서 미중 간 권력 차이는 미비하거나 대등하다고 볼 수 있다. 이는 기본적으로 중국이 동아시아 중심에 있다는 지리적 이점이 작용하고 있기 때문이다. 따라서 샌프란시스코 체제를 유지·강화해야 하는 미국과 역으로 영향력 확대를 위해 기존의 역내 질서의 변화를 도모해야 하는 중국은 자신에게 유리한 새로운 지역 아키텍처 구축을 위해 역내 국가들을 자신의 지원 세력으로 만들고자 하는 것이다.

이런 맥락에서 트럼프 행정부의 인태전략에 응축된 미국의 전략적 의도나 함의를 분석해 보면 다음과 같다. 우선, 미국의 전략적 초점이 아시아·태평양에서 인도양과 동남아시아로 이동했다는 점이다. 이는 미국의 지역 전략이 오바마 행정부의 아시아·태평양에서 인도양으로까지 확장되는 단순한 공간 확장이 아니라 인도와 동남아시아로의 전략적 초점 전환이 이루어지고 있다는 점이다. 구체적으로 미국은 인태전략을 계기로 일대일로를 통해 동남아시아 지역을 자신의 영향권으로 편입시키고자 하는 중국의 목표를 좌절시키고, 남중국해 지역에서 항행의 자유와 개방된 무역 소통이 이루어지는 것을 확보하여 남중국해가 중국의 내해가 되는 것을 원천적으로 차단하겠다는 것이다. 따라서 미국은 정치(거버넌스)-경제-안보로 구성된 인태전략의 삼중구조를 활용하여 동아시아 경제발전을 도모하면서 역내 국가들을 미국의 우호 세력으로 만들고자 한다. 이를 통해 미국은 중국의 안마당이라 할 수 있는 소위 제1열도선에서부터 중국과의 전략적 경쟁을 적극적으로 펼쳐나가겠다는 의지를 표명한 것이다.

두 번째는 1951년 미일동맹을 핵심축으로 하면서 쌍무적 동맹체제로 구성된 샌프란시스코 체제를 현대화하겠다는 미국의 동맹전략이 녹아있다는 점이다. 동맹체제를 개편하겠다는 미국의 의도는 이미 트럼프 대통령의 취임사를 통해 그 일단이 드러났었다. 트럼프 대통령은 취임사에서 "낡은 동맹을 현대화하고 새로운 동맹을 형성하겠다"고 언급한 바 있다. 비록 트럼프 행정부는 방위비 분담 문제로 동맹국들과 불편한 관계를 보여주었지만 거시적 안목에서 트럼프 행정부의 국방부는 기존의 쌍무적 동맹체제를 소다자주의로 확대 개편하는 동시에 상호운용성에 기초한 동맹 네트워크의 구조화와 파트너십의 활성화를 추진하여, 인태전략의 안보 부분을 강화하고자 하였다. 트럼프 행정부에서 방위비 분담 문제를 중심으로 목격되었던 동맹 갈등은 바이든 행정부의 동맹 복원이라는 대외정책 기조의 바탕이 되었다.

2) 바이든 행정부에서의 변화와 발전

미국의 국제적 역할 강화와 동맹 복원을 외교안보정책의 핵심기조로 내세운 바이든 행정부는 2021년 3월 『미국의 장점 복원(*Renewing America's Advantages*)』이라는 제목의 국가안보전략지침[6]을 공표했다. 이번에 발표된 국가안보전략지침은 총론과 각론을 포함한 종합적 완성판은 아니지만, 향후 4년 동안 바이든 행정부가 미국과 세계의 관계를 어떻게 설정하고 어떤 환경에서 어떠한 방법을 통해 무엇을 할 것인가에 대한 전체적인 개요를 제시하고 있다.

국가안보전략지침에 투영된 국제안보지형과 관련하여 바이든 행정부는 오늘날 미국은 민족주의가 발흥하고 민주주의가 퇴보하며, 중국과 러시아, 그리고 다른 권위주의 국가들과의 경쟁이 잦아지고, 우리 삶의 모든 측면을 변화시키는 기술혁명이 일어나고 있는 세계와 마주하고 있다고 진단한다. 따라서 오늘의 시대는 전례 없는 도전의 시대이자 타의 추종을 불허하는 기회의 시대이기도 하다.

이런 상황에서 미국은 미국인의 안전과 번영, 그리고 자유를 유지하기 위해서 움츠리지 말고 과감하게 바깥 세계에 관여하는 방향으로 나아가야 하며, 동시대 도전을 극복하기 위해서는 민주주의가 핵심이며, 동맹 강화와 우방국과의 공동작업, 그리고 집단적 힘을 동원하여 공유된 이익 증진과 공동의 위협을 막는 것이 중요하다는 점을 역설한다. 특히, 중국은 경제, 외교, 군사, 그리고 기술력을 결합하여 안정적이고 개방된 국제체제에 계속 도전할 수 있는 유일한 경쟁자로 러시아와 함께 미국의 힘과 미국 중심의 세계를 약화하는데 더 단호해지고 있다고 진단한다.

이러한 진단을 바탕으로 바이든 행정부는 동맹과 파트너십을 재건·

현대화하여 공동전선을 구축하고, 통합적 비전 공유를 강조하고 있다. 이에 따라 바이든 행정부는 2021년 6월 유럽 순방을 통해 미국과 유럽국가들은 중국과의 체제경쟁(systemic competition)에 대비해야 한다는 점을 강조했다. 특히, 2021년 6월 14일에 있었던 브뤼셀 나토 정상회의에서 바이든 대통령과 나토 정상들은 중국을 점증하는 안보 도전으로 인식하고 있다는 점을 언급함으로써 중국과의 체제경쟁을 공개적으로 밝혔다.

중국과의 체제경쟁을 강조하는 바이든 행정부의 전략적 목표와 의도는 2022년 2월에 공표된 인태전략을 통해 구체적으로 드러났다. 바이든 행정부는 중국을 미국과 거의 동급의 체제 경쟁자로 인식하면서 중국은 경제, 외교, 군사, 기술의 힘을 결합하여 인도·태평양에서 영향권 확대를 추구하고 세계적으로 가장 영향력 있는 국가가 되고자 한다는 점을 강조한다. 바이든 행정부는 그 과정에서 중국은 보편적 규범과 국제법을 위반하고 인도·태평양지역의 안정과 번영의 초석인 주요 원칙들의 약화를 초래하고 있다고 진단한다. 바이든 행정부는 중국과의 경쟁은 중국을 변화시키는 데 있는 것이 아니라 미국과 동맹국, 그리고 파트너에게 유리한 전략 환경을 조성하는 데 있다는 점을 강조한다.[7] 이를 위해 미국은 인도·태평양지역 내부와 지역 밖의 동맹국과 파트너 국가들과의 안보협력을 강조한다. 따라서 바이든 행정부에 들어와 인도·태평양지역에서 새롭게 형성·강화되고 있는 쿼드와 오커스, 그리고 역내 파트너 국가들과의 협력 강화도 이러한 바이든 행정부의 정책 기조와 맞물려 있는 것이다. 바이든 행정부의 인태전략의 방식과 수단은 2022년 6월 마드리드 나토 정상회의에서 채택된 나토의 신전략개념에서 극명하게 나타났다. 나토는 2022년 신전략개념을 통해 유럽대서양 지역과 인도·태평양지역 간의 연계와 안보의 불가분

성을 강조하면서 중국이 유럽대서양에 부과한 체제 도전을 공개적으로 밝혔다.[8)]

2. 인식과 정책

1) 이명박·박근혜정부의 인식과 정책

미국의 인태전략의 시발점이라 할 수 있는 오바마 행정부의 재균형 정책의 채택 시기는 이명박정부의 집권 후반기에 해당한다. 따라서 이명박정부 시기에 인태전략에 대한 한국의 인식과 정책을 분석하는 것은 한계가 있다. 이런 점을 고려하여 여기에서는 이명박정부의 외교안보의 비전과 전략을 통해 인태전략에 대한 한국의 인식과 정책 변화를 살펴보고자 한다.

이명박정부의 인태전략에 대한 인식과 정책은 크게 한미동맹의 변화와 글로벌 파트너십 확대를 통해 파악할 수 있다. 성숙한 세계국가를 지향하는 이명박정부는 한미동맹의 변화를 추진했다. 이명박정부는 공동의 가치와 신뢰에 기반을 두고 안보협력을 넘어선 포괄적 협력동맹을 지향하는 21세기 한미 전략동맹을 표방했다. 한미 전략동맹은 (1) 자유와 인권이라는 인류 보편 가치의 구현을 위한 가치동맹 (2) 외교안보, 경제, 사회문화를 아우르는 상호의존의 신뢰동맹 (3) 한반도는 물론 동아시아와 세계의 평화와 번영에 기여하는 평화구축동맹을 지향한다.[9)] 이러한 한미동맹의 미래 미전은 오바마 행정부의 재균형 정책에서 제시한 동맹의 심화·현대화와 맥을 같이하는 것이다.

인태전략에 대한 이명박정부의 인식과 정책은 글로벌 파트너십 확대를 통해서도 확인된다. 이명박정부는 21세기 위대한 아시아의 시대를 열기 위해서는 아시아 국가들 간 그리고 아시아와 세계와의 협력관계의 심화를 강조한다. 한반도와 동북아시아에 국한된 지역 범주의 사고를 탈피하여 범 아시아 차원의 협력 의제를 추출하고 이를 추진하기 위한 네트워크를 확대해야 한다는 신아시아 협력외교를 내세웠다.[10)]

이명박정부는 신아시아 협력외교를 바탕으로 동남아시아, 중앙아시아, 인도, 호주, 뉴질랜드 등과의 협력 네트워크를 강화하면서 주요 대상국별로 맞춤형 접근을 꾀했다. 이와 관련하여 APEC, ASEAN+3, 아세안지역안보포럼, 동아시아정상회의와 같은 다자회의체들이 아시아 지역의 자유무역 및 외교안보 협력확대를 촉진함은 물론 테러리즘과 대량파괴무기의 반확산, 세계 금융위기 대처, 환경 친화적이고 지속가능한 경제발전 등을 노력해 나가는 것이다.[11)]

이명박정부의 신아시아 외교는 한국의 아시아에 대한 관심을 다시 긍정적인 방향으로 끌고 올 수 있는 잠재력이 있었으나 실제 정책의 집행에서는 전혀 다른 방향으로 전개되었다. 무엇보다 한국의 대아세안 정책이라는 측면에서 보았을 때 아세안을 넘어 모든 아시아 국가를 대상으로 하는 신아시아정책은 초점을 너무 넓게 형성한 데 문제가 있었다. 또한, 신아시아 외교가 다자적 요소는 철저히 배제하고 양자관계에만 치중을 했고, 양자관계를 통해 한국이 아시아의 많은 개발도상국에서 어떤 경제적 이익을 얻을 수 있을까에 관심을 둔 중상주의 정책이었다.[12)] 결과적으로 이명박정부의 외교안보 비전과 전략은 미국의 인태전략과 직간접적으로 연결된 정책 추진은 부재했다. 이는 기본적으로 오바마 행정부의 재균형 정책이 이명박정부의 집권 후반기에 등장한 것과 무관치 않다.

미국의 인태전략의 시발점이라 할 수 있는 오바마 행정부의 재균형 정책에 대한 한국의 인식과 정책 변화는 박근혜정부에 들어와 본격적으로 나타나기 시작했다. 즉, 박근혜정부에 들어와 중국의 영향력 확장을 견제 혹은 저지하고자 하는 미국의 재균형 정책과 이를 계승 발전한 인태전략을 둘러싸고 미국과 중국, 그리고 한국정부의 전략적 삼각관계가 흐릿하면서도 서서히, 그리고 차츰차츰 또렷하게 나타나기 시작했다.

박근혜정부는 출범 초기부터 이러한 전략적 삼각관계 구도 형성을 어느 정도 인식하고 있었다. 박근혜정부는 동북아 안보 정세를 진단하면서 아시아 패러독스 현상(높은 수준의 경제협력에도 불구하고 정치·안보 분야의 협력수준은 높지 않은 역설적인 상황)의 심화와 지역 차원의 영향력 확대와 군비경쟁, 그리고 미중 관계가 동북아 안보 질서의 핵심 변수라고 인식했다.[13] 특히, 미국과 중국 간의 협력과 경쟁이 지역안보의 핵심변수로 작용하고 있는 동북아지역에서 미국은 역내 영향력을 유지하기 위해 노력하면서 동맹 및 우방국들과의 협력을 강화하고 있고, 중국은 증대된 국력을 바탕으로 정치·경제적 영향력 확대를 도모하고 있다. 따라서 역내 안보질서는 향후 이 지역에서 미중 간의 관계가 어떻게 정립되는가에 상당한 영향을 받을 것이다. 중일 관계도 갈등이 심화되면서 주요 변수로 작용할 것이다. 아울러 일본이 미일 동맹을 기반으로 적극적 방어정책을 추진하는 가운데 중러 양국이 전략적 연대를 강화할 가능성도 있다.

이러한 정세에서 박근혜정부의 집권 초기 미중 관계에 대한 인식은 양국 간의 갈등보다는 협력에 방점을 두었다. 중장기적으로 미중은 역내의 안정과 평화라는 공통이익을 바탕으로 사안에 따라 협력하거나 경쟁하는 관계를 유지할 것으로 전망된다. 미국은 아시아 재균형 정책의 틀 내에서 안정적이고 평화로운 중국의 부상을 환영하면서 중국과 건설적인 관계를 구축하고자 할 것이다. 중국 역시 미국과 신형대국관계를 추구하면서 직접적인 충돌은 피하고자 할 것이다. 다만, 양국관계의 전반적인 협력 기조 하에서도, 일부 사안에 있어 양국 간 경쟁이 심화될 가능성은 배제할 수 없을 것으로 예상했다.[14)]

이러한 정세 인식을 바탕으로 박근혜정부는 동북아 협력 증진과 세계 평화·발전에 기여하는 것을 국가안보 목표로 설정하고 이를 실현하기 위한 협력틀로 동북아평화협력 구상을 제시했다. 동북아평화협력 구상은 동북아지역의 갈등과 불신 구조를 화해와 지속가능한 협력의 구도로 전환하기 위한 신뢰외교의 주요 정책이다. 동북아평화협력 구상은 역내 국가들 간에 다자대화를 촉진하여 협력의 관행을 축적하고 상호 신뢰를 높여 공고한 협력의 틀을 만든다는 취지에 따라 의제의 점진적 확대, 기존 다자협의체 활용, 참여국 범위와 역할 확대, 그리고 민관 협력을 촉진하는 방향으로 추진되었다.[15)] 그러나 역내 신뢰 관계와 평화협력체제를 구축하여 아시아 패러독스를 치유하고자 했던 동북아평화협력 구상은 미국의 재균형 정책과 선순환구조를 만들어내지 못했다. 사실, 미국의 재균형 정책과 동북아평화협력 구상이 추구하는 목표는 근본적으로 융합될 수 없었다. 전자가 중국의 영향력 확대를 견제 또는 저지하는 경쟁과 갈등의 관계를 상정했다면, 후자는 역내 안보질서의 핵심 변수인 미중의 협력과 대화의 관계를 상정했다.

미국의 재균형 정책을 바라보는 아시아·태평양 국가들의 입장과 반응은 재균형 정책의 수단으로써 지역적 동반자관계를 구축하고자 하는 미국의 입장과 구조적으로 연관된 문제였다. 당시 미국은 인도와 뉴질랜드, 그리고 싱가포르와의 지역적 동반자관계 구축을 위해 노력하였다. 그러나 이들은 중국과의 관계 고려 및 각국의 사정에 따라 미국의 적극적 구애에 머뭇거리고 있었다. 마찬가지로 미국의 우방국 및 동맹국들도 중국의 영향력 확대에 균형을 맞추기 위한 지정학적 필요성으로 미국의 재균형 정책을 환영하지만 이를 공개적으로 승인하기를 머뭇거렸다.

당시 미국의 재균형 정책에 대한 동아시아 국가들이 보였던 모호하면서도 상호 모순적인 입장과 반응은 이들이 기본적으로 명시적이든 묵시적이든 헤징 전략(hedging strategy)을 취했기 때문이었다. 헤징 전략이란 국가의 최종 목표 설정 및 그에 부합하는 정책 방향을 확정할 수 없는 안보 환경에서 균형과 편승 사이에서 이득과 손실의 중화작용을 동시적으로 추구하는 안보 전략이다. 즉, 상황이 유리할 때는 이득을 극대화하고 상황이 불리할 때를 대비하여 위험을 분산하고 완화하고자 하는 이득과 손실의 중화작용이다.[16] 당시 동아시아 국가들이 이러한 헤징 전략을 취했던 배경이나 이유는 중국의 부상으로 세력전이의 결과 동아시아 지역질서의 주도국가가 누구인지에 대한 불확실성과 동아시아 체제의 다극적 양상에 따른 동맹 결속력의 약화와 역내 국가들 간의 상호 불신의 증대, 그리고 동아시아 지역의 복잡한 네트워크에 따른 지역 국가들의 민감성과 유동성, 그리고 탈위계성에서 연유하는 것으로 해석할 수 있다.[17]

이런 상황에서 동북아평화협력 구상을 바탕으로 미국, 중국, 한국의 전략적 삼각관계에서 전통적인 한미관계의 강화와 한중 전략적 협력동반자 관계의 내실화를 병행하고자 했던 박근혜정부의 정책 추진은 제대로 작동하지 못했다. 미국의 재균형 정책에 대해 박근혜정부도 동아시아 국가들과 마찬가지로 헤징 전략의 행태를 보여주었지만, 집권 후반기로 갈수록 한미동맹 강화와 미국의 재균형 정책에 부합하는 정책 행태를 보였다. 즉, 박근혜정부는 북한의 연속적인 핵실험에 따른 대북 억제력 강화 차원에서 한반도 사드 배치와 한미일 안보협력

체제를 구축해 나갔으며, 이는 결과적으로 미국의 재균형 정책과 어느 정도 동조하는 정책적 성격을 내포하고 있었다.

2) 문재인정부의 인식과 정책

인태전략을 둘러싼 미국과 중국, 그리고 한국정부의 전략적 삼각관계는 박근혜정부에 들어와 흐릿하면서도 서서히 나타나기 시작했고, 문재인정부에 들어와서는 이러한 구도가 선명하게 드러났다. 문재인정부도 이러한 구도를 충분히 인식하고 있었다. 문재인정부는 미중분쟁의 격화와 그에 따른 지역적 불안정성의 심화를 우려했다.

이러한 우려감은 문재인정부의 국가안보전략서에 잘 나타나 있다. 미국은 힘을 통한 평화 유지라는 기조를 바탕으로 인태전략 등을 통해 동맹국 및 우방국과의 파트너십을 강화하고 있다. 군사적으로는 역내 군사력 우위를 유지하기 위해 첨단 전력의 전진 배치, 핵·재래식 전력 현대화 및 미사일 방어체계 강화를 추진하고 있다. 중국은 러시아와 전략적 협력을 강화하고 일대일로(一帶一路)에 기반한 새로운 안보·경제 협력 메커니즘 설립을 꾀하고 있다. 더불어 신속대응 및 원거리 투사능력 확대, 우주·사이버 역량 강화, 해·공군력 현대화 추진 노력을 지속하고 있다.[18]

이러한 정세 진단을 바탕으로 문재인정부는 동북아지역 내 지정학적 긴장과 경쟁구도 속에서 평화와 번영을 이루기 위해서는 주변 4국(미국, 중국, 일본, 러시아)과의 협력외교와 더불어 다자 차원의 협력도 병행해 추진함으로써 외교공간을 확대하는 것이 중요하다고 인식했다. 이에 따라 문재인정부에서는 동북아를 중심으로 하는 동북아플러스 책임공동체 형성 추진과 신남방정책 추진을 통한 아세안, 인도

등과의 관계 강화를 추진, 그리고 신북방정책 추진을 통한 유라시아 평화·번영 지대를 구축하고자 했다. 이러한 정책 분야에서 동북아플러스 책임공동체 형성과 신남방정책은 미국의 인태전략과 직접적으로 연관된 정책 공간이었다. 문재인정부는 동북아플러스 책임공동체와 신남방정책의 안보 분야에서 주목할만한 정책을 제대로 추진하지 못했다. 문재인정부가 미국의 인태전략과 직접 연결된 정책 분야에서 주목할 만한 정책 성과를 생산하지 못했거나 아니면 일관된 정책을 추진할 수 없었던 배경이나 이유는 다음과 같다.

첫째, 2017년 5월 문재인정부 출범 직후 여름부터 고조되기 시작한 한반도에서의 전쟁 분위기로 문재인정부는 한반도 평화프로세스를 가장 시급하고 중요한 전략과제로 삼게 되었다. 문재인정부는 2018년 4월 판문점 선언을 기점으로 북미 비핵화 프로세스와 남북한 평화협력 프로세스의 선순환구도를 창출하고자 대부분의 외교안보역량을 한반도 평화프로세스에 투입하였다. 따라서 문재인정부는 동북아플러스 책임공동체 형성을 위해 필요한 정책적 관심과 외교 자산을 투입할 수가 없었다. 또한, 당시 한일관계의 악화는 문재인정부가 동북아플러스 책임공동체를 형성하는데 커다란 장애요인으로 작용하였다.

둘째, 미중의 전략경쟁이 치열하게 전개되고 박근혜정부 당시 한반도 사드배치로 한한령(限韓令)으로 상징되는 한국에 대한 중국의 보복조치가 진행되고 있는 상황, 그리고 한반도 평화프로세스를 위한 중국의 협조 등을 고려하여 문재인정부는 미중관계에 접근하는 외교안보정책의 기조로 균형 외교나 전략적 모호성이라는 외교 행태를 보여주었다. 따라서 문재인정부는 미국의 인태전략에 관여하거나 혹은 편입되는 것을 경계하면서 한반도 평화프로세스에서의 가시적 정책 성과 창출에 집중했다.

이처럼 문재인정부 출범과 더불어 미국의 인태전략을 둘러싸고 미국과 중국, 그리고 한국 간의 전략적 삼각구도가 명료하게 형성되었고, 문재인정부도 이를 충분히 인지하고 있었다. 이러한 상황에서 문재인정부는 한반도 비핵화를 통한 한반도 평화번영에 정책적 우선순위를 두었기 때문에 미국의 인태전략에 대해서는 가급적 공식적 관여를 자제하는 입장을 보였다. 왜냐하면 한반도 비핵화 프로세스의 원활한 작동을 위해서는 북미 비핵화 프로세스와 남북한 평화협력 프로세스의 선순환 구도 형성이 무엇보다 중요했고, 그 과정에서 한국은 미국과 북한의 지지와 협력뿐만 아니라 중국과의 협력관계 유지도 매우 중요했기 때문이었다.

3. 전략 환경과 도전 요인

1) 전략 환경

러시아의 우크라이나 침공(이하 우크라이나전쟁)을 계기로 국제질서가 요동치고 있다. 우크라이나전쟁 이전의 국제질서는 미 국력의 상대적 쇠퇴와 중국의 강대국화가 진행되어 미국 중심의 단극체제가 무너지고 권력 분산화 현상이 강해지는 양상이었다. 이에 따라 국제정세의 흐름은 국제사회를 책임지고 이끌어나갈 국가가 부재한 각자도생의 흐름이 강하게 진행되는 양상을 보여주었다. 우크라이나전쟁에도 이러한 흐름이 지속되고 있지만, 이번 우크라이나전쟁은 바이든 행정부가 내세우고 있는 자유민주주의 세력에 대한 권위주의 세력의 도전과 위협이라는 논리에 현상적 정당성을 부여하면서 국제질서의 진영화를 빠르게 촉진하고 있다. 따라서 우크라이나전쟁을 계기로 국제질서는 자유 진영과 권위주의 진영의 물러설 수 없는 대결 구도로 재편되는 가운데 그 어느 때보다도 강대국 중심의 지정학적 진영 대결 구도가 형성될 가능성이 크다. 국제질서의 지정학적 진영화는 지역 내 역내 국가들의 진영화를 촉진하는 동시에 지역과 지역 간의 연결성과 안보의 불가분성이 강조되고 있다.

이러한 현상은 미국 주도의 나토 정상회의와 중국과 러시아 중심의 상하이협력기구 정상회의를 통해 극명하게 나타나고 있다. 먼저, 2022년 6월 스페인 마드리드에서 개최된 제32차 나토 정상회의의 주요 결과를 살펴보자. 이번 마드리드 나토 정상회의에서 미국과 유럽국가 정상들은 오늘날 국제질서는 서로 다른 정치체제를 가진 국가들이 다양한 전선에서 경쟁을 벌이는 체제경쟁의 시대로 본격 진입했다는 점에 공감대를 표시했다. 나토 정상들은 2022년 나토 신전략개념을 승인하고 중국과 러시아 등의 권위주의 정권이 지구적 규범의 약화와 규칙 기반의 질서에 대한 압박을 가중하고 있으며, 러시아는 유럽 안보에 대한 가장 심대하고 직접적 위협이고 중국의 명시적 야망과 강압적 정책이 나토의 이익, 안보, 가치에 도전한다고 규정했다.[19]

이번 회의를 통해 나토가 채택한 2022년 신전략개념은 역사상 처음으로 인도·태평양지역을 언급했고, 나토 정상들은 유럽·대서양과 인도·태평양 안보의 불가분성을 강조하였다. 또한, 이번 정상회의에서 나토는 중국을 체제 경쟁자로 공식 규정하였다. 나토는 2019년 런던 정상회의에서 동맹에 대한 중국의 문제를 처음 언급한 이후 2021년 브뤼셀 정상회의에서 중국발 체제경쟁, 그리고 2022년 마드리드 회의에서 중국을 나토 도전자로 공식 규정하였다. 나토 차원에서 중국 문제가 논의되는 주요 배경은 중국의 부상이 지역 차원이 아니라 지구적 차원이고 이러한 중국의 부상이 나토의 안보에 간접적 영향을 미친다는 인식에서 기인한다. 즉, 2019년 런던 정상회의에서 중국 문제가 동맹의 주요 안건으로 등장 이후 중국의 전략적 부상은 나토에 중대한 도전을 부과한다. 중국의 군사력 증강은 인도·태평양지역으로 한정된 지역적 차원이 아니라 우주, 사이버 공간, 전략미사일 등 지구적 수준이고, 유럽대서양 주변 지역에서 중국의 디지털·물리적 기반시설 구축은 동맹의 억지력에 간접적 영향을 미친다.[20)]

미국이 이번 나토 정상회의를 계기로 자유민주주의 세력의 진영화와 유럽과 아시아 지역의 연결성을 강조하는데 맞서서 중국과 러시아도 비서구권 국가들과의 정치적·경제적 협력을 강화하고 있다. 나토 정상회의가 개최되기 일주일 전인 6월 23일 중국과 러시아가 주도하고 있는 브릭스(Brics) 국가 정상들은 중국이 주최한 화상 정상회의를 열어 정치·경제적 협력 강화를 모색하였다. 그리고 6월 24일에는 브릭스 플러스 회의를 개최하여 비서구권의 13개 국가 정상들(알제리, 아르헨티나, 이집트, 인도네시아, 이란, 카자흐스탄, 세네갈, 우즈베키스탄, 캄보디아, 에디오피아, 피지, 말레이시아, 태국) 참여를 통해 이들과의 유대 관계를 모색했고, 나토 정상회의가 개최된 6월 29일 러시아는 투르크메니스탄의 아시가바트에서 카스피해 연안국 정상회의를 개최하여 러시아, 이란, 투르크메니스탄, 아제르바이잔, 카자흐스탄 정상 간에 현재의 정세와 향후 협력 방향 등을 논의하였다.

한편, 2014년 러시아의 크림반도 병합과 이에 따른 미국과 유럽연합의 대러 제재를 계기로 형성된 중국과 러시아의 전략적 연대는 우크라이나전쟁과 바이든 행정부의 인태전략과 맞물려 보다 강화되는 양상을 보인다. 나아가 중국과 러시아는 상하이협력기구의 회원국 확대를 통해 미국 주도의 서방 진영과 맞설 수 있는 기반을 구축해 나가고 있다. 2021년 9월 타지키스탄의 두샨베에서 열린 정상회의를 통해 상하이협력기구는 이란의 회원국 가입에 입장을 같이했다. 나아가 상하이협력기구는 사우디아라비아와 카타르, 이집트를 파트너로 지정해 향후 회원국 확대를 추진해 나갈 것으로 전망된다. 이처럼 미국 주도의 자유 진영과 중러 주도의 권위주의 세력 간의 대결 양상은 유럽대서양 지역과 인도·태평양지역에서 지역 내의 진영화 양상을 강화하는 동시에 지역과 지역 간의 정치·경제·안보적 유대를 촉진하면서 미국 주도의 해양 세력 대 중러의 유라시아 대륙 세력 간의 거대한 지정학적 권력 게임 양상으로 발전하고 있다.

2) 도전 요인

윤석열정부가 맞이한 전략 환경은 국제체제의 전환 시점으로 중국과 러시아 중심의 세력 전이와 미국 주도의 세력균형이 강하게 충돌하는 상황이다. 더군다나 미국과 중러의 세력 충돌은 지역적·국제적 질서를 강대국 중심의 지정학적 진영화를 추동하면서 중견 국가들의 자율적 정책 공간을 제한하고 있다. 물론, 지역의 모든 주요 국가들이 미국과 중러의 어느 한 편으로 편입되어야만 하는 건 아니다. 강대국의 진영논리에서 일정 정도 벗어나 자신의 자율적인 정책 목소리를 내는 지역적 중추국가들도 존재한다.

국제사회에서 책임있는 역할을 담당하는 지도 국가가 부재한 국제질서의 G제로 시대를 주창한 브레머(Bremmer)는 새로운 기회들을 활용할 수 있는 지역적 중량감을 가진 국가를 중추국가로 규정했다. 즉, 중추국가는 특정한 몇몇 국가에 지나치게 의존하기보다는 여러 다양한 국가들과 더불어 서로 이익이 되는 관계를 구축해 나갈 수 있는 능력이 있는 나라를 의미한다.[21] 권력의 중심이 다양한 지역으로 분할되고 지구적 리더가 사라져버린 세계에서 각국 정부들은 스스로 기회를 만들어나가는 것이 중추국가의 핵심 경쟁력이다.[22] 따라서 중추국가는 기본적으로 중견국의 위상을 가지고 있으면서 지정학적으로 전략적 가치가 크고 특정 국가에 대한 과도한 의존을 지양한다. 중추국가는 주변 국가들과의 협력을 도모하면서 변화하는 주변 환경에 적극적으로 대처해 나가면서 자신의 지역적·국제적 위상을 도모한다.

이번 우크라이나전쟁을 계기로 나타나는 국제질서의 중요한 변화 중의 하나는 지역적 중추국가(pivotal state)의 부각이다. 인도, 터키, 사우디아라비아 등이 대표적인 지역적 중추국가들이다. 인도는 바이든 행정부가 중국을 견제하기 위해 형성한 쿼드의 구성원이다. 터키는 미국이 주도하고 있는 나토의 핵심 회원국이다. 사우디아라비아는 전통적으로 친미 지향의 중동 지역의 주요 국가이다. 인도, 터키, 그리고 사우디아라비아는 미국과 중요한 안보적 이해관계를 맺고 있으면서도 미국과 러시아의 지정학적 진영화로부터 일정 정도 거리를 두고, 자신의 안보적 자율성을 유지하면서 독자적 정책 목소리를 내고 있다. 지역적 중추국가들이 자신의 전략적 자율성을 유지하면서 국제정세에 적극적인 역할을 담당한다면 미국과 중러의 지정학적 진영화도 큰 영향을 받아 국제정세 전반이 변화될 수도 있다.

미국과 중러의 세력이 강하게 충돌하고 지역적 전략 환경이 강대국 중심의 지정학적 진영화 양상을 보이는 상황에서 한국이 중추국가의 역할을 하기에는 상당한 한계와 제약이 따른다. 이는 기본적으로 한국의 객관적 현실과 전환기적 전략 환경의 성격에서 기인한다. 한국의 객관적 현실은 남북한 분단국가, 미국과의 동맹 국가, 대륙 세력과 해양 세력의 이해관계가 교차하는 반도 국가, 그리고 한국의 성장과 번영의 핵심 기반으로서의 세계적 통상국가라는 점이다. 이러한 한국의 객관적 현실을 고려했을 경우 현재의 전략 환경은 미국의 인태전략에 대한 윤석열정부의 인식과 정책에 다음과 같은 도전 요인을 부과할 것이다.

먼저, 분단국가에 따른 도전 요인이다. 한국전쟁 이후 남한에 대한 북한의 도전과 위협은 구조적 요인으로 작용해 왔다. 어떤 의미에서는 한반도 평화와 번영에 대한 북한의 도전과 위협은 새삼스러운 것이 아닐 수도 있다. 그러나 동아시아에서 미중의 전략경쟁이 격화되는 상황은 북한의 전략적 입지를 강화해주고 우크라이나전쟁을 계기로 핵무기의 중요성이 새롭게 조명됨에 따라 북한의 핵 능력 고도화는 윤석열정부가 직면한 가장 중요한 안보 도전이 되고 있다.

이번 우크라이나전쟁으로 나토의 억지와 방위 임무가 강조됨에 따라 새로운 군비경쟁이 촉발되는 가운데 상황에 따라 핵무기를 사용할 수 있다는 러시아의 압박으로 핵무기의 효용성이 새롭게 인식되고 있다. 특히, 군비통제의 효용성이 제대로 작동하지 않는 상황에서 핵 보유국의 핵무기 군비경쟁(극초음속 미사일을 포함하여)은 북한의 핵 능력 강화에 유리한 환경을 제공할 것이다. 북한은 진영 대결 양상을 보이는 현재의 전략 환경을 활용하여 핵 능력의 고도화에 더욱 박차를 가할 것이다. 최근 북한이 핵무기 파괴력의 극대화나 전술핵무기 능력 확보를 위해 제7차 핵실험을 추진할 것이라는 보도가 주기적으로 나오고 있다. 북한의 7차 핵실험은 단기적으로는 윤석열정부의 대북 정책 및 미국의 인태전략에 대한 인식과 정책에서 가장 커다란 도전 요인 중의 하나가 될 것이다.

앞에서 분석한 현재의 전략 환경에서 윤석열정부가 직면한 두 번째 도전 요인은 동맹 국가와 반도 국가라는 한국의 객관적 현실과 관련되

표 9.1 세계 핵전력, 2022년 1월

국가	배치 핵탄두	총 저장 핵탄두	총 재고량
미국	1,744	3,708	5,428
러시아	1,588	4,477	5,977
영국	120	180	225
프랑스	280	290	290
중국	–	350	350
인도	–	160	160
파키스탄	–	165	165
이스라엘	–	90	90
북한	–	20	20
합계	3,732	9,440	12,705

출처: SIPRI, *SIPRI Yearbook 2022: Armaments, Disarmament and International Security*, 13 June 2022, p. 15.

어 있다. 2022년 5월 21일 윤석열정부는 서울에서 한미정상회담을 가졌다. 출범 직후 열린 한미정상회담 공동성명을 통해 윤석열정부는 외교안보정책의 핵심 기조로 글로벌 중추국가(Global Pivotal State)를 표방하면서 한미동맹의 포괄적 동맹으로의 변화와 한반도를 넘어서는 동맹의 활동 공간의 확장을 제시했다. 나아가 한미일 3각 안보협력 체제의 복원을 통해 대북 억제력 강화 및 지역의 안정과 평화에 기여하겠다는 입장을 밝혔다. 윤석열정부의 이러한 외교안보정책 기조와 철학은 한미동맹을 기반으로 보편적 가치와 규범 지향의 지역적·국제적 네트워크에 참여하여 세계의 책임있는 국가의 역할을 담당하겠다는 의지를 담고 있다. 윤석열정부의 이러한 정책 기조는 바이든 행정부의 동맹 복원과 맥을 같이하고 있고, 미국의 인태전략에 대해서도 적극 참여코자 하는 의지가 있는 것으로 해석된다. 이러한 점은 이번 마드리드 나토 정상회의에 나토가 한국 대통령을 초청한 이유이기도 하다.[23]

그러나 동아시아 차원에서 미중의 세력 충돌이 강하게 작동하고 한반도라는 지정학이 미국과 중국 모두에게 전략적 가치가 매우 크다고 인식·평가되는 상황에서 대륙 세력의 한반도 정책 방향과 성격이 그 어느 때보다도 중요한 도전 요인으로 작용할 것이다.

특히, 미중 전략경쟁이 격화되고 그에 따라 진영화 추세가 두드러지는 한반도와 동아시아 지역에서 세력 전이의 핵심 국가인 중국의 한반도 정책의 방향과 성격이 가장 중요한 도전 요인이 될 것이다. 즉,

표 9.2 미중 전략경쟁의 본격화와 진영화 추세

구분	미국	중국
정치/이념	• 민주주의 정상회의 • D-10(ten leading democracies) 개최	• 2049년 중국 특색 사회주의 강대국 달성 • 아시아 특색 민주 및 인민민주 강조
군사/안보	• 인태전략 • 쿼드, 오커스(AUKUS) 추진	• 상하이협력기구, 중러 군사안보 협력, 이란-파키스탄-중앙아시아, 북한 등과의 협력 강화
경제/기술	• 인도·태평양 경제프레임워크(IPEF) • 클린 네트워크 • 더 나은 세계 재건 추진	• 일대일로 확대 추진 • 한중일 FTA 추진 • 역내 밸류체인(RVC) 구축 • RECP 주도와 글로벌 데이터 안보 구축
북핵 문제	• 조건없는 북핵 협상 촉구 • 선 비핵화 후 보상	• 대북 제재 완화를 통한 협상 재개 촉구 • 단계적 동시적 주고받기식 쌍궤병행
대만 문제	• 대만해협 현상 변경시 강력한 대응 시사 • 대만과의 자유, 민주주의 가치 수호 천명	• 대만은 중국의 일부이자 핵심 이익 • 대만 독립-분열 책동 세력에 단호한 조치

출처: 정재흥, "중국의 대외전략 변화와 중러 전략적 안보협력 강화," 김선래 외, 『미중러 전략경쟁과 우크라이나 전쟁』 (서울: 다해, 2022), P. 208.

소위 중국 리스크가 윤석열정부의 중차대한 도전 요인으로 작용할 가능성이 크다.

세 번째 도전 요인은 세계적 통상국가라는 한국의 객관적 현실과 맞물려 있다. 한국전쟁 직후 세계 최빈국이자 자원 빈국이었던 한국이 오늘날 세계 10위의 글로벌 선도국가로 부상할 수 있었던 원동력은 한국민의 근면 정신과 수출을 통해 국가의 성장과 번영을 추구해 왔기 때문이다. 그러나 미국과 중국의 전략경쟁에 따른 글로벌 공급망 재편과 대러 제재에 따른 다양한 경제 자원의 정치적·경제적 왜곡 현상의 심화, 그리고 우크라이나전쟁의 장기화는 한국 경제에 엄청난 도전을 부과하고 있다. 천연자원이 거의 없는 한국에게 미중 전략경쟁의 산물로 등장한 인도·태평양경제프레임워크(IPEF)의 탄생에 따른 경제 흐름의 정치화, 우크라이나전쟁 여파로 다양한 종류의 에너지 가격 폭등과 원활하지 못한 원자재 공급과 수급 흐름은 한국의 지속적 경제성장과 국가 번영에 지속적인 도전 요인으로 작용할 것이다.

4. 시사점과 정책 제언

우크라이나전쟁을 계기로 미국과 중국의 전략경쟁은 국제관계의 진영화를 빠르게 추동하고 있다. 미국은 중국의 세계적 강대국화를 저지하기 위해 민주주의 정치체제를 연결고리로 삼아 자유민주주의 국가들의 단합과 결속력을 강화하고 있다. 중국과 러시아는 미국 주도의 진영 세력 및 국제질서에 맞서기 위해 중러의 전략적 제휴를 강화하는 동시에 비서방권 국가들과의 협력을 증진하면서 이들과의 전략적 연대를 모색해 나가고 있다. 미국과 중국의 전략경쟁을 중심으로 전개되는 21세기판 진영의 국제정치는 중견 국가의 외교적 자율성과 정책 입지를 제약하면서 안보 담론의 득세와 새로운 차원의 군비경쟁을 촉발시키고 있다.

이러한 전략 환경에서 출발한 윤석열정부는 역대 어느 정부보다도 미국과의 정치·경제·안보적 연대를 강화해 나가고 있다. 윤석열정부의 이러한 대외정책 기조는 지난 5월 한미정상회담 공동성명에 선명하게 나타나 있고, 이후의 정책 행보도 이러한 기조에 맞추어 진행되고 있다. 글로벌 중추국가를 표방한 윤석열정부는 미국의 인태전략에 참여하고, 보편적 가치와 규범을 강조하는 대외정책 행보를 벌여 나갈 것으로 예상된다.

이러한 대외정책 흐름에서 윤석열정부가 직면하는 도전 요인을 극복해 한반도 평화번영을 유지·확장하고 국제사회에 글로벌 중추국가로서의 한국의 위상을 확립해 나가기 위해서는 정방향으로 정책을 이끌어 줄 수 있는 세밀하고도 체계적인 전략 설계도를 마련해야 한다. 먼저, 우리에게 가장 중요하면서도 시급한 당면 과제인 북한의 비핵화를 촉진하거나 남북한의 군사 경쟁과 그에 따른 한반도의 불안정을 관리할 수 있는 한반도 위기관리와 예방책을 마련해야 한다. 한반도에서의 안정과 평화가 담보되어야만 국민의 자유와 행복, 그리고 일상의 삶이 보장될 수 있기 때문이다.

다음으로 미중 전략경쟁의 심화와 진영논리가 강화되는 전략 환경에서 윤석열정부는 미국 주도의 자유민주주의 진영에 올라탔다. 이러한 윤석열정부의 정책 방향은 정치적 가치와 도덕적 차원에서는 당연하지만, 우리와 가치와 규범을 달리하는 상대가 있는 외교관계에서는 보편적 가치와 규범 그 자체를 국익으로 삼지 말고 다양한 영역과 분야에서의 보편적이면서도 포괄적인 가치와 실용적 국익 간의 균형과

적절한 관계를 유지할 수 있는 전략적 방책을 마련해야 한다.

국가들이 대외정책을 추진하는 지역적·국제적 시공간의 전략 환경은 항상 변화하기 마련이다. 따라서 윤석열정부에게 중요한 것은 한국이 추구하는 대외정책 목표와 이를 효율적으로 달성할 수 있는 전략 설계도를 마련하는 것이다. 작금의 상황에서 우리가 중심이 되어 동맹국 미국과의 협력관계를 강화하고 주변 국가들과 협력관계를 형성하고 이를 적절하게 이끌어 나갈 수 있는 전략 설계도의 마련이 시급하고 또한 중요하다. 이러한 전략 설계도를 바탕으로 환경에 부합하는 적극적 외교를 당당하게 펼쳐 나갈 때 글로벌 중추국가로서 한국의 국제적 위상과 외교적 역할은 그 진가를 발휘할 것이다.

주

1) The White House, *National Strategy for Global Supply Chain Security*, 25 January 25, 2012.
2) U.S. Department of Defense, *Sustaining U.S. Global Leadership: Priorities For 21st Century Defense*, 7 January 2012.
3) William T. Tow, "Pursuing U.S. Strategic Interests in the Asia-Pacific: Pivoting Away From Disorder?," in John R. Deni(ed.), *Augmenting Our Influence; Alliance Revitalization and Partner Development* (Washington, D.C.: US Army War College, 2014), p. 15.
4) 이수형, "제2기 오바마 행정부의 동아시아 전략과 미중 관계: 남북한 한반도 정치에 미치는 영향과 대응방안," 『국방연구』 제56권 제1호 (2013), pp. 85–89.
5) 이수형, "인도태평양 전략의 내용·배경·성격과 전략적 함의," 『성균 차이나 브리프』 제7권 3호 (2019), pp. 96–113.
6) The White House, *Interim National Security Strategic Guidance*, March 2021.
7) The White House, *Indo-Pacific Strategy of The United States*, February 2022, p. 5.
8) NATO, *NATO 2022 Strategic Concept*, 29 June 2022, paragraph 43.

9) 청와대, 『이명박 정부 외교안보의 비전과 전략: 성숙한 세계국가』 (서울: 청와대, 2009), p. 23.
10) 청와대 (2009), p. 27.
11) 청와대 (2009), p. 27.
12) 이기태, "역대 정부 평가," 이기태 외, 『동북아플러스 책임공동체 형성 방안』 (서울: 통일연구원, 2018), p. 54.
13) 청와대, 『희망의 시대 국가안보전략』 (서울: 청와대, 2014), pp. 31-34.
14) 청와대 (2014), p. 34.
15) 청와대 (2014), pp. 95-96.
16) 이수형, "동아시아 안보질서에서 강대국과 중견국의 헤징전략," 『한국과 국제정치』, 제28권 제3호 (2012), pp. 1-29.
17) Van Jackson, "Power, Trust, and network complexity: three logics of hedging in Asian security," *International Relations of the Asia-Pacific*, Volume 14, 2014, pp. 331-356.
18) 청와대, 『문재인 정부의 국가안보전략』 (서울: 국가안보실, 2018), p. 12.
19) NATO (2022), paragraph 13.
20) Luis Simon, "The Great Strategic Competition of the 21st Century and the Transatlantic Link," in Spanish Institute for Strategic Studies, *The Future of NATO after the Madrid 2022 Summit*, 2022, pp. 47-49.
21) Ian Bremmer 지음, 박세연 역, 『리더가 사라진 세계』 (서울: 다산 북스, 2014), p. 203.
22) Ian Bremmer (2014), p. 204.
23) 이수형·김성배, "나토가 대통령을 정상회담에 초청한 배경과 한국-나토 협력 배경," 「이슈브리프」, 국가안보전략연구원, 2022년 6월 8일, pp. 1-5.

참고문헌

국가안보실. 『문재인 정부의 국가안보전략』. 서울: 청와대, 2018.

_____. 『희망의 시대 국가안보전략』. 서울: 청와대, 2014.

이기태. "역대 정부 평가." 이기태 외. 『동북아플러스 책임공동체 형성 방안』. 서울: 통일연구원, 2018/

이수형. "인도태평양 전략의 내용·배경·성격과 전략적 함의." 『성균 차이나 브리프』 제7권 3호 (2019).

_____. "제2기 오바마 행정부의 동아시아 전략과 미중 관계: 남북한 한반도 정치에 미치는 영향과 대응방안." 『국방연구』 제56권 제1호 (2013).

_____. "동아시아 안보질서에서 강대국과 중견국의 헤징전략." 『한국과 국제정치』 제28권 제3호 (2012).

이수형·김성배. "나토가 대통령을 정상회담에 초청한 배경과 한국-나토 협력 배경.” 「이슈브리프」. 국가안보전략연구원, 2022년 6월 8일.

정재흥. “중국의 대외전략 변화와 중러 전략적 안보협력 강화.” 김선래 외. 『미중러 전략경쟁과 우크라이나 전쟁』. 서울: 다해, 2022.

청와대. 『이명박 정부 외교안보의 비전과 전략: 성숙한 세계국가』. 서울: 청와대, 2009.

Bremmer, Ian지음. 박세연 역. 『리더가 사라진 세계』. 서울: 다산 북스, 2014.

Jackson, Van. “Power, Trust, and network complexity: three logics of hedging in Asian security.” *International Relations of the Asia-Pacific*, Volume 14 (2014).

NATO, NATO 2022 Strategic Concept, June 29, 2022

Simon, Luis. “The Great Strategic Competition of the 21st Century and the Transatlantic Link.” in Spanish Institute for Strategic Studies, *The Future of NATO after the Madrid 2022 Summit*, 2022.

SIPRI. *SIPRI Yearbook 2022: Armaments, Disarmament and International Security*, 13 June 2022.

The White House. *Indo-Pacific Strategy of The United States*, February 2022.

______. *Interim National Security Strategic Guidance*, March 2021.

______. *National Strategy for Global Supply Chain Security*, 25 January 2012.

Tow, William T.. “Pursuing U.S. Strategic Interests in the Asia-Pacific: Pivoting Away From Disorder?,” in John R. Deni(ed.). *Augmenting Our Influence; Alliance Revitalization and Partner Development*. Washington, D.C.: US Army War College, 2014.

U.S. Department of Defense. *Sustaining U.S. Global Leadership: Priorities For 21st Century Defense*, 7 January 2012.

10장

결론:

4가지 프리즘과 10가지 논점들

황재호(한국외대 국제학부)

필자는 2019년 6월 싱가포르의 아시아안보회의(샹그릴라 대화) 현장에서 패트릭 섀너핸 당시 미국 국방장관 대행의 연설을 들을 기회가 있었다.[1)] 비전을 포함하여 미국 인태전략의 전반을 이해할 수 있는 긴요한 시간이었다. 바로 직전 해인 2018년 6월에 있었던 제임스 매티스 국방장관의 샹그릴라 연설과 비교할 때 정책적으로 뒷받침하려는 미 행정부의 의지가 더 강해졌음을 느낄 수 있었다.

같은 날 새너헌 국방장관 대행이 직접 발표한 국방부의 인태전략 보고서는 '자유개방(free and open)'을 특히 강조하였다. 단 미국이 진실로 자유롭고 개방된 인태 '지역'(free and open Indo-Pacific) 을 위한 것인지 아니면 자유롭게 개방된 '항행'(free and open navigation)이 실제 목표인지 현장에서의 논쟁이 뜨거웠다. 인태보고서는 또한 인태지역은 미국의 주무대로서 '다대다로(many belts and many roads)'

란 표현을 사용했는데 중국의 '일대일로(one belt and one road)'를 명백히 겨냥하였다.[2)] 서진하려는 중국의 일대일로 '창'을 미국의 인태 '방패'로 막으려는, 즉 창과 방패와의 싸움이 본격적으로 시작되었다. 그리고 이제 인태전략은 외교·안보·군사·방역·경제 등 모든 영역에서 대중(對中) 압박을 의미하는 '고유명사'가 되었다.

그리고 올해 초에는 백악관 이름으로 인태전략 보고서가 발표되었다.[3)] 그만큼 미국이 국가 차원에서 인태전략을 중시하는 것으로 이해된다. 하지만 오바마의 아태 재균형과 별개로 인태란 새로운 이름을 사용하고 있지만, 중국을 견제하는 성격은 그대로이며, 방법론적으로 오히려 인태는 점점 진화하고 있다. 외교·안보·군사 위주에서 경제·공공외교로 확대·강화되고 있다. 미국의 의지가 강해지는 것과 더불어 예산과 능력, 지지와 지원의 확보 노력도 병행하고 있다.

이미 앞에서 아홉 전문가들이 인태전략의 실체 분석과 향후 전망을 통해 각국별 전략을 고찰하였다. 각국의 인태 인식과 정책은 다른 듯 비슷하고 비슷한 듯 달랐다. 인도·태평양에서 응전(應戰)적 입장을 가진 쿼드(QUAD) 4개국의 입장과 정책과 관련해 서정건 교수는 미국의 인태전략은 외형적으로 보이는 것 외에도 미국 국내정치 현실을 반영해야 함을, 송화섭 책임연구위원은 가치·경제·안보를 담은 일본의 인태전략의 발전 과정과 실행 노력을, 이재현 선임연구위원은 호주의 인태전략이 미국과의 동맹 차원에서 작동·강화되고 있음을, 조원득 교수는 인도가 어떻게 자국이 처한 전략적 환경에서 인태 협력의 수준을 정하고 있는지를 심도 있게 분석하였다.

인도·태평양에서 도전(挑戰)적 입장을 가진 중러북 3개국의 입장과 정책에 대해서는 이상국 연구위원이 중국의 인태전략 대응은 자국의 주변 정책 차원에서 전개되고 있음을, 신범식 교수는 러시아의 인태전략은 전략적 이익과 구조적 환경에 영향받고 있음을, 조한범 선임연구위원은 북한의 인태 대응이 북미관계와 북중러관계 사이에서 조정되고 있음을 예리하게 짚어냈다.

한편 인도태평양에서 도전과 응전 세력 사이 진퇴양난(兩難)의 입장에 놓인 아세안과 한국에 대해서는, 최윤정 연구위원이 역내 강대국 세력 경쟁이 부활하면서 위기에 직면한 아세안의 딜레마를, 그리고 이수형 책임연구위원이 한국의 인태전략 인식과 정책이 어떻게 주요 정부별로 변해왔는지를 잘 풀어내었다.

이런 연속선상에서 본 마무리 장은 크게 네 개의 프리즘을 사용해 작성하고자 한다. 첫째와 둘째 파트는 지난 6월 21일 서울에서 열린 인태전략 국제세미나에 참여했던 해외 패널들과 본 책자 참여진들의 주요 발언들 중에서 재강조해도 좋을 논점들을 각각 정리하였다.[4] 그리고 셋째와 넷째 파트에서는 필자 본인의 인태전략과 한국 외교와 관련한 10가지 논점들을 각각 종합, 제언하였다.

1. 국내 필진의 인태전략 10가지 논점들

우크라이나 침공과 관련 유엔의 대러시아 규탄 투표에서 찬성이 141개국, 반대가 5개국이었지만 기권이 35개국이었던 점을 감안한다면,[5] 대미(對美) 반대 세력이 미국에 완전히 압도되지 않음에 주목하게 된다. 이수형 책임연구위원도 국제안보 지형에 있어 세력전이 세력의 잠재력에 주목했다. 우크라이나전쟁을 계기로 미러가, 인태지역을 놓고 미중이 대립하면서 국제관계의 진영화가 추동되고 있다고 지적했다. 미국은 중국의 강대국 부상을 저지하기 위해 민주주의 정치 체제를 연결고리로 자유민주주의 국가들을 결속시키고 있고, 중러는 미국 주도의 자유주의 국제질서에 맞서기 위해 전략적 준동맹 제휴를 강화하면서 비서방권 국가들과 전략적 연대를 확대하고 있다.

송화섭 책임연구위원은 국제환경의 동요로 인한 역내 안보 지형의 변화 가능성을 언급했다. 중국의 부상에 대한 반작용으로 미국의 아시아 복귀(Pivot to Asia), 아시아 재균형(Rebalancing), 일본의 인태전략이 추진되고 있음을 확인했다. 미국의 인태 지역에 대한 관여와 공약이 강화되기 시작했으며, 일본은 이를 적극 지원하는 정책을 전개하였다. 특히 일본은 미국보다 앞서 인태전략을 제시하는 등 미국이 인태전략을 채택하는 데 중요한 역할을 하였다. 미국은 미일동맹, 한미동맹, 미일호협력으로 아태지역의 동맹 네트워크를 강화해 왔는데, 최근에는 쿼드 및 AUKUS로 대중(對中) 안보 협력망을 강화시키고 있다고 부연했다.

글로벌 및 지역 차원의 변화와 변동 속에 서정건 교수는 인태전략의 주도국인 미국의 정책적 의지가 분명하지만 실제적으로 쿼드, AUKUS, IPEF 등을 추진하는 데는 여러 난관이 있다고 말했다. 미국 행정부가 외국 행정부와 맺는 협정을 국내법으로 치환하고자 할 때, 미국 의회의 추인이 반드시 필요하다. 때문에 바이든 행정부의 IPEF 추진을 낙관하기 어려운 것은 공화당이 다수당으로 있는 의회의 추인이 쉽지 않다. 왜냐하면 미국이 중간선거를 앞두고 있고 중간선거 이후에는 2024년 대선 구도로 빠르게 전환될 것이기 때문이다.

인태의 여러 도전적 난관은 비단 미국에게만 있는 것이 아니다. 조원득 교수는 인도의 인태전략 스탠스를 한 원인으로 지목했다. 인도는 인도만의 길을 가고 있으며 전략적 자율성을 그 중심 가치로 두고 있다. 인도는 다변화, 다층적 제휴를 통해서 리스크를 줄이고 국익과 사안에 따라 목표에 맞게 이슈 중심으로 협력 사안을 선택하고 있다. 인도는 다극체제를 추진하고 있어 미국이나 다른 패권체제를 옹호하는 국가들과는 전략적 인식을 달리하고 있다고 평가했다.

이재현 선임연구위원은 인태의 주요 무대인 동남아에서도 인태가 실체화되기까지 현실적 어려움이 많다고 말했다. 기본적으로 동남아 국가들은 미국의 인태전략의 고도화 및 공급망 문제 등에 대해 표면적으로는 협력 의사를 밝히고 있지만, 실제적으로는 큰 신경을 쓰지 않는다고 설명했다. 특히 미국은 첨단기술 문제에 있어 중러를 고립시키려 미국만의 공급망을 구축해 AI 등에서 우위 확보 전략을 추진하려 하지만, 이는 대부분 동남아 국가들의 국가전략과는 관련성이 적다고 평가했다. 동남아 국가들은 이러한 경쟁에 참여할 만큼의 역량이 가지고 있지 않아 싱가포르 정도를 제외하면 대부분은 관망적이다. 그 연장선에서 ASEAN 10개 국가에서 7개 국가만 IPEF 가입 초청을 받았음을 환기시켰다.

또한 푸틴이 말했듯 세계질서는 미국 주도의 단극이 아니라 다극화로서 더 복합적인 국면을 띄기 시작했다.[6] 신범식 교수는 우크라이나전쟁으로 인한 미러 대립과 함께 미중 전략경쟁은 러시아의 인태전략에 영향을 주고 있다고 보았다. 러시아는 기존에 구축한 역내 자산을 쉽게 포기하지 않을 것이며, 러시아의 인태전략은 유럽에서의 손실을 보전하기 위해서라도 과거에 비해 더욱 적극적으로 추진될 가능성이 크다고 주장했다. 최근 미국의 대러 제재의 실행과 이를 돌파하는 과정에서 러시아가 기존에 자국이 구축해 왔던 상하이협력기구(SCO)나 브릭스(BRICS) 등과 같은 다양한 네트워크를 적극적으로 활용할 것이라 예측했다.

한편 한국이 어떻게 인태전략을 활용하고 스탠스를 위해햐 할지에 대한 논의도 이루어졌다. 조한범 선임연구위원은 인태전략이 동아시아, 나아가 인태 공간의 협력적 질서를 촉진시키는 계기가 되어야 한다고 말했다. 이해관계를 달리하는 미중 두 강대국의 대립은 물리적 충돌로 이어질 개연성이 있으므로 미중은 자국의 이해관계 추구가 평화와 번영을 견인할 것이라는 확신을 역내 국가들에게 주어야 한다고 주장했다. 선진국으로 도약한 한국은 첨단기술 세계 선도국가이며 민주주의와 문화적 측면에서도 괄목할 만한 발전을 이루어 냈고, 이를 바탕으로 한국형 글로벌 구상과 인태전략을 모색하고 있다. 한국 외교는 향후에 대립·갈등이 아닌 공존·공영의 동아시아 질서, 인태 질서의 수립을 위해 창의적 대안 마련에 중점을 두어야 함을 강조했다.

최윤정 연구위원은 한국이 할 수 있는 구체적인 노력들을 소개하였다. 인태전략의 초기에는 중국의 부상과 관련한 현상 변경 또는 중국의 위협 대응이란 안보적 우려에서 시작했으나 이제 참여국들이 늘어나면서 실질적인 경제적 혜택과 더불어 기후변화, 전염병, 백신, 경제문제 등 역내 또는 글로벌 차원에서 발생하는 다양한 문제를 해결하기 위한 공동의 집합적 노력으로 방향이 전환될 수 있다고 보았다. 오히려 기존에 존재했던 국제사회의 협력들이 다자 또는 강대국들 사이의 양자 간 관계에 집중했다면 인태전략이라는 새로운 전략이 등장하면서 다양한 소다자주의적 협력이 발생하고 있음은 고무적이라 보았다. 이러한 소다자 협력의 강화는 한국 외교가 가지게 될 외교적 부담을 키우기도 하지만 그만큼 한국이 국제사회에 영향력을 확보할 수 있으며 전략적인 선택지가 많음을 의미한다고 긍정하였다.

한편 인태에 가장 강한 거부감을 가진 중국의 입장과 관련하여, 필자는 중국의 국익을 좀 더 세밀하게 나눠야 한다고 주장했다. 즉 크게 핵심, 중요, 일반 이익으로 나뉠 수 있다. 대만, 홍콩, 남중국해, 동중국해, 인도와의 국경, 신장·티베트 등은 주권과 영토 문제로서 국익의 가장 상층부인 핵심이익에 해당된다. 인태는 이런 핵심이익들이 놓여 있는 광범위한 지역이다. 때문에 한국 정부는 인태와 관련한 여러 현안 대응에 있어 원칙은 강조하되 행동은 신중해야 한다. 신정부의 '자유·평화·번영에 기여하는 글로벌 중추 국가' 비전에 걸맞은 국제사회 기여가 필요하지만, 자유·평화·번영 중 자유에 지나치게 방점을 찍을 경우, 이념과 체제가 다른 국가들과의 불필요한 대립을 야기할 수 있음을 지적하였다.

이상국 연구위원은 인태전략이 중국을 고립하거나 겨냥하는 방향으로 갈 경우, 북핵 문제의 해결은 요원해질 것으로 보았다. 북한을 적대시하고, 신냉전의 분위기로 흘러간다면 중국은 지금까지 북한에 지원했던 것 이상으로 북한에 실질적 도움을 줄 것이며, 이는 한반도 문제를 국제사회의 전장으로 만드는 결과를 초래할 것으로 주장했다. 따라서 한국은 미국의 인태전략과 대북정책에 대한 기본적인 기조를 동맹 차원에서 지지하고 협력하되 이를 국가전략의 최상위에 위치해서는 안 될 것이라 강조했다. 인태전략과 관련하여 지역 개념의 범위를 확대하는 것이 필요하며 현재 인태전략은 인도양을 위한 전략인지 태평양을 위한 전략인지 또는 둘 다를 위한 전략인지 명확하지가 않기 때문에 인태 지역의 범위를 확대해 더욱 큰 틀 안에서 이러한 논의를 진행해야만 한국의 외교적 역할을 확보할 수 있음을 상기시켰다.

2. 국외 패널의 인태전략 10가지 논점들

인태의 개념적 접근과 관련하여 닉 비슬리 호주 라트로브 인문사회대학장은 유용한 시각을 제공하였다. 그는 과거에는 아태지역을 중심으로 서구의 시각을 바탕으로 한 공동 이익을 추구하려는 경향이 강했으나 현재는 이 지역이 인태로 확대되었기 때문에 앞으로 인태의 범위를 어떻게 규정하는가에 따라 방향성이 달라질 수 있다고 보았다. 현재는 인태를 중국의 영향력에 균형을 맞추기 위한 전략적인 공간으로 인식하는 경향이 있으나, 참여국들이 달성하려는 목표에 따라 성격이 달라질 수 있다고 보았다. 차제에 연결성을 중요한 기준으로 본다면, 인태 지역 국가들이 안보, 경제, 가치같은 보다 더 광의적 개념으로 목적을 설정하고 협력을 강화하는 방향으로 나아가야 한다고 주장했다.

미국의 인태 시각은 로버트 요크 퍼시픽포럼 지역연구실장을 통해 잘 파악할 수 있었다. 그는 인태전략이 현재 미국 외교정책의 최우선 순위에 위치한 전략이자 정책이며 오히려 미국이 이를 더 일찍 구상하고 시행했어야 한다고 주장했다. 미국은 9·11 테러 이후에 아프가니스탄과 이라크전쟁을 겪으면서 국제사회에서 상당한 비판을 받았고, 아프가니스탄에서의 미군 철수와 우크라이나전쟁에 대한 소극적인 개입에 대해서도 논란이 되고 있다. 이러한 상황에서 미국의 대외정책은 인태 지역에 집중되어 있고, 인태전략은 미국의 국익을 대변하고 국제사회의 문제를 해결하기 위한 중요한 정책으로 발전하고 있다. 물론 현재 우크라이나 사태로 인해 미국의 정책적 관심이 유럽 쪽으로 기울어져 있는 것은 사실이지만 인태는 국제사회에서 가장 중요한 지역이며 미국은 이 지역에서 관련 국가들과 장기적으로 협력하기를 기대하고 있다. 이에 미국이 주도하는 규범 기반의 협의체로서 쿼드, AUKUS, IPEF 등이 발전하고 있으며 이를 바탕으로 인도, 호주, EU, 한국 등 뜻을 하는 같이하는 국가들과의 연대 필요성을 강조하였다.

아쿠츠 히로야스 헤이세이 국제대학교 교수의 관점은 일본의 신중한 접근을 그대로 보여주었다. 인태 패러다임이 부상하면서 최근 다양한 소다자 협력이 성립되고 있음에 주목했다. 한일, 한호, 일호 간 양자 협력을 중심으로 3국 협력 역시 발전할 것으로 예상했다. 3국은 과거의 경험을 기반으로 미국의 동맹국 간 협력과 새로운 안보 위협에 대해 공동의 가치와 목표를 공유하고 있으며 새로운 협력 요소들도 추가되고 있음을 확인했다. 또한, 대만, 경제안보, 북핵 위기, 사이버안보, 역내에서 발생하는 중국의 군사적 위협 등 다양한 문제들이 더해지는 상황에서 한일호 3국 간 안보 협력 네트워크은 구체적인 공동 대응책이 될 수 있다는 입장을 내보였다. 미국 중심의 허브 앤 스포크(hub and spoke) 구조 속에서 스포크 간 협력을 강화할 수 있는 기반이 마련된다면, 아시아가 전략적으로 중요한 지역으로 거듭날 수 있을 것이라 전망했다.

드루바 자이샨카르 옵저버 연구재단 미국센터장은 인도양 중심성 개념이 점차 증대되고 있다고 보았다. 인도양을 중심으로 한 글로벌 안보, 경제의 중심성이 커지고 있으며 여기에 더해 통상, 에너지, 글로벌 경제의 동력이 인태 지역으로 집중되고 있다고 분석했다. 쿼드는 중국의 공세적 정책에 의해 만들어진 협의체이며 인도는 2017년 이후 본격적인 관심을 갖게 되었다. 당시 중국과 인도 사이의 국경 대치, 영토분쟁 등이 주요한 영향을 끼쳤다. 인도는 중국의 2020년 4월 군대 동원을 보면서 인태전략에 대해 보다 적극적인 입장을 내세우게 되었다. 다만 인도가 미국, 일본과 함께 쿼드에 참여한다고 해서 중국의 우려를 증가시킬 것으로는 보지 않는다고 전망했다.

리셀로테 오드가르드 노르웨이 국방연구원 교수는 EU가 인태 국가들 중에서도 한일과 인태 지역의 문제에 협력하기를 기대하고 있다는 입장을 보였다. EU 역시 인태전략을 가지고 있기 때문에 이 지역에서 유럽 국가들의 더 큰 역할이 필요하다고 보았다. 그리고 유럽과 같은 중간세력이 인태 지역에서의 협력에 참여하게 된다면 현재 발생하는 미중의 대립상황을 완화할 수 있을 것이고 강조했다. 유럽의 인태 지역 관여는 커질 수 있으며 중국의 공세적인 정책이 나토 및 EU에게 위협이 될 수도 있으나 중국과의 관계를 고려할 때, 유럽은 전략이나 접근법에 있어 미국과는 다소 상이할 수 있다고 예상했다.

에비 피트리아니 인도네시아 국립대학교 교수는 ASEAN 국가들은 인태 지역에서 독자적인 역할도 하면서도 관련 국가들과의 협력도 지속할 것이라고 예상했다. 또한, 중국을 포함해 어떠한 국가들도 배제하지 않을 것인데, 이는 역학 구도상 중국이 배제되기도 어렵거니와 중국의 역량과 역할이 더 커지고 있기 때문이라고 설명했다. 인태 지역의 협력에 있어 경제가 가장 중요하며, 해양, 기후, 경제개발 등 다양한 협력 범위로 확장해야 한다고 강조했다.

직접 연관이 적을 것 같은 국가와 지역에서도 인태전략에 대한 관심은 매우 크다. 콜린 로버트슨 캐나다 글로벌문제연구소 부소장은 인태 지역은 캐나다에게 매우 중요한 지역이며 개별국가의 역량으로는 이 지역에서 발생하는 문제들을 해결하기 어렵다고 강조했다. 현재 우크라이나 사태에 대해서도 캐나다는 미국 주도의 국제질서를 기반으로 뜻을 같이하는 국가들과 계속 협력할 것이라고 말했다. 캐나다 역시도 다자협력을 집단안보, 탈대서양, 탈태평양 차원에서 지속 촉진해야 하며, 인태 지역에서 한국, 일본, 뉴질랜드, 호주 등 양자관계도 계속 발전시켜야 한다고 주장했다.

한편 빅토리아 파노바 고등경제대학 부총장은 인태 개념 자체가 역내 협력보다 갈등을 야기할 가능성이 크다고 보았다. 인태 지역에서 인도가 또 다른 강대국으로 부상하고 있는 상황에서 중국과 인도의 갈등 상황이 이 지역의 불안정성을 높인다고 평가했다. 만약 미국을 중심으로 중국을 지나치게 압박하고 견제하게 된다면 중국이 이러한 압박을 언제까지 인내할 수 없을뿐더러 이런 상황을 타파하기 위한 상황이 발생할 수도 있으며, 우크라이나 사태가 아시아 지역에서도 발생하지 말라는 보장이 없다고 하였다. 특히 인태 지역은 핵보유국들의 전장이기 때문에 대규모의 갈등이 발생하지 않도록 사전에 위협 요인을 차단하는 것이 중요하다고 강조했다.

주펑 난징대 교수는 인태는 굉장히 정치적인 개념이며 아태 개념을 넘어서 보다 역동적인 개념이라고 설명했다. 중국의 부상, 새로운 경쟁국들과의 관계에서 인태 지역의 중요성은 커지고 있으며 중국의 의도 및 목적 역시도 복잡하게 작용하고 있음을 지적했다. 그렇기 때문에 인태 지역은 지정학적으로 심층 설계된 구조이며, 여기에 더해 중국이 남중국해 및 동중국해에서 입지를 구축하기 위한 공세적 노력이 대만문제와 결부될 경우 그 파급력은 엄청날 수 있음을 우려했다.

요우지 마카오대 교수는 인태전략이 생동감을 가지기 위해서는 경제 레짐이 작동해야 한다고 주장했다. 인도태평양 1.0 단계는 실패했으며 이제 새로운 인도태평양 2.0 단계를 추진해야 하는 상황이라고 진단했다. 현재까지 IPEF는 참여하는 국가에 따라 입장이 다르고 일치된 견해가 없다고 설명했다. IPEF는 아베 총리가 주창했던 자유롭고 열린 인도태평양을 기반으로 발전한 것이기는 하나 아직 실체가 없고 여전히 이데올로기 정체성에 대한 논리도 불안정하며, 내용도 일관성이 떨어지는 등 체계적으로 부족한 부분이 많다고 평가했다.

3. 필자의 인태전략 10가지 논점들

인태전략과 관련, 필자의 첫번째 논점은 인태 개념 그 자체이다. 지구를 지리적으로 나누면 어디에서 어디까지가 아시아인지, 유럽인지, 아프리카인지, 아메리카인지 분명하다. 우리는 그간 이런 지리적 구분에 익숙했었다. 그러다 1980년대 들어 새로운 각도로 보는 지역 개념이 등장했다. 아시아·태평양은 기존 대륙별 구분 개념(아시아)에 해양(태평양)이 더해진 것이다.[7] 아태 개념에는 북미, 중남미, 동북아, 동남아, 오세아니아가 포함되었고, 남아시아는 포함되지 않았었다. 또 아시아태평양경제협력체(APEC)처럼 군사보다 경제적 성격이 더 강조되었다. 21세기 들어 인태 개념은 기존의 미국 중심의 동태평양 및 동아시아, 동남아가 자리한 서태평양에 더하여, 인도와 남아시아까지 포함하였다. 현 인태 지역에 핵심 플레이어로 미국, 중국, 일본에 이어 인도까지 합류하게 하였다.

둘째, 미국의 인태전략 추진은 '중국의 부상(rise)'에 기인한다. 미국이 대테러전쟁에 집중하면서 중국의 급부상을 의식하기는 했지만 2008년 금융위기로 미국이 오히려 중국의 지원을 필요로 하면서 중국 견제의 행동 타이밍을 놓쳤다. 중국은 2010년 경제규모에서 일본을 제쳤고 2013년에는 일대일로와 아시아인프라투자은행(AIIB)을 통한 신경제질서 및 '아시아 안보는 아시아인이 결정해야 한다'는 신안전관을 주창하며 신안보질서 수립 의지를 강하게 내보였다. 미국에게 태평양을 미중 신형대국관계를 수립할 만큼 넓다고도 했고 2049년 중국몽을 실현해 세계 초강대국이 될 것이라는 점을 분명히 했다. 중국은 미국이 감당하기 버거울 정도로 덩치가 커졌다.

셋째, 인태란 용어는 중국의 국력 확장을 의미한다. 내용상 중국 봉쇄이기 때문에 중국이 강한 거부감과 함께 아태란 용어를 고수하고 있지만 사실 인태란 용어는 중국에게 꼭 부정적이지만은 않다. 오히려 인태는 인도양까지 중국의 영향력이 확대되었음을 반증한다. 미국이 인도와 인도양까지 끌어들이지 않으면 안 될 정도로 중국이 커졌다는 의미이다. 만약 중국이 미국이 강하게 인태전략으로 포위, 압박하는데도 이를 뚫어낸다면 가까운 미래에 인도·태평양전략이 아닌 대서양·태평양전략을 논할지도 모른다.[8)]

넷째, 인태는 미국의 '분노의 부상(rise)'의 결과이다. 자국 국익에 부합해서이기도 하지만 지난 70여 년 전후 질서를 수립하고, 서유럽과 일본을 부흥시키고, 중국의 개혁개방을 지원하며, 많은 개도국의 발전에 기여했다. 그렇지만 미국 경제는 어려운데도 이들 국가들은 경제, 안보적으로 무임승차만 하고 미국을 존경, 존중은 커녕 비판만 함으로써 미국의 자존감을 상하게 하고 서운하게 만들었다.[9)] 중국이 경제력을 바탕으로 역내 영향력을 확대하자 미국은 대중국 견제로서 재균형이란 역내 재관여정책을 전개했고 시간이 지나면서 대중 군사적 경제적 포위로 나아갔다.

다섯째, 미국은 대중(對中) 압박의 강력한 의지를 보이고 있다. 인태경제프레임워크(IPEF) 제안을 보면 동맹 및 우호국들과 인태의 안보 측면에 이어 경제 측면도 같이 하겠다는 방향성을 보인 것이다. 인태가 제대로 작동하려면 경제 레짐도 함께 작동해야 한다. 포괄적·점진적 환태평양동반자협정(CPTPP), 역내포괄적경제동반자협정(RCEP)이 자유무역 질서의 틀이라고 한다면, 미국의 IPEF는 이러한 협력과는 궤를 달리하는 공급망에서 새로운 규범을 만들려는 구상이다. IPEF는 중국의 경제적 영향력을 견제하기 위한 것으로 향후 어떻게 정착할지에 따라 향후 인태질서의 방향성에 큰 영향을 줄 것이다.

여섯째, 우크라이나 사태 이후 미국의 인태전략이 본격 가동될 것이다. 나토의 신전략개념은 중국을 잠재적 체제 도전으로 규정했다. 러시아는 직접 위협인데 이러한 직접 위협을 해소하고 나면 다음 목표는 중국이란 점이 분명해졌다. 우크라이나전쟁이 어느 시점에 끝날지는 알 수 없지만, 돈바스 지역의 '독립'(러시아 입장) 혹 '이탈'(우크라이나 입장)로 우크라이나 사태가 정리되고 나면 미국은 중국으로 눈을 돌릴 것이다. 러시아가 우크라이나에서 손발이 묶이면, 순치 관계에 있어 러시아란 입술을 들어낸 후 중국에 전방위 공세를 펼치려 한다. 미중 간 최종 결승전이 시작됨을 의미한다.[10)]

일곱째, 일본의 전열 재정비이다. 일본이 지난 '잃어버린 20년'에서 잃어버린 것은 경제침체보다 국가전략이었다. 2010년을 기점으로 경제마저도 중국에 추월당하면서 자존감에 큰 상처를 입었다.[11)] 이후 일본의 인태전략 수립을 위한 초기 역할은 이미 많이 알려져 있으며, 지금까지 인태의 확대와 심화에 영향을 미쳤다. 서두르지 않고 인태가 실질적인 전략이 되도록 미국과 동맹국들을 설득해나간 것은 일본식 외교의 특징이자 경쟁력이다. 일본은 미국으로 하여금 인태구상을 내세우도록 하고 있으나 실제 구상의 컨텐츠와 논리를 제공하는 동시 대중 견제 방향과 성격까지 지우고 있다.

여덟째, 인도의 자국 이익 우선주의 입장이다. 인태는 인도양과 태평양 지역에 있는 모든 국가들을 이르지만, 어감상 실제상 인도가 핵심이다. 인도양을 대표하는 역내 가장 중요한 국가는 인도이다. 도클람/동랑에서의 중국-인도 군사적 대치는 인도의 동방정책이 '바라만 보는 것(Look East)'에서 '행동하는 것(Act East)'으로 변하면서 일대일로와의 긴장감을 보여주는 장면이었다.[12)] 하지만 전통적인 서남아시아 대국으로서 인도가 중국 못지않게 역내에 영향력을 확대하고 분명한 플레이어가 되기 위해서는 더 큰 정치적 역할과 공공재 기여가 있어야 한다. 단 인도는 비동맹국가 성격이 커 맹목적으로 가담하지는 않을 것으로 보인다.

아홉째, 미국·일본·호주·인도 민주동맹의 라인업 구축이다. 인태전략은 전 세계를 단독으로 관리하기 힘든 미국과 혼자서는 중국을 상대하기 힘든 일본이 호주와 인도를 끌어들여 중국을 견제하려 했던 2000년대 중반 미일호인 민주동맹 구상의 최신판이다. 인태 개념은 미국의 '피봇 투 인도태평양(Pivot to Indo Pacific)'으로 이전 미국의 '피봇 투 아시아(Pivot to Asia)'의 확대버전이다.

열째, 인태국가들의 동상이몽(同床異夢)이다. 미일호인 4개국으로 구성된 쿼드는 인태전략의 핵심이다. 미국은 중국을 제외한 모든 역내 국가들이 인태전략에 동참했으면 기대하지만 당장 실전에 투입할 수 있는 국가들은 중국 압박에 유용한 쿼드와 쿼드 플러스이다. 미국은 민주주의 가치, 동맹, 다자주의 협력을 강조하고 있으나 스스로 쿼드 관련 대규모 물적 투입이 어렵고 참여국들의 '자발적' 참여를 더 기대한다. 일본은 인태 명칭의 수위를 전략, 구상, 비전으로 바꿔왔는데 큰 줄기는 있어도 방법론적으로 고민이 많다. 인도는 미중 사이 몸값을 올려 이익을 확보하자는 기회주의적 입장이다. 호주는 국내적으로 여야 간 대중정책 입장이 상이하며 국력 한계로 주요 역량이 되기 어렵다.[13)]

4. 필자의 한국 외교 10가지 논점들

첫째, 인태 개념은 자체적으로 이미 경쟁 구도를 함의하고 있다. 이왕 한국이 인태에 참여시 경쟁보다는 협력적인 측면을 강조할 수 있어야 한다. 물론 한국은 미국의 중요한 동맹국으로서 그 역할을 수행하는 것에 대해 압박을 받을 수도 있으나 한국이 인태 지역에서 가지고 있는 역량과 위상을 고려해 보다 협력을 강조하는 국가가 되어야 한다.

둘째, 한국의 인태전략 참여는 이미 현실이다. 인태전략의 참여 형식은 다양하나, 그럼에도 핵심 국가들의 제도화 여부를 지켜보며 속도를 조절해야 한다. 잠재적으로 아시아판 북대서양조약기구(NATO)화 전망도 있지만, 현재까지는 일종의 '의지의 연합'이다. 쿼드의 제도화는 시간이 오래 걸리며 아직 실체가 분명하지 않아 방향성을 좀 더 지켜봐야 한다. 앞으로 쿼드 국가들의 정치·안보·군사 리더십의 정기적 회동, 대중국 첨단기술분야 압박, 군사훈련·협력이 예상된다.

셋째, 인태지역의 여타 국가들이 쿼드 플러스에 참여할지 관망해야 한다. 아태든 인태든 동남아가 그 지리적 중심인데, 이들 국가의 인태 참여가 낙관적이지 않다. 그간 동남아에서는 아세안이 주도하고 강대국이 참여하는 아세안+1 형식이었지만 쿼드는 4개국이 중심이고 아세안 국가들의 참여 형식이라, 발언권의 축소가 자명한 상황에서 아세안의 적극적 참여를 기대하기는 어렵다. 쿼드 플러스의 하나로 거론되는 베트남은 미국의 엄청난 인센티브 제공이 있다면 동참을 고려할 수도 있겠지만 아세안 구성원이라 단독 참여는 쉽지 않고 인접 아세안 국가들은 신중적이다. 또 참여시 중국과의 남중국해 긴장을 각오해야 한다.

넷째, 한국의 국익 외교와 글로벌 외교를 위해서는 지속성과 균형감이 추가적으로 필요하다. 지속성 차원에서 EU와 아시아에서 외교의 폭을 넓힌다는 입장은 좋으나, 나름 외교적 성과가 있었던 신남방·신북방정책의 경우 인도의 비중을 높이고 중앙아시아에 초점을 맞추어 각각 지속했으면 한다.[14] 균형 차원에서 신정부의 성격상 한미동맹 기조는 필연적이나 쿼드를 중심으로 협력을 확대·심화하되, 전통안보 영역은 추이를 보면서 결정해도 늦지 않다.

다섯째, 한국은 인태 구상과 일대일로 모두 적극 참여해 양 구상 사이에서 건설적 연계 역할을 해야 한다. 강대국 관계는 경쟁과 협력의 측면이 공존하기 때문이다. 오히려 인태전략이 만들어지는 과정에 있을 때 그 내용을 함께 채워야만 우리의 입지가 다져지는 측면도 있다. 한편 일대일로는 한국에게 또 다른 경제 기회이기도 하며, 남북관계 개선에 유용하게 이용할 수 있다. 양측간 연계 시너지를 내야 한다.

여섯째, 거시적으로는 한미동맹의 성격 변화 가능성에 주시해야 한다. 사실 최근 몇 년 동맹의 균열은 한국이 아니라 미국발(發)이었다. 한국은 유교적 전통이 강하고 국가 사이에도 의리와 신뢰를 중시한다. 동맹이라면 더더욱 그렇다. 미국 우선주의와 '물질 우선주의'란 이질적 요소가 유입되면서 한미동맹의 가치가 영향을 받았다. 앞으로도 미국이 대한(對韓) 동맹공약을 중시하지 않는다면, 이행 의지가 확실하지 않는다면 한국 같은 도의를 중시하는 동맹은 심리적 물리적 압박을 크게 받을 것이다.[15] 바이든 집권 이후 다소 개선되었으나 미국의 동맹 중시가 언어에 그치고 재정적, 군사적 부담을 과도하게 요구한다면, 안미경중(安美經中)에서 그래도 안보는 미국이라는 논리가 점차 힘을 잃을 것이다.

일곱째, 인태전략을 건설적으로 활용해야 한다. 신정부 외교가 글로벌 중추국가를 지향한다면, 그리고 경제안보를 중시한다면 한미일 협력이 불가피한 현실을 인정할 수밖에 없다. 우리가 미중 사이에서 선택의 관점을 넘어서서 일정한 갈등 완화의 역할을 할 수 있다면 지정학적 유리점을 극대화할 수 있고 한미일의 역내 역할에 건설적 의미를 부여할 수 있을 것이다.

여덟째, 인태협력은 군사참여에 제약이 많음으로 민감성이 덜한 분야부터 출발해야 한다. 현실적으로 인태전략에 참여할 수 있는 분야는 비군사적, 비전통적 이슈들이다. 즉 백신, 식량안보, 사이버안보 같은 연성 안보 협력은 한국이 안고 있는 기본적인 한계와 제약을 넘어설 수 있으며, 심지어 쿼드 국가들과도 소다자주의적 관계를 구축할 수 있다.

아홉째, 전략적 모호전략은 여전히 유효하다. 대미 전략적 선명성을 선택할 때, 중국으로부터 오는 많은 '비용'을 감내할 수 있을지, 즉 중국 없이 대북정책을 자신할 수 있을지, 중국의 대한(對韓) 유형·무형 경제압박을 견딜 수 있을지, 이런 상황이 발생했을 때 미국이 한국에 대해 전면적인 심적·정책적 지지를 할 수 있을지, 그런 확신감과 자신감이 설 때 전략적 모호성 전략을 재검토할 수 있다.[16] 그렇지 않다면 양자의 유연한 통합적 운용에 더 많은 노력을 기울여야 할 것이다.

열째, 인태전략 추진시 중국을 제대로 견인해야 한다. 윤석열 대통령은 상호존중에 방점을 둔 우호적 한중관계를 천명했는데, 적어도 반중(反中)이 아닌 비중(非中)으로 읽힌다. 그럼에도 당구의 '스리쿠션'처럼 신정부는 중국과 무관하게 진행하려 해도 한미동맹과 한·미·일 안보협력 강화는 중국과의 갈등 상황을 만들 수 있다. 따라서 안정적 한중관계를 위해서는 첫째, 중국에 글로벌 스탠더드에 부합하는 글로벌 전략적 협력동반자관계를 수립한다. 팬데믹, 기후변화, 국가 온실가스 감축목표와 탄소중립 달성 같은 연성 이슈부터 시작하면 좋다. 둘째, 세계적 글로벌 우경화 분위기가 계속되면 한반도에서도 신냉전 분위기가 본격화될 수 있다. 북·중·러 대 한·미·일 대립각을 자초·방조해서는 안 된다. 셋째, 신정부도 가능한 한 빨리 중국과 대북 교집합을 만들어야 한다. 지난 5년 한중관계가 대체로 안정적이었던 것은 대북 공감대 때문이었다. 넷째, 대통령은 중북관계를 '동맹'이라 정의했는데, 실상은 이익의 결합일 뿐이다. 중국을 처음부터 반대편이라 단정해 우리 스스로 선택의 여지를 줄일 필요가 없다. 다섯째, 중국은 글로벌 중추국가(Global pivotal state) 외교 구상에서 미국의 대중국 봉쇄정책이었던 피봇 투 아시아(Pivot to Asia)를 떠올리고 있다. 피봇은 군사적 용어로 많이 쓰이며, 대중 봉쇄 최전선에 한국이 앞장서는 느낌을 주는 만큼 '명망 있는(prestigious)' 정도로 바꾼다면 불필요한 오해를 피할 수 있다.[17)]

5. 결론

현 국제질서 판이 흔들리고 있다. 대동요인가 아니면 대전환인가? 미국이 흔든 기존 판은 미국이 생각하는 새 판으로 바뀔 수 있는가? 그런데 근본적으로 판이 흔들리는 이유는 무엇인가? 이번 판은 미국이 흔든 것인가 아니면 미국이 흔들린 것인가? 판이 깨질 수도 있고 흔들리다 말 수도 있다. 무엇보다도 이것이 미국 의도대로 다 이뤄진다는 의미가 아님에 주목하게 된다.

지난 나토 정상회의의 신전략개념은 러시아를 전략적 동반자에서 동맹국 안보와 유럽 대서양 평화와 안정에 가장 심각하고도 직접적인 위협으로 규정했다.[18)] 냉전 종식 이후 한동안 러시아와 서유럽은 우호적 관계를 유지했다. 그러나 이번 우크라이나전쟁에서 양자는 결코 친구가 아니었음을 확인했다. 유럽은 미국의 의도도 있었지만, 러시아에 대한 본능적인 거부감이 컸었고 우크라이나전쟁을 보며 적대감을 표출했다. 핀란드와 스웨덴도 이같은 분위기에 편승한 것이다.

오히려 이번 나토 정상회의의 하이라이트는 중국을 잠재적 도전으로 규정한 것이다. 중국의 강압정책은 나토의 이익, 안보, 가치에 도전한다고 경고했다. '가치'를 내세워 중러를 패키지로 묶어 국제사회에서 배제하고자 하였다. 2017년 트럼프 행정부의 국가안보문서에 이러한 내용이 강조되어 있으며 이후 미국의 인태전략에 명확하게 반영되었다.

치열한 미중 대립각 사이 많은 중간지대 국가들은 진퇴양난에 빠졌다. 한국 역시도 국익차원에서 인태전략이 한국에게 어떤 이익과 손실을 가져다 줄지 깊게 고민에 빠져있다. 국익을 위해 만약 한국이 쿼드에 참여해야 한다면 중국과의 대립을 각오해야 한다. 반면 IPEF를 포함한 경제적 협력과 관련해서는 참여 수준을 고려한 동참이 필요하다. 단 한국 외교는 말이 행동보다 앞서 나가서는 안 된다. 미국의 동맹국들이 모두 집결하는 상황에서 중러를 의식해 혼자 미국 주도 진영에서 이탈할 수는 없다. 그러나 집결하는 상황에서도 선택지는 남아 있다.

이제 한국 외교의 변환은 이제 불가피하지만, 인태전략을 굳이 지역적으로 인태지역에 가둘 필요는 없다. 그간 한국외교는 한반도와 동북아에 국한되는 경향이 있었다. 이를 오히려 글로벌 외교로 도치해도 좋다. 윤정부는 글로벌 중추국가를 내세웠고, 보수정부의 출범으로 인태전략은 이제 현실이 되었다. '글로벌'이라는 키워드가 한국 외교정책의 중심이 된 것은 보수 정부가 출범했기 때문이 아니다. 지난 대통령 선거에 출마하였던 진보 진영의 이재명 대통령 후보 역시도 글로벌 외교의 중요성을 강조했었다.

특히 한국은 코로나19 사태를 성공적으로 극복하면서 국제사회의 인정을 받고 있으며 문화적 파급력 역시도 점차 커지고 있다. 또한, 역사적으로도 한국전쟁 이후 빈민국에서 선진국으로 전환된 유일한 국가로서 국제사회에서의 영향력을 계속해서 확대하고 있다. 이런 측면에서 한국 국내적으로도 한국의 국제사회 역할 확대에 대한 공감대가 형성되었다. 때문에 글로벌 중추국가라는 표현은 한반도와 동북아 지역을 넘어 인도태평양 및 글로벌 차원으로 외교의 장을 확대하기 위한 의지와 시도로 이해해도 좋을 것이다.

주

1) Acting Secretary Shanahan's Remarks at the IISS Shangri-La Dialogue 2019, 1 JUNE 2019, https://www.defense.gov/News/Transcripts/Transcript/Article/1871584/acting-secretary-shanahans-remarks-at-the-iiss-shangri-la-dialogue-2019/
2) Acting Secretary Shanahan's Remarks at the IISS Shangri-La Dialogue 2019.
3) Indo-Pacific Strategy of the United States, February 2022, The White House, https://www.whitehouse.gov/wp-content/uploads/2022/02/U.S.-Indo-Pacific-Strategy.pdf
4) 글로벌전략협력대화, 변화하는 국제질서와 인도태평양 패러다임의 미래: 한국판 인태전략의 모색(The Changing International Order and the Future of Indo-Pacific Paradigm: Seeking for Korean Verison of Indo-Pacific Strategy), 글로벌전략협력연구원 & 게이오대 한반도연구센터 주최. 2022년 6월 21일, 코리아나 호텔.
5) "141 vs 5…유엔, 러군 철수 결의안 압도적 통과," 『중앙일보』 2022년 3월 4일, https://www.joongang.co.kr/article/25052763#home
6) "푸틴, 서방 맹비난 '단극 세계질서의 시대 끝났다'," 『뉴시스』 2022년 6월 18일, https://www.newsis.com/view/?id=NISX20220618_0001912013
7) 지역적 정체성과 관련한 논의로 이재현, "신남방정책과 인도·태평양 정책의 협력," 『월간 통상』 2022. 4월호 / VOL.119, https://tongsangnews.kr/webzine/2204/special_4.html
8) 황재호, "[기고] 美리더십서 이탈하는 국가들," 『매일경제』 2019년 9월 2일, https://www.mk.co.kr/opinion/contributors/view/2019/09/686079/
9) 황재호 (2019).
10) "한국이 반중전선 선두 나팔수 안돼야, 반 걸음 늦게 가라," 『서울신문』 2022년 7월 13일, https://www.seoul.co.kr/news/newsView.php?id=20220713500068
11) 황재호, "[열린세상] 브렉시트가 부럽다," 『서울신문』 2016년 7월 1일, https://go.seoul.co.kr/news/newsView.php?id=20160702022005§ion=open_world§ion2=&page=45
12) 황재호, "중국의 일대일로 전략과 한국의 신남방정책 추진방안," 『신남방정책의 전략환경 평가 및 추진방안』, 국립외교원 외교안보연구소 (2019), p. 277.
13) 황재호, "중국의 일대일로 전략과 한국의 신남방정책 추진방안," pp. 277-279.
14) 황재호, "[기고] 중국을 적으로 만들 필요는 없다," 『매일경제』 2022년 4월 19일, https://www.mk.co.kr/opinion/contributors/view/2022/04/346022/
15) 황재호, "트럼프 현상과 한·미·중 역학관계 변화," 『경향신문』 2016년 6월 16일, https://m.khan.co.kr/opinion/column/article/201606162051005#c2b
16) "신정부의 한·중관계, 무엇을 어떻게 할 것인가", 『현안 진단』, 제279호 2022년 4월 21일, https://www.pf.or.kr/wpages/01-3_research_2.php?bbs_no=

6597&bbs_code=10001&bbs_cate=1&sypage=&page=1&search=&keyword=&symode=view

17) 황재호, "[기고] 중국을 적으로 만들 필요는 없다," 『매일경제』 2022년 4월 19일, https://www.mk.co.kr/opinion/contributors/view/2022/04/346022/

18) "'중국이 안보 위협' 명시… 나토, 새 전략개념 채택," 『국민일보』 2022년 7월 1일, https://m.kmib.co.kr/view.asp?arcid=0924253101

참고문헌

The Department of Defense. *Indo-Pacific Strategy Report*. Washington: The Department of Defense. 2019.

The White House. Indo-Pacific Strategy of the United States. Washington: The White House, 2021.

글로벌전략협력대화: 국제질서의 동요와 인도태평양 패러다임, 글로벌전략협력연구원 & 게이오대 한반도연구센터 주최. 2022년 6월 21일, 코리아나 호텔.

"141 vs 5…유엔, 러군 철수 결의안 압도적 통과." 『중앙일보』. 2022년 3월 4일, https://www.joongang.co.kr/article/25052763#home

"신정부의 한·중관계, 무엇을 어떻게 할 것인가." 『현안 진단』. 제279호 2022년 4월 21일, https://www.pf.or.kr/wpages/01-3_research_2.php?bbs_no=6597&bbs_code=10001&bbs_cate=1&sypage=&page=1&search=&keyword=&symode=view

이재현, "신남방정책과 인도·태평양 정책의 협력." 『월간 통상』. 2022. 4월호 / VOL.119, https://tongsangnews.kr/webzine/2204/special_4.html

"'중국이 안보 위협' 명시… 나토, 새 전략개념 채택." 『국민일보』. 2022년 7월 1일, https://m.kmib.co.kr/view.asp?arcid=0924253101

"푸틴, 서방 맹비난 '단극 세계질서의 시대 끝났다'." 『뉴시스』. 2022년 6월 18일, https://www.newsis.com/view/?id=NISX20220618_0001912013

"한국이 반중전선 선두 나팔수 안돼야, 반 걸음 늦게 가라." 『서울신문』. 2022년 7월 13일, https://www.seoul.co.kr/news/newsView.php?id=20220713500068

황재호. "중국의 일대일로 전략과 한국의 신남방정책 추진방안." 『신남방정책의 전략환경 평가 및 추진방안』. 국립외교원 외교안보연구소 (2019), p. 277.

______. "트럼프 현상과 한·미·중 역학관계 변화." 『경향신문』. 2016년 6월 16일, https://m.khan.co.kr/opinion/column/article/201606162051005#c2b

______. "[기고] 중국을 적으로 만들 필요는 없다." 『매일경제』. 2022년 4월 19일, https://www.mk.co.kr/opinion/contributors/view/2022/04/346022/

______. “[기고] 美리더십서 이탈하는 국가들.” 『매일경제』. 2019년 9월 2일, https://www.mk.co.kr/opinion/contributors/view/2019/09/686079/

______. “[열린세상] 브렉시트가 부럽다.” 『서울신문』. 2016년 7월 1일, https://go.seoul.co.kr/news/newsView.php?id=20160702022005§ion=open_world§ion2=&page=45

찾아보기

저자 소개

서정건 (seojk@khu.ac.kr)

서울대 정치학과 졸업
미국 텍사스(오스틴)대 정치학 박사

현 경희대 정치외교학과 교수
통일부, 민주평통 정책 자문위원
KBS 객원해설위원
한국연구재단 책임전문위원

우드로우 윌슨 센터 풀브라이트(Fulbright) 펠로우
중앙선거방송토론위원회 위원
한국정치학회 부회장 역임

주요 논저

『미국 정치가 국제 이슈를 만날 때』(서강대학교 출판부)
『미국 국내 정치와 외교 정책』(편저, 서울대학교 출판부)
"South Korea and the 2016 US Presidential Elec-tion: A Security-Trade Nexus Redefined?" (공저, Lexington Books)
"The China Card: Playing Politics with Sino-American Relations" (공저, *Political Science Quarterly*) 외 다수

송화섭 (songws@kida.re.kr)

서울대 외교학과 졸업
서울대 외교학 석사
일본 도쿄대 국제관계학 박사

현 한국국방연구원 책임연구위원

Korean Journal of Defense Analyses, 『국방정책연구』 편집위원 역임

주요 논저
『국방정책 개론』(공저, 한국국방연구원)
『남중국해 분쟁과 미중일의 안보·군사적 대응』(공저, 한국국방연구원)
『레이와시대 미일동맹 변화 방향』(공저, 한국국방연구원)
『일본의 방위대강 개정과 안보·방위정책의 변화』(공저, 한국국방연구원)

신범식 (sbsrus@snu.ac.kr)

서울대 외교학과 졸업
서울대 정치학 석사
러시아 모스크바국제관계대학(MGIMO) 정치학 박사

현 서울대 정치외교학부 교수
　서울대 국제문제연구소 복합안보센터장
　서울대 아시아연구소 부소장 및 중앙아시아센터장
　외교부, 합동참모본부 정책자문위원

서울대 러시아연구소장/KBS객원해설위원
한국정치학회 부회장/한국슬라브학회 총무이사 역임

주요 논저

『21세기 유라시아 도전과 국제관계』(편저, 한울)
『동북아 국제정치질서 어디로 가나』(공저, 푸른역사)
『중국의 부상과 중앙아시아』(편저, 진인진)
"Russia's Place in the Changing Strategic Triangle in the Post-Cold War Northeast Asia: From an Outcast to a Strategic Player?" (*JIAS*) 외 다수

이상국 (korpia@naver.com)

고려대 정치외교학과 졸업
고려대 정치학 석사
베이징대 정치학 박사

현 한국국방연구원 안보전략연구센터 연구위원

고려대 정치외교학과 연구교수
미국 UC 버클리대 방문학자
한국국방연구원 안보전략연구센터 국제전략연구실 실장
『국방정책연구』 편집위원 역임

주요 논저

『중공 수립 100주년과 2050년 중국: 어떤 강대국이 될 것인가』(공저, 아연출판부)
『미중 '소프트' 패권경쟁시대 한국의 생존전략』(공저, KIDA Press)
"중국군의 '지능화전쟁' 논의와 대비연구" (국방연구)
"An Institutional Analysis of Xi Jinping's Centralization of Power" (*Journal of Contemporary China*)
"China's 'Three Warfares': Origins, Applications, and Organizations" (*Journal of Strategic Studies*) 외 다수

이수형 (soophd@hanmail.net)

한국외대 정치외교학과 졸업
한국외대학교 정치학 석사
한국외국어대학교 정치학 박사

현 국가안보전략연구원 수석연구위원

노무현 정부 통일외교안보정책실 행정관
외교부·통일부 정책 자문위원
한국국제정치학회 부회장 역임

주요 논저
『중추적 중견국가로서 한국의 외교안보전략 3.0』(국가안보전략연구원)
『북대서양조약기구: 아론·역사·쟁점』(서강대학교 출판부)
『미국외교정책사: 루스벨트에서 레이건까지』(역서, 한울 아카데미)
『미국과 유럽의 21세기 국제질서』(역서, 한울 아카데미) 외 다수

이재현 (jaelee@asaninst.org)

연세대 정치외교학과 졸업
연세대 정치학 석사
호주 머독대 정치학 박사

현 아산정책연구원 선임연구위원
외교부 정책자문위원
한국동남아학회 동남아연구소 소장

한국국제정치학회 동남아 분과 위원장
한국동남아학회 국제이사 역임

주요 논저

『피벗: 미국 아시아전략의 미래』(역서, 아산정책연구원, 역서)

ASEAN Future Forward: Anticipating the Next 50 Years (공저, ISISI Malaysia)

『동아시아공동체: 동향과 전망』(공저, 아산정책연구원)

『지정학적 시각과 한국 외교』(공저, 사회평론)

『한-아세안 외교 30년을 말하다』(공저, 국립외교원) 외 다수

조원득 (chowd0103@gmail.com)

연세대 정치외교학과 졸업

연세대 정치학 석사

텍사스 A&M대 정치학 석사

미국 위스콘신대(밀워키) 정치학 박사

현 국립외교원 외교안보연구소 아세안인도연구센터 연구교수

연세대 국제학대학원 객원교수

한국국제정치학회 *The Korean Journal of International Studies* 편집위원

주요 논저

"Making Dictators' Pockets Empty: How Do US Sanctions Influence Social Policies in Autocratic Countries" (*Defence and Peace Economics*)

"미·중 경쟁과 트럼프 행정부의 남아시아 전략: 인도와 파키스탄 중심으로" (국가전략)

"The Role of a Korea-India Strategic Partnership in the Indo-Pacific Region" in *The New Southern Policy Plus: Progress and Way Forward* (KIEP)

"미중 전략경쟁과 베트남의 대중국 전략: 헤징에서 연성균형 전략으로" (공저, 동북아연구)

『인도태평양 전략과 신남방정책 협력방향』(공저, 대외경제정책연구원) 외 다수

조한범 (hbcho@kinu.or.kr)

한양대 사회학과 졸업
고려대 사회학 석사
상트-페테르부르그대 사회학 박사

현 통일연구원 선임연구위원
민주평화통일자문회의 상임위원
고려대학교 사회학과 겸임교수
한반도평화경제포럼 이사

주요 논저
『국제 평화경제 사례와 한반도』 (공저, 통일연구원)
『세계체제이론으로 본 북한의 미래』 (공저, 황금알)
『신남방정책·신북방정책 근미래 전략과 주요사업 추진방안』 (공저, 통일연구원)
『지속가능한 통일론의 모색』 (공저, 한울)
『한반도 비핵·평화체제 구축과 남북관계 전략』 (공저, 통일연구원) 외 다수

최윤정 (yjchoi@sejong.org)

이화여대 불어불문학과 졸업
이화여대 국제학 석사
이화여대 국제학 박사

현 세종연구소 연구위원, 인도태평양연구센터장
산업통상자원부 자체평가위원
콘라드 아데나워 재단 인도·태평양 전략 담화 자문위원 등

신남방특별위원회 민간위원
한-남아시아의회외교포럼 자문위원 등 역임

주요 논저

ASEAN-ROK Partnership in the Indo-Pacific Era: Consolidation and Expansion (편저, 세종연구소)

『아세안 외교전략 재조명: 네트워크 이론의 적용과 실제』(세종연구소)

『신남방정책·신북방정책 근미래 전략과 주요사업 추진방안』(공저, 통일연구원, 공저)

"Do fluctuations in crude oil prices have symmetric or asymmetric effects on the real exchange rate? Empirical evidence from Indonesia" (공저, *The World Economy*)

"강대국 충돌과 중간국의 외교적 선택: 파키스탄 외교전략의 재구성과 함의" (공저, 아시아의 지정학적 중간국 외교) 외 다수

황재호 (jaeho@hufs.ac.kr)

대만 중국문화대 동양어학과 졸업
영국 런던정경대(LSE) 비교정치학 석사
영국 런던정경대(LSE) 국제관계학 박사

현 한국외대 국제학부 교수
행정자치부 정책자문위원
글로벌전략협력연구원 원장, 한국국제정치학회 이사
캐나다 글로벌문제연구소·중국 차하얼학회 펠로우

청와대 국가안보실 · 외교부 · 국방부 서울안보대화 자문위원
국회 한중정치경제포럼 자문교수, 국방연구원 선임연구원
대통령 직속 정책기획위원회 위원
미국 브루킹스연구소·중국 국제문제연구소, 베이징대·일본 방위연구소, 게이오대 펠로우 등 역임

주요 논저

China Watcher: Seeking Common Grounds While Narrowing Differences (HUINE)

"The US Strategic Rebalance and South Korea's Dilemma: Uncertain Future and Forced Decisions," in *Asia Pacific Countries and the US Rebalancing Strategy* (Palgrave Macmillan)

중국의 일대일로 전략과 신남방정책 추진방안 (국립외교원)

『한국외교의 길, 석학들이 답하다』 (편저, HUINE)

『미국외교는 도덕적인가: 루스벨트부터 트럼프까지』 (역서, 명인문화사) 외 다수